优秀是必备的品质

卓越是永恒的追求

教师修养

文萃

顾　问：成尚荣

主　编：郭志明　沈志冲

副主编：杨　坚　王剑制　董建文

王坚定　陶为渡　邵建清

编　委：杨瑞清　钱永东　韦国清

郭己诚　杨　春　朱建华

董旭午　王振华　陈丽菊

凤凰出版传媒集团

江苏教育出版社

JIANGSU EDUCATION PUBLISHING HOUSE

图书在版编目（C I P）数据

教师修养文萃 / 郭志明，沈志冲主编. — 3 版. —
南京：江苏教育出版社，2010. 4
ISBN 978 - 7 - 5343 - 3919 - 6

Ⅰ. ①教… Ⅱ. ①郭…②沈… Ⅲ. ①教师—职业道德Ⅳ. ①G451. 6

中国版本图书馆 CIP 数据核字(2010) 第 052887 号

目　录

三 智慧:彰显教育的美丽

四 师爱:注满教育的力量

五　读书：蕴蓄立身的底气

六　研究：扬起飞翔的风帆

七　良师:破译成功的密码

八　教书:享受瑰丽的人生

编者敬告

《教师修养文萃》(第三版)所选用的优秀作品,是从推荐的大量文稿中精选而来。其中选用的有些文章,由于篇幅限制作了一些删节,或因内容的需要作了一些改动。由于作者面广,供稿源头多,部分作者尚无法联系,但又不忍割爱。敬请作者(译者)或著作权人予以谅解,并与我们联系,我们将寄送样书并支付稿酬。谢谢各位的支持!

联系地址:南京市湖南路1号南门 江苏教育出版社

邮政编码:210009

三版序言

《教师修养文萃》的生命年龄秘密和发出的讯号

成尚荣

刚刚读完法国著名作家米兰·昆德拉近年所写的一则读书笔记:《生命的年龄秘密》。他是为《天鹅之翼》这部关于童年的流浪冒险小说所写的。小说的主人公是个小女孩,只有九岁,因在大卖场偷三明治,而被父母送到冰岛的乡下去,算是惩罚。不过,这种惩罚相当残酷,因为冰岛是互相窥望的孤独之地。昆德拉解读了九岁。他说:“九岁,……就是走在幻想的迷雾里。”“九岁:童年与青少年之间的边界。”然后,他用“不再需要父母时时刻刻的照顾”来解释“童年与青少年之间的空隙”。其实,昆德拉想说的是生命年龄的秘密,因为,“人只存在于他的具体年龄里。……了解另一个人,意思就是了解他正在跨越的年龄。”

昆德拉关注生命年龄的秘密,必定关注生活中的细节。《天鹅之翼》里有这么一个细节:农场主人的女儿为情所困,小女孩远远地跟随她,而且窥视她。农场主女儿常常举起手,静静作势要她靠过来,而每一次,小女孩都拒不从命。昆德拉说,这场景很平凡,却又很神奇,“我不断看见这只举起的手,这是因为年龄而互相疏远的生命互相发出的讯号”。

的确,我们每一个人都有自己生命年龄的秘密。何况,生命的秘密又何止在年龄里?而且,生命中,也总是有人向我们不断地举起手,向我们发出讯号。是的,是的,教师的生命秘密不仅在他的青春韶华中,也在他逐渐变白的鬓角中,而且在他教师生涯的每一处每一刻。教师的生命每一处每一刻,都会有人向他举起手,向他示意,向他发出生命的讯号。举起手向教师发出讯号的,有我们的学生,也许九岁,也许十五岁;有我们的家长,也许年轻,也许年老;有我们的朋友,也许是同事,也许是聊天的客人,其实,还有自己。当然,举起手发讯号的,不止是活生生的人,还有小说、诗歌、戏剧,各种各样的文学作品,各种各样的书籍和报章杂志。它们,也是活生生的。它们发出的讯号常常是悄悄的,却又是十分鲜明和执着的。不过，有的人会发现这些讯号，而有的人则会让讯号消逝，自己却茫然不知。这些讯号，都在提示我们教师去发现生命意义，都在示意让我们向这些意义靠拢，与我们一起去阐释教师生命的秘密，并且去追求教师生命的辉煌。我们完全应该向这些发出讯号者致意，完全应该向这些讯号作出积极的回应。

《教师修养文萃》就是这样的讯号发出者，而且它有自己生命年龄的秘密。如果说书出一版是一岁的话，那么“文萃”已是三岁了。其实，“文萃”出一版就是好几年，到了这次，第三版该是十几岁了。这就是“文萃”自己的生命年龄秘密，了解“文萃”，就要了解它正在跨越的年龄——它一直得到教师们的喜欢，常常被置于案头或床前；它一直存活在教师们的心头，常常被老师们引用和朗诵。它似乎没有年龄的边界——年轻老师们说它走进了自己的内心，老教师们说，它说出了我们想说的话。年轻与年老之间的空隙已被“文萃”所填充。

“文萃”发出的讯号是温柔的，却又很强烈，亲和中有着真诚的呼唤，呼唤中有着知己的建议，而建议的方式又是那么人文。讯号的主题词是“修养”——“修养”是教师的必修功课，是优秀教师成功的密码；讯号的载体是“文萃”——它告诉大家，“优秀是必备的品质，卓越是永恒的追求”。“师爱”“读书”“研究”“智慧”“良师”“教书”是一个又一个讯号，所有的讯号有一个共同的声音：育人，培养学生，与学生共同成长。正因为此，我们作出的回应应当是：我们去读你，从你的文字里去触摸思想的脉动，去感受思想的温度，去体验智慧的灵动，去用智慧解开自己的心灵之门。然后，在教师专业生涯中，用“师爱”去温暖学生的心房，用“读书”丰富自己的心智，用“研究”去改变自己的工作方式，用“智慧”影响自己的人生，用“良师”作为自己的标杆，在“教书”中享受专业的幸福。也许，这一切都是“文萃”给我们的，这一切也是我们对“文萃”作出的应答。

想起昆德拉关于“生命之轻”与“生命之重”的名言。那么，我想以这样的话来结束我的感想：“教师修养文萃”让我们再一次感受到了教师的生命之重。

成尚荣　国家督学、教育部基础教育课程改革专家组成员、教育部中小学教材审查委员，原江苏省教育科学研究所所长。

2010 年 3 月

一 育人：演绎教育的真义

教育是一个培养人的事业，是一项通过培养人，让人类走向崇高、生活得更加美好的事业。教育最重要的任务，是塑造美好的人性，培养美好的人格，使学生拥有美好的人生。

——朱永新

爱因斯坦说:“当一个人忘掉了他在学校接受的每一样东西,剩下来的才是教育。”对于教育而言,成就、升学率、高分永远都是次要的,是不值得不遗余力挖掘的。教育最该挖掘的应是“人”的发展最需要的东西:学习能力、解决问题的能力以及良好的情感观、高尚的道德品质、优秀的心理承受能力、达观健康的生活态度和孜孜不倦的学习热情。

教育的七条箴言

周国平

何为教育？教育究竟何为？教育中最重要的原则是什么？古今中外的优秀头脑对此进行了许多思考,发表了许多言论。我发现,关于教育的最中肯、最精彩的话往往出自哲学家之口。专门的教育家和教育学家,倘若不同时拥有洞察人性的智慧,说出的话便容易局限于经验,或拘泥于心理学的细节,显得肤浅、琐细和平庸。现在我把我最欣赏的教育理念列举出来,共七点,不妨称之为教育的七条箴言。它们的确具有箴言的特征:直指事物的本质,既简明如神谕,又朴素如常识。可叹的是,人们迷失在事物的假象之中,宁愿相信各种艰深复杂的谬误,忘掉了简单的常识。然而,依然朴实的心灵一定会感到,这些箴言多么切中今日教育的弊病,我们的教育多么需要回到常识,回到教育之为教育的最基本的道理。

一　教育即生长,生长就是目的,在生长之外别无目的

这个论点由卢梭提出,而后杜威作了进一步阐发。“教育即生长”言简意赅地道出了教育的本义,就是要使每个人的天性和与生俱来的能力得到健康生长,而不是把外面的东西,例如知识,灌输进一个容器。苏格拉底早已指出,求知是每个人灵魂里固有的能力。当时的智者宣称他们能把灵魂里原本没有的

知识灌输到灵魂里去，苏格拉底嘲笑道，好像他们能把视力放进瞎子的眼睛里去似的。懂得了"教育即生长"的道理，我们也就清楚了教育应该做什么事。比如说，智育是要发展好奇心和理性思考的能力，而不是灌输知识；德育是要鼓励崇高的精神追求，而不是灌输规范；美育是要培育丰富的灵魂，而不是灌输技艺。

"生长就是目的，在生长之外别无目的"，这是特别反对用狭隘的功利尺度衡量教育的。人们即使似乎承认了"教育即生长"，也一定要给生长设定一个外部的目的，比如将来适应社会、谋求职业、做出成就之类，仿佛不朝着这类目的努力，生长就没有了任何价值似的。用功利目标规范生长，结果必然是压制生长，实际上仍是否定了"教育即生长"。生长本身没有价值吗？一个天性得到健康发展的人难道不是既优秀又幸福的吗？就算用功利尺度——广阔的而非狭隘的——衡量，这样的人在社会上不是更有希望获得真正意义的成功吗？而从整个社会的状况来看，正如罗素所指出的，一个由本性优秀的男女所组成的社会，肯定会比相反的情形好得多。

二　儿童不是尚未长成的大人，儿童期有其自身的内在价值

用外部功利目的规范教育，无视生长本身的价值，一个最直接、最有害的结果就是否定儿童期的内在价值。把儿童看作"一个未来的存在"，一个尚未长成的大人，在"长大成人"之前似乎无甚价值，而教育的唯一目标是使儿童为未来的成人生活做好准备，这种错误观念由来已久，流传极广。"长大成人"的提法本身就荒唐透顶，仿佛在长大之前儿童不是人似的！蒙台梭利首先明确地批判这种观念，在确定儿童的人格价值的基础上建立了他的儿童教育理论。杜威也指出，儿童期生活有其内在的品质和意义，不可把它当作人生中一个未成熟阶段，只想让它快快地过去。

人生的各个阶段皆有其自身不可取代的价值，没有一个阶段仅仅是另一个阶段的准备。尤其是儿童期，原是身心生长最重要的阶段，也应是人生中最幸福的时光，教育所能成就的最大功德是给孩子一个幸福而有意义的童年，以此为他们幸福而有意义的一生创造良好的基础。然而，今天的普遍情形是，整个成人世界纷纷把自己渺小的功利目标强加给孩子，驱赶他们到功利战场上拼

搏。我担心，在他们未来的人生中，在若干年后的社会上，童年价值被野蛮剥夺的恶果不知会以怎样可怕的方式显现出来。

三 教育的目的是让学生摆脱现实的奴役，而非适应现实

这是西塞罗的名言。今天的情形恰好相反，教育正在全力做一件事，就是以适应现实为目标塑造学生。人在社会上生活，当然有适应现实的必要，但这不该是教育的主要目的。蒙田说：学习不是为了适应外界，而是为了丰富自己。孔子也主张，学习是“为己”而非“为人”的事情。古往今来的哲人都强调，学习是为了发展个人内在的精神能力，从而在外部现实面前获得自由。当然，这只是一种内在自由，但是，正是凭借这种内在自由，这种独立人格和独立思考能力，那些优秀的灵魂和头脑对于改变人类社会的现实发生了伟大的作用。教育就应该为促进内在自由、产生优秀的灵魂和头脑创造条件。如果只是适应现实，要教育做什么！

四 最重要的教育原则是不要爱惜时间，要浪费时间

这句话出自卢梭之口，由我们今天的许多耳朵听来，简直是谬论。然而，卢梭自有他的道理。如果说教育即生长，那么，教育的使命就应该是为生长提供最好的环境。什么是最好的环境？第一是自由时间，第二是好的老师。在希腊文中，学校一词的意思就是闲暇。在希腊人看来，学生必须有充裕的时间体验和沉思，才能自由地发展其心智能力。卢梭为其惊世骇俗之论辩护说：“误用光阴比虚掷光阴损失更大，教育错了的儿童比未受教育的儿童离智慧更远。”今天许多家长和老师唯恐孩子虚度光阴，驱迫着他们做无穷的功课，不给他们留出一点儿玩耍的时间，自以为这就是尽了做家长和老师的责任。卢梭却问你：什么叫虚度？快乐不算什么吗？整日跳跑不算什么吗？如果满足天性的要求就算虚度，那就让他们虚度好了。

到了大学阶段，自由时间就更重要了。依我之见，可以没有好老师，不可没

有自由时间。说到底,一切教育都是自我教育,一切学习都是自学。就精神能力的生长而言,更是如此。我赞成约翰·亨利的看法:对于受过基础教育的聪明学生来说,大学里不妨既无老师也不考试,任他们在图书馆里自由地涉猎。我要和萧伯纳一起叹息:全世界的书架上摆满了精神的美味佳肴,可是学生们却被迫去啃那些毫无营养的乏味的教科书。

五 忘记了课堂上所学的一切,剩下的才是教育

我最早在爱因斯坦的文章中看到这句话,是他未指名引用的一句俏皮话。随后我发现,它很可能脱胎于怀特海的一段论述,大意是:抛开了教科书和听课笔记,忘记了为考试背的细节,剩下的东西才有价值。

知识的细节是很容易忘记的,一旦需要它们,又是很容易在书中查到的。所以,把精力放在记住知识的细节,既吃力又无价值。假定你把课堂上所学的这些东西全忘记了,如果结果是什么也没有剩下,那就意味着你是白受了教育。

那个应该剩下的配称为教育的东西,用怀特海的话说,就是完全渗透入你的身心的原理,一种智力活动的习惯,一种充满学问和想象力的生活方式;用爱因斯坦的话说,就是独立思考和判断的总体能力。按照我的理解,通俗地说,一个人从此成了不可救药的思想者、学者,不管今后从事什么职业,再也改不掉学习、思考、研究的习惯和爱好了,方可承认他是受过了大学教育。

六 大学应是大师云集之地,让青年在大师的熏陶下生长

教育的真谛不是传授知识,而是培育智力活动的习惯、独立思考的能力等等,这些智力上的素质显然是不可像知识那样传授的,培育的唯一途径是受具有这样素质的人——不妨笼统地称之为大师——的熏陶。大师在两个地方,一是在图书馆的书架上,另一便是在大学里,大学应该是活着的大师云集的地方。正如怀特海所说:大学存在的理由是,拥有一批充满想象力的探索知识的学者,使学生在智力发展上受其影响,在成熟的智慧和追求生命的热情之间架起桥

梁，否则大学就不必存在。

林语堂有一个更形象的说法：理想大学应是一班不凡人格的吃饭所，这里碰见一位牛顿，那里碰见一位佛罗特，东屋住了一位罗素，西屋住了一位拉斯基，前院是惠定字的书房，后院是戴东原的住房。他强调："吃饭所"不是比方，这些大师除吃饭外，对学校绝无义务，学校送薪俸请他们住在校园里，使学生得以与其交游接触，受其熏陶。比如牛津、剑桥的大教授，抽着烟斗闲谈人生和学问，学生的素质就这样被烟熏了出来。

今天的大学争相标榜所谓世界一流大学，还拟订了种种硬指标。其实，事情本来很简单：最硬的指标是教师，一个大学拥有一批心灵高贵、头脑智慧的一流学者，它就是一流大学。否则，校舍再大，楼房再气派，设备再先进，全都白搭。

七　教师应该把学生看作目的而不是手段

这是罗素为正确的师生关系规定的原则。他指出，一个理想教师的必备品质是爱他的学生，而爱的可靠征兆就是具有博大的父母本能，如同父母感觉到自己的孩子是目的一样，感觉到学生是目的。他强调：教师爱学生应该甚于爱国家和教会。针对今日的情况，我要补充一句：更应该甚于爱金钱和名利。今日一些教师恰恰是以名利为唯一目的，明目张胆地把学生当作获取名利的手段。

教师个人是否爱学生，取决于这个教师的品德。要使学校中多数教师把学生看作目的而不是手段，则必须建立以学生为目的的教育体制。把学生当作手段的行径之所以大量得逞，重要原因是教师权力过大，手握决定学生升级毕业之大权。所以，我赞同爱因斯坦的建议：给教师使用强制措施的权力应该尽可能少，使学生对其尊敬的唯一来源是他的人性和理智品质。与此相应，便是扩大学生尤其是研究生的权利，使其在教学大纲许可的范围内，可以自由选择老师和课程，可以改换门庭，另就高明。考核教师也应主要看其是否得到学生的爱戴，而非是否得到行政部门的青睐。像现在这样，教师有本事活动到大笔科研经费，就有多招学生的权力，就有让学生替自己打工的权力，否则就受气，甚至被剥夺带学生的权力，在这种体制下，焉有学生不沦为手段之理！

教育并非目的，而是工具。这种工具，大而言之可以挽救国家社会，小而言之可以指导个人，改造个人的错误，实现个人的本能，它的作用是很大的。

教育改变人生！教育改变民族以至人类的命运。

教学生3年，要为学生着想30年。

教育与人生

叶圣陶

在讨论教育与人生的问题之前，我们先看什么是教育，什么是人生？

教育的意义究竟是什么？许多人认为，教育是“成熟的人对未成熟的人，以一定的目的方法使能自觉”。这种说法固然不能说不对，但总有些空泛。又如杜威所谓“教育即生活”，舒新城所谓“教育是启进人生的活动，其目的在于为社会创造自立的个人，为个人创造互助的社会；其方法在利用社会的（自然环境及社会环境）刺激，使受教育者自动解决问题，创造生活”。（见《教育通论》）这些理论也偏于空疏，没有切实道破具体的教育的意义。

我以为教育应该指学校教育而言。所以教育是用学校作为工具，把旧有的知识系统传授给继起的青年，使他们养成一种适合于既成社会的人格，以维持和发展这个社会。所以教育是人类获得生存资料和经营生活的一种工具。教育本身并非目的，而是工具。这种工具，大而言之可以挽救国家社会，小而言之可以指导个人，改造个人的错误，实现个人的本能，它的作用是很大的。

人生的意义是什么？所谓“人生”，系包括人类的物质生活和精神生活而言。各人对于人生的见解，就是所谓“人生观”。认为人生是快乐的，就是快乐的人生观；认为人生应该献身于国家与社会的，就是责任的人生观。各人的环境不同，着眼点各异，因而各人的人生观亦不一致。学校教育的目的就在于使学生养成正确的人生观，因而不能不注意教育与人生的关系。

教育与人生的关系，大致有后列三点：

一、以教育认识自己。天下最可怜的事情莫过于自己不认识自己。有的人因为不认识自己的缘故，走入歧途，一切堕落，事业不得成功，甚至危及生命，这是何等的危险。

认识自己有两方面：一为自己的主体，或称“自我”；一为自己的环境，或称“外物”或“客体”。单是自我，不会有正确的认识；单是被认识的客体，也不能认识自己：必须明白了主体与客体的关系，认识了环境，方能认识自己。所以我们首先要认识的就是我们的环境。我们的行动与环境发生密切的关系：环境有支配或决定人生的力量，同时又有引诱人生入于某种途径的力量；我们受种种外物的支配和引诱都是必然的，不是偶然的。所以要认识我们的环境，我们的行动才会有目标有意义，不至于成为盲目的不正当的行为。

在认识环境之后，应当认识自己的本身。认识自己的本身，最主要的是自己的地位。一个人能否尽自己的责任，就以认识自己的地位与否为先决的条件。各个人的地位本来是环境的反映，但是对付这个环境因人而不同，不是机械的受其支配而已。所以对于环境，就有能否适应的分别。所谓适应，既非屈从，又非反抗，乃是恰当利用环境之谓。要利用环境，除了认识环境之外，第一要注意自己所处的地位，第二是自己的能力，第三是自己的能力在所处的地位能够发挥的作用。所以环境的认识和自我的认识都是必要的。

认识客体的环境和自我主体的地位，不是一件容易的事情，必须有相当的知识学力，才能辨别是非，分清黑白。这当然是教育的责任了。教育不仅要增加学生的知识学力，同时要引导学生走入正轨，使其了解世界的大势，本国的情状，以及学生所负的使命和个人所处的地位。

二、以教育革新自己。既然认识了自我与环境，就应当从事于革新自己。革新可以分两个方面来说：

一方面是铲除一切障碍物，如虚荣心、怠惰心等等。一般人很容易受这些魔力的支配，自己不能节制自己，这是人类本性上的缺陷。但人类的本性也具有许多优点，如仁爱、求知等等。我们应当发扬自己的长处，铲除这些短处。

另一方面是革新过去的错误观念。我们认识了环境和自己的地位，就应当铲除以往的错误观念，向新的路线上走去。一个人总有自己的人生观和宇宙观。较进步的人对社会更有认识，这种种认识，构成了人类行为的基础。我们在认识了环境和自我之后，对这种种当然会有相当的认识。在我们的本能中虽然有除旧布新的成分，同时也有迷恋过去的成分，所以革新过去的错误观念，便非常重要了。

要铲除一切障碍物，革新过去的错误观念，必须在教育上下功夫。因为怎样铲除虚荣心、怠惰心，如何革新错误观念，是要以教育力量为原动力的。

三、以教育成就自己。由认识自己而革新自己，由革新自己而成就自己，是一种自然的步骤。如何才能达到成就自己的目的呢？这当然有研究的必要。我以为应当按照自己的所长和所好去成就自己。譬如性情爱好理科的，就可以在理科方面努力；爱好文学或政治经济的，就可在文学或政治经济方面努力。这样做去，是很容易成功的。要使人们都能够这样成就自己，非借助于教育不可。可见教育对于人生所负的责任，真是不小。

以上三件事，无论缺了哪一件，很难成为健全的分子。今后的教育应当从这三件事着手，尤其对于中学生，更应当特别训练。希望负有教育责任的人注意。

受教育只是为了通过几项考试得到一份工作，还是为我们在年轻时奠定基础，以便了解人生的整个过程？

获得一份工作来维持生计是必要的，但生命并不只是一份工作而已。去了解生命本身，比精通数学、物理或其他科目要重要多了。

我们为什么要受教育

[印度]克里希纳穆提

我不知道有多少人问过自己受教育的意义是什么。我们为什么要上学？为什么要学习各种科目？为什么要参加考试，和同学比得分高低？所谓的教育究竟含有什么意义？这实在是一个非常重要的问题。

我们为什么要通过竞争来受教育？难道受教育只是为了通过几项考试，得到一份工作？还是为我们在年轻时奠定基础，以便了解人生的整个过程？获得一份工作来维持生计是必要的，然而难道我们受教育就是为了这个目的？显然，生命并不只是一份工作而已，生命是极为广阔而深奥的，它是一个伟大的谜。如果我们活着就是为了谋生，我们就失去了生命的整个意义。去了解生命本身，比精通数学、物理或其他科目要重要多了。

所以，不论我们是老师还是学生，我们是否应该扪心自问：为何教育他人或受教育？生命到底是什么？飞鸟、花朵、翠木、蓝天、星辰、河流、游鱼……这一切都是生命。生命是贫穷的、富足的；生命是群体、种族、国家之间永不停歇的战役；生命是静思冥想，同时它也是心灵中微妙的、隐藏的东西，包括羡妒、野心、激情、恐惧、成就及忧虑等。这所有的一切以及更多的事物就是生命，然而我们通常只准备了解生命的一个小角落。

我们长大成人以后会怎么样？你是否问过自己长大以后想做什么？最大的可能是在你还没有搞清楚自己的定位时，你已经是父亲或母亲了，然后你会被工作绑住，或是被厨房绑住，你就在这其中渐渐衰萎。这难道就是你所有的生命了吗？如果你有一个富裕的家庭，那么你已经确定自己将来会有一份不错的工作，因为你的父亲也许会在这方面向你提供帮助，或者你可能在婚姻中获得很多财富，但是你仍然会萎缩、枯竭。你看见这点了吗？

显然，除非教育能帮助你了解广大生命的所有精微面——它惊人的美、它的哀愁及欢乐，否则教育是没有什么意义的。你也许会得到学位，得到一连串的头衔，得到非常好的工作……然后呢？如果在这些活动的过程中，你的头脑变得迟钝、衰竭、愚蠢，那么生命的目的又是什么呢？

教育的真正意义，难道不是培养你的智慧，借着它找出所有问题的答案吗？智慧是一种无限的包容力，允许你自由地思想。没有恐惧，没有公式，然后你才能发现什么是真实的、正确的事物。

生命真是美极了，它不是我们制造出的某些丑恶。唯独当你对所有的事物重新审视之后，你才能欣赏到它的丰富、深度及可爱，包括宗教、传统和现今败坏的社会。然后，以人本的立场来探究什么是真理（不是去模仿而是去探究），这才是教育。

中国现代史上的“一代巨人”陶行知，一生“追求真理做真人”，热切呼唤教育的真挚、真诚、真实。他的教育思考和人格风范，是我们后代的教师永远值得顶礼膜拜的一座丰碑。

以陶为师话行知

杨东平

在中国现代教育史上，陶行知是一座令人景仰的高峰。尽管由于“左”的路线，50 年前对他的错误批判，使他从社会的视野中消失了，但浮云毕竟不挡青山。80 年代以来，在新的社会环境中，陶行知又一次焕发出他独特的魅力。他留给我们的思想遗产十分丰富也十分沉重。他当年的思考和批判、建设和实践不但完全没有过时，与今天的现实没有任何“隔”的感觉，而且经常令人感到针砭时弊、入木三分的新鲜和痛快淋漓，从而使人感慨陶师的睿智和深刻，这正是所谓的大家之眼、大师之相。

陶师关心的一个中心问题，是如何在中国这样一个贫穷落后、文盲充斥的国家普及教育，这也正是我们今天仍然面临的问题和挑战。但他的思考和时下的风气并不相同，他认为，在中国要真正普及教育，一是要省钱，二是要省时间，三是要通俗。他认为，在经费、师资极端困难的条件下，普及教育的计划必须“建筑在极困难的农业经济的基础上”，用穷办法普及穷人所需要的“粗茶淡饭的教育”，反对用浪费的方法去普及“少爷教育”、“小姐教育”、“书呆子教育”。他还意识到，仅仅靠制度化的学校教育是不够的，必须在学校之外，创造出更为简便实用的教育组织。为此，他发起了“科学下嫁运动”，创造了“空中学校”、“工学团”、“小先生制”等许多行之有效的新的教育方式。

在平民教育和乡村教育的实践中，陶行知成功地将西方现代教育思想与中国实际相结合，创造了“生活教育”的理论，并且系统地付诸教育实践。他将生活教育定义为“给生活以教育，用生活来教育，为生活向前向上的需要而教育”。用英语表达，即 Education of life（生活的教育）、Education by life（依据生活而教育)、Education for life(为生活的教育)。他认为这是"符合本国国情,适应生活需要"、"半殖民地半封建的中国争取自由平等的教育理论"。陶行知"生活教育"的理论脱胎自杜威"教育即生活"、"学校即社会"、"在做中学"的理论;他自称将杜威的理论"翻了半个筋斗",提出了"生活即教育"、"社会即学校"、"教学做合一"、"在劳力上劳心"等命题。与杜威相比,陶行知更强调学校以外的力量对于教育的作用,强调社会作为一个大学校的教育功能。这是因为在中国的现实中,多数穷苦大众不可能到学校去接受教育;劳动者只能在社会生活中接受教育,向一切有专长的人接受教育。他相信,新的教育应当与民众亲近,应当与自然万物亲近;经验和实践是与书本同样重要、也许更为重要的学习。而教学也应当是"以生活为中心"的,"教"与"学"都以"做"为中心,这就是"教学做合一"的思想。重视理论联系实际、手脑并用,培养儿童能言能行、自学治学、善于处人治事的能力。这与我们今天所说的"学会生存"之类是完全相通的。

陶行知十分重视培养学生的创造能力,是在中国最早、最鲜明地提倡创造教育的学者。早在1943年,即发表了著名的《创造宣言》,提倡"创造的儿童教育"。具体而言,是对儿童的"六大解放":"解放眼睛,敲碎有色眼镜,教大家看事实。解放头脑,撕掉精神的裹头布,使大家想得通。解放双手,剪去指甲,摔掉无形的手套,使大家可以执行头脑的命令,动手向前开辟。解放嘴,使大家可以享受言论自由,摆龙门阵,谈天,谈心,谈出真理来。解放空间,把人民与小孩从文化鸟笼里解放出来,飞进自然大社会去寻觅丰富的食粮。解放时间,把人民和小孩从劳碌中解放出来,使大家有点空闲,想想问题,谈谈国事,看看书,干点于老百姓有益的事,还要有空玩玩,才算是有点做人的味道。有了这六大解放,创造力才可以尽量发挥出来。"这不仍然是我们今天所应当追求的吗?

陶行知从不是一个单纯的"学问家"和狭义的"教育家",而是一个无私无畏的真人,一个具有强烈的主体人格精神的主人,一个具有高度创造力的哲人。作为一个真正的教师——人师,他首先是一个赤诚的理想主义者、身体力行的道德主义者。他放弃知识阶层的优越生活,脱下长袍,活跃在农村、工场,热忱地帮助和教育民众,"捧着一颗心来,不带半根草去"。他视改造社会为己任,为中国的民主自由大无畏地向黑暗势力斗争。他在风雨如晦的40年代大力推行"民主教育",认为"民主教育是教人做主人,做自己的主人,做国家的主人,做世界的主人。把林肯总统的话引申到教育方面来说:民主教育是民有民治民享之教育。说得通俗些:民主教育是人民的教育,人民办的教育,为人民自己的幸福而办的教育”。他并且洞见了社会民主与创造力的关系,认为“只有民主才能解放最大多数人的创造力,并且使最大多数人之创造力发挥到最高峰”。陶行知出殓时遗体上披有“民主魂”的大旗,可与鲁迅出殡时披盖“民族魂”旗相媲美。

“千教万教,教人求真;千学万学,学做真人。”这是陶行知终身践行的教育宗旨,也是他的自我写照,从而为我们后代的教师和学人树立了一座永远值得顶礼膜拜的丰碑、高峰。

教育并不是知识的简单叠加，而是文化的积淀，即人类文明的不断充实和扩大，如智慧、美、真、公正、自由和爱，以及与此相关的信仰。

有灵魂的教育是负载人类关怀的有信仰的教育。拿这篇写于10多年前的文章，比照当前，扪心问一声：今天的教育有灵魂吗？我们该怎么办？

没有灵魂的教育

李政涛

据说，古希腊数学家欧几里德的一个学生，曾经一本正经地问过："我学这些东西能得到些什么呢？"欧几里德沉默片刻，叫来仆人，吩咐说："给他6个铜板，让他走吧，这是他想要得到的东西。"我不清楚这个学生当时的反应，也许他会面红耳赤，幡然悔悟，也许会理直气壮地接过铜板，扬长而去。但这并不重要，因为欧几里德还在，他的大部分不是为铜板而学习的学生留了下来，在那个时代里，欧几里德们占多数。他们研究算术是为了观察思考数的性质，唤起思考的能力，引导心灵超然于变幻的世界之上而把握着本质和真理；学习几何学是为了引导灵魂接近真理和激发哲学情绪，以便了解关于永恒存在的知识，进而掌握"善"的本质和形式；学习辩证法是为了找出事物的关系，探究事物的本质，使人的智慧和能力更趋完善……对于他们来说，这与其说是一种理想，不如说是一种现实，成为他们生存方式的一个部分。

然而，对于今天的学生来说，这已经变为一种单纯的理想了。因为欧几里德们已经成为少数，倒是那类学生茁壮成长，排着长长的队伍，大大方方地走到老师面前，摊开双手问道："我能从中得到些什么呢？"

这个问题的归宿在于"什么"，前提却是"从中"，也就是知识。所以，这个问题的另一种问法是：我能得到什么样的知识？什么知识对我最有价值？

1884年，英国哲学家斯宾塞发表了一篇文章《什么知识最有价值?》，他感到这是一切教育的"问题中的问题"，全部教育都来源于它。斯宾塞的回答是：最有价值的知识是科学，因为它最直接地关系到我们的自我保存。这是一个颇有诱惑力的答案，在他之后的教育就变成了对这一结论的充分实践。也正是从那时起，人类的教育开始堕落了，因为对于这样一个形而上学的问题，斯宾塞却给出了一个物质至上的答案，而且人们竟然心甘情愿地接受了。

我并非反科学主义者，这是荒谬的。我关注的问题是：我们需要什么样的科学知识，现有的科学知识给我们的生活与教育带来些什么变化？有人会毫不犹豫地指出，科学知识给我们的日常生活带来了足够的便利、充分的物质享受和种种不可言传的微妙好处，这依然没有脱离“书中自有黄金屋和颜如玉”之类的老套路。所以，欧几里德的行为对他们来说不仅是陌生的，而且是可笑的，他们会钦佩那个学生的勇气，并用羡慕的目光遥望那6个铜板，把它视为革命性的象征。但他们忘了：革命有时能解放人，有时也能毁灭人。有一点是可以得到实证的：那个作为革命者的学生从此就消失了，包括他得到的铜板。

现代教育的革命是从反智慧开始的。现代人追求的是与智慧无关的知识（一种可以使人聪明和精明的知识），它可以为人们带来实利，因而，这个时代流行的是金融、商务、会计、法律、电脑和公共关系学（这是一门有关如何温情脉脉地骗人和如何避免被人骗的科学）。一个显而易见的道理遭到普遍的漠视：知识并不等于智慧。知识关乎事物，智慧关乎人生；知识是理念的外化，智慧是人生的反观；知识只能看到一块石头就是一块石头，一粒沙子就是一粒沙子，智慧却能在一块石头里看到风景，在一粒沙子里发现灵魂。

在柏拉图那里，智慧即指关于“善之相”或绝对的善的知识，绝对的善就是绝对的价值。教育的目的是使人通过“认识你自己”趋向那绝对的善，为此，人要不断地去爱智慧，追求智慧，它能照料人的心魄，实现心灵的转向。孔子之所以鄙视樊迟，在我看来，原因在于樊迟孜孜以求的只是知识（如何种菜之类），与孔子心向往之的智慧相去甚远。可以说，对智慧的热爱和追求是东西方古代文明共同的特征，人类的文明起源于智慧之爱。

但不知什么时候，这一源头不再流淌智慧，汩汩而出的只是知识。对知识的狂热追求淡化甚至吞没了对智慧的渴望，这是一个令人惊奇的现象，于是由此导致教育界出现的种种现象就不奇怪了：我们每年出版不计其数的教育书籍和文章，教学方法和技巧不断花样翻新；人们花了大量精力去从事没完没了的教学实验，做一些无关痛痒的调查分析；教师辛辛苦苦地工作，结果只是让学生学了大量考试之后很快就被遗忘的知识；学生的学习并不是为了获取最佳发展，而是为了得到他人的看重和考试成绩；我们的素质教育讨论得热火朝天，但如何实施真正的素质教育至今没有搞清楚，结果把素质分割成各种技能技巧的训练和知识的堆集，而与智慧无关。因此，现代教育已实质性地演变为一种“训练”，它的目的在于通过特殊智能的训练而胜任某一种职业，从而使教育萎缩为职业的附庸和工具，这绝非真正的教育。

真正的教育应包含智慧之爱，它与人的灵魂有关，因为“教育是人的灵魂的教育，而非理智知识和认识的堆集”（雅斯贝尔斯《什么是教育》，第4页）。教育本身就意味着：一棵树摇动另一棵树，一朵云推动另一朵云，一个灵魂唤醒另一个灵魂。如果一种教育未能触及人的灵魂，未能引起人的灵魂深处的变革，它就不成其为教育。

雅斯贝尔斯认为，教育最重要的是选择完美的教育内容和尽可能使学生之“思”不误入歧路，而导向事物的本原，在本原中把握安身立命之感。如果单纯把教育局限于学习和认知上，即使他的学习能力非常强，他的灵魂也是匮乏而不健全的。从这个角度看，现今流行的教育口号，诸如培养学习兴趣，学得一技之长，增强能力和才干，增广见闻，塑造个性等都只是教育的形式，而非教育的灵魂。

有灵魂的教育意味着追求无限广阔的精神生活，追求人类永恒的终极价值：智慧、美、真、公正、自由、希望和爱，以及建立与此有关的信仰，真正的教育理应成为负载人类终极关怀的有信仰的教育，它的使命是给予并塑造学生的终极价值，使他们成为有灵魂有信仰的人，而不只是热爱学习和具有特长的准职业者。对此，北大在任最长的校长蒋梦麟先生当年曾说过：“教育如果不能启发一个人的理想、希望和意志，单单强调学生的兴趣，那是舍本逐末的办法。”（《西潮》，载于《蒋梦麟教育论著选》，第303页）此话今天听来依然难能可贵。

而现今的教育，从课程体系、内容到授课形式，有多少与这种信仰和理想有关呢？它是有科学而无灵魂的教育。

有灵魂的教育不会排斥科学，相反它能引导科学的发展方向，因为科学的基础和目标不能从科学本身中得到。所以雅斯贝尔斯说：“以科学为其直接任务的大学的真正活动，在于它丰富的精神生活，大学借助有秩序的分工合作从事科学的研究，追求绝对真理。”（《什么是教育》，第166页）在这一过程中，科学就有了灵魂，成为人类灵魂的重要组成部分，也只有在此时，我们才能同意斯宾塞的结论:科学是最有价值的知识。

“科学与民主”之所以成为老北大人竭力追求的目标,并不在于科学和民主本身,而在于科学民主过程中的精神,即蔡元培着力强调的“服从真理”、“独立不拘之精神”,在这一基础上,北大重建了强调终极价值体系的世界观教育,从而将人的纯粹精神活动与人格置于教育的中心。北大之所以成为莘莘学子的精神圣地,道理就在于此。

然而,中国只有一个蔡元培。“后蔡元培时代”的教育愈加发达,灵魂的声音却愈加缥缈微弱。如今的教育并不缺少先进的教学方法和教学设备,并不缺少教育思想和教育著作,也不缺少教育学的教授和博导,但惟独缺少有灵魂的教育。那种饱含对生命的终极关怀,对人的自由、公正和生存尊严的教育已经远离我们,被淹没在利己主义、机械主义和实利主义的冰水之中。可以预见,未来浮出水面的将是一群有知识无智慧、有目标无信仰、有规范无道德、有欲望无理想的一代人,这些没有灵魂的人将组成我们的民族,幸耶?灾耶?只有天知道。

单纯的竞技教育发展到偏执的地步，足以使人惊醒！

作为教师，树立正确的教育观念，提高职业素质，尽己所能增加孩子的快乐总量，提升孩子们的生命美感，而不是与此相反甚至变本加厉。这是每一个有良知的教师必须努力做到的。

单纯的“竞技教育”何以必须终结

笑　蜀

竞技体育的本意是强身健体、挑战极限，但如果发展到走火入魔的地步则不免异化，即最终不是强身健体，而是悲剧性地演绎为对运动员生命和健康的摧残。但即便如此，其社会危害仍然有限。这主要是因为专业性太强而天然地具有某种程度的封闭性，注定其从业者只能是国民中很小的一部分，竞技体育的直接受害者因此并不算多。但竞技体育没有做到的事（大面积地摧残人），一定程度上教育做到了。这正是中国教育最大的弊端。

孩子的累，主要是心累

应试教育本质上就是单纯的竞技教育，只不过所竞之技并非四肢之技而是智能之技。跟竞技体育一样，单纯的竞技教育是淘汰赛，是不断地制造失败者的淘汰赛，是一个人的成功必须以相当一部分同龄人的失败为代价的淘汰赛，是一场典型的零和游戏。需不需要从事竞技体育，人们完全可以自由选择，但需不需要读书、需不需要接受教育，人们却毫无选择余地。因此每个人都不可能置身事外，都被迫从幼年起就加入到智能竞技中，要么成功，要么失败，别无选择。人生就这样蜕变为一场残酷的“战争”，一场从幼年就开始的残酷的“丛林战争”。

这样残酷的“丛林战争”导致的生命和健康的巨大耗费，是无法估量的。既然是智能竞技，而且是只允许极少数人获胜而要击败绝大多数人的智能竞技，其愈趋刁钻，也就是逻辑发展的必然。刁钻成了考试的秘诀，并以此主宰着全部的学习过程。便有了这样奇特的景观：在我们这个科技发展水平并不高的国度，在我们这个国民科学素养并不高的国度，我们的中小学生各科学习内容之尖端之艰深，竟然是几乎所有发达国家中小学生所望尘莫及的，远远超越了孩子们智力发育和生命节律的正常幅度。其实那些尖端和艰深的内容，对绝大多数孩子来说并非人生必需，也并未从总体上提升国民的科学素养。用于学习那些尖端和艰深的内容的时间和精力，大多是白白耗费了。尽管如此，其于单纯的竞技教育却是必不可少，因为如果没有这种尖端和艰深，则根本不可能击败绝大多数参赛者，而让少数尖子生脱颖而出。于是，为了少数尖子生的成功，只好牺牲绝大多数普通学生。上亿中小学生年复一年地为少数尖子生陪练，这方面的时间耗费、精力耗费和健康耗费，该是一个怎样的天文数字。

时间耗费、精力耗费和健康耗费本质上都是生命磨损，其结果不能不是生命质量的急剧下降。笔者读书时，相对当下来说竞争还不算太残酷，压力不算太大；纵然如此，人到中年之后，考场噩梦仍常常于午夜叩临，总是不时梦见某堂考试自己全然失败，以致惊恐莫名。这种儿时经历导致的心理隐疾，相信不是笔者独有。现在的孩子，这方面当然更不堪言了。由于人生出口的单一，每个人都是只能成功不能失败，而单纯的竞技教育原本就以淘汰绝大多数人为宗旨，绝大多数人本来就注定了失败的命运。这就必然导致强烈的压迫感、焦虑感、恐惧感。现在的孩子累，不单是因为学业重，更重要的是心理负担重，更重要的是心累。我们的童年曾经如此简单而匮乏，以致假如能有一支小木枪，就足够快乐好几天了。现在的孩子不然，他们的物质和精神供给已经极大地丰富，他们有形形色色的饮料和零食，他们有 MP3，他们有网络游戏，他们甚至可以周游列国。按理他们应该比我们童年时快乐得多、幸福得多，但事实上远非如此。个中缘由，无非是竞技教育的无边阴影，遮蔽了他们童年的春风和阳光；他们尚不解人世，就已经被驱赶到了角斗场中，很少机会也很少心情欣赏人生的神秘和美丽了。

最大的损失是生命磨损

这可以说是单纯的竞技教育一个不可原谅之处：它不是提升而是减少了

孩子们的快乐和幸福的总量。首先是败坏学习美感。热爱是最好的老师，教育应该首先教会人们热爱学习。而要人们热爱学习，首先必须让学习具有美感，即让人们切身体验到学习的乐趣。这样人们才会亲近学习。而如前所述，那种本来就注定了要淘汰多数孩子的学习，因此注定与多数孩子为敌、注定要刁难、注定要折磨多数孩子的学习，怎么可能具有美感呢？怎么可能让孩子们亲近呢？

其次，也是最重要的，单纯的竞技教育败坏了生命美感。一方面，单纯的竞技教育必然伴生的强烈的压迫感、焦虑感、恐惧感，已经极大地破坏了孩子们精神生态的平衡；另一方面，零和游戏你死我活的“丛林特质”，尤其使孩子们难于建立平等、互助、互信、双赢的人际关系，而只看到人与人之间狰狞、诡异、冷酷的一面。生命美感建立于幸福和快乐的基础之上，幸福和快乐则主要来自人性的温暖、人的可爱。如果从小就只有残酷的角斗而难于体验到人性的温暖、人的可爱，孩子们就失去了生命美感的泉源，不能不在精神的荒漠上孤独地流浪。没有美感的生命当然是无趣的乃至是丑陋的，这样无趣乃至是丑陋的生命是很难让人留恋的。为什么随着竞技教育的加剧，越来越多本来应该是风华正茂的孩子，却偏偏选择了自杀甚至是杀人，于此不难得到解释。教育本来应该教会人们热爱生命；单纯的竞技教育却相反，它像败坏美食家的味觉一样地败坏着孩子们的生命美感，使相当一部分孩子因此丧失生命的动力和生命的兴趣。单纯的竞技教育发展到如此偏执的地步，难道还不足以使人惊醒吗？

如果说竞技体育使人不单头脑简单而且浑身伤病，单纯的竞技教育则如慢性毒药，尤其戕害着孩子们的生命和健康，进而戕害着我们民族的未来。早在半个多世纪以前，伟大的人民教育家陶行知先生已经这样放言：儿童是应该快乐的，而现在中国的儿童是非常痛苦的。固然有许多人才是从痛苦中长大起来，但是成人的责任是应该把社会改造得好一点，使未成熟的儿童少吃点苦，多享点福。我们应该负起责任来，敲碎儿童的地狱，建立儿童的天堂。不够，我们应该引导儿童把地狱敲碎，让他们自己创造出天堂来。

半个多世纪过去，陶先生这个心愿仍是海市蜃楼，我们应该为此深感惭愧。增加孩子们的快乐总量，提升孩子们的生命美感，使孩子们健康成长、幸福成长，既是我们作为父亲对于孩子的责任，也是我们作为公民对于自己民族的责任。而要履行这样的责任，当从突破竞技教育的藩篱始。

大口出路与多口出路

如何突破竞技教育的藩篱呢？陶行知先生曾有精彩提示。一天，陶氏出南京城办事，回到南京南门已是下午五时光景，却怎么也挤不进去，待要转身，又退不出，陷在人山人海中寸步难移。他由此生出无限感慨——这不是一幅中国教育出路的缩影吗？是的，有点像。他之要求大口出路与多口出路，简直是和南门走路的人的心理一样。但是也有一点儿不同，南京南门之拥挤只是几小时的痛苦，等到乡下人出了城，城里人进了城，各人回家与妻子儿女吃晚饭，便好像没有这回事了。如果您想一想，那从南门进出的人们不是几千人，而是源源不绝地来到这个唯一的小洞里要求通过，您便可以得到中国教育出路的一个比较正确的影子。您别想他们当天晚上能够舒舒服服地在家里和家人团圆……大多数的人，必是拥挤在那儿求活不能，求死不得。

拥堵的成因很清楚，无非是人山人海中竟只有惟一的小洞可以通过。解决的根本办法，则只能是教育开放，以教育开放来尽可能地拓展“大口出路与多口出路”，尽可能地丰富可供选择的人生路向。这是人性的本质要求，也是市场经济的本质要求。正如民办教育家任靖玺先生指出的：“谁是就业的主导者，谁就应该是教育的主导者。”现在既然是社会在主导就业，教育权之回归社会，由社会来主导教育标准的制定、来主导整个教育过程，使教育充分满足社会的需要，也就是理所当然。

针对教育存在的问题和教育现代化的要求，解决之道的基本方向必须是教育开放，必须是教育权回归社会，这样才可能实现教育的差异化和特质化，才可能实现人的发展的差异性和特质性，才可能做到条条道路通罗马。也只有在多元竞争、条条道路通罗马的生态中，教育行业的暴利倾向才可能得到有效遏止，人们为教育所付出的经济牺牲乃至生命磨损才可能减至最小而获益才可能趋于最大，让孩子们自己创造出天堂来这个跨世纪的梦想，也才可以期待。

教师的工作和未来有关，这是一件要用一生去做的事，它几乎无所谓成功与失败。就如评价一棵树一样，你只能知道它长得健康与否，而不该去想它砍了可以做成另外一个什么东西。

教育不能急于事功

吴 非

我们这一代遭逢社会动荡，被耽误了太多的时间，耗费了太多的生命，到了真正能做些事的时候，往往已经精力不济。20多年前，我经常说，想多做点工作，要“把损失的时间夺回来”。我总是觉得只要政策正确，大家都能遵守法则，教育是可能健康发展的。

中国社会经常用的新闻术语总是“形势喜人”，教育界的实际状况是“形势逼人”甚至“形势磨人”。这就不得不把重担子搁在我们这一代教师肩上，“紧迫感”这个词也就经常地出现在我的工作中。往往刚刚开始考虑一件事如何去做，已经有人把诱饵放在你的面前，希望你……这么多年，教育界看到的是急于事功的运作，官僚要政绩，局长校长要升学率……

有些年，“早出成果，多出成果，快出成果”之类的口号经常地出现在各种人物的报告中，也出现在公开的传媒上。做什么事都留着“大跃进”的遗风。在这样的压力下，浮躁之风大炽，教育界的粗制滥造也就开始了。有一回，无意间旁听一些同行研究课题的设想。从学生成长的需要，从变革教学方式的需要，等等，说的都对；接着说到课题完成后将会有多少好处，可以完成学校下达的任务，可以在区里报成果，可以与高校联署申报省级课题，可以署多少教师的姓名……总之，“一菜多吃”。我就想到，如果没有一点点所谓的好处，这种研究能不能成为“自觉”？如果要磨十年，他们能耐得住吗？

很长一段时间我不太愿意到其他学校观摩，因为家家有“成果”，家家的成果都来得又快又多。成果展示的展室、展板做得很精致，你认为该有的他全准备好了 。这样的交流，有时会干扰习惯按教学规律工作的教师，会让他们怀疑勤奋工作的必要性进而丧失诚实工作的信心。人们一般只愿意做浮在水面的油花，不大愿意沉潜在下面，目前在学校，最大的隐患可能正在于此。

我们教育界受到的社会批评多于其他行业，原因很多，也很复杂，有些批评是错误的，但是却轻易地打破了教育的平衡。社会误以为教育可以与工业、农业甚至商业一样地大跃进，提出了种种违反规律的口号，比如“教育产业化”、“高校扩招”、“扩大优质教育资源”等等。这些急于求成、急于事功的口号给教育造成的灾难，也间接影响了一线教师的工作。教师的职业幸福感下降了，教师的专业水平下降了，教师的劳动强度加大了，师生关系被曲解了……

20 多年了，教育没有什么实质性的进步，有些方面甚至倒退了。就连我认为很容易解决的教育经费问题，至今仍然是画饼充饥，在发展中国家仍然是落后的。联合国教科文组织建议教育投入的标准应占国内生产总值 GDP 的 6%。世界平均水平为 4.9%。“欠发达国家”平均水平是 4.1%。而我国教育投入多年徘徊在 2%～3%之间，确定目标要到 2010 年才达到 4%(引自钟沛璋《2008 忧思录》)。全社会流行的是一种“短视文化”，无论你告诉他教育如何重要，他们也舍不得把钱花在明天的发展上。他要把这一汪水做成酒去卖，他甚至用它来冲地，也不愿意留着它浇灌一棵树，因为他总觉得，明天太遥远了，人的心里，暗暗地想“我死之后任凭天塌地陷洪水滔天”……

我在一本书中看到一位美国教师的话，他说：“我为美国在教学。”——原来，美国的教师也和我们一样。热爱教育的人往往不需要豪言壮语，因为血管里流淌的是理想。我好像没有说过自己是在为民族为国家当教师，我总是认为自己在做一件自己喜欢的事，只是这件事可能和未来有关。正因为我的工作和未来有关，这就让我想到，这是一件要用一生去做的事，它几乎无所谓成功与失败。就如评价一棵树一样，你只能知道它长得健康与否，而不该去想把它砍了可以做成另外一个什么东西。

良好的教育一定能够给无助的心灵带来希望，给稚嫩的双手带来力量，给迷茫的双眼带来清明，给孱弱的身躯带来强健，给弯曲的脊梁带来挺拔，给卑琐的人们带来自信。而一个拥有希望、力量和自信的人，最有可能成为幸福生活的创造者和美好社会的建设者。

什么是良好的教育

肖　川

我所能想到的最重要、最有价值的事情，莫过于受到良好的教育。因为只有良好的教育才能使我们秉有渊深的学识、清明的才智、通达的情性、宽广的胸怀和高贵的教养。

那么，什么是良好的教育呢？也许我们很难给予它一个周全的描述，但我们可以肯定地说：一个人，如果从来没有感受过人性光辉的沐浴，从来没有走进过一个丰富而美好的精神世界；如果从来没有读到过一本令他（她）激动不已、百读不厌的读物，从来没有苦苦地思索过某一个问题；如果从来没有一个令他（她）乐此不疲、废寝忘食的活动领域，从来没有过一次刻骨铭心的经历和体验；如果从来没有对自然界的多样与和谐产生过深深的敬畏，从来没有对人类创造的灿烂文化发出过由衷的赞叹……那么，他（她）就没有受到过真正的、良好的教育。

对于所有头脑和心地都很正直的人们，大概都不难达成这样的共识：不论是家人之间的纯美的至爱亲情，还是亲朋故交之间诚挚的友谊，也不论是师生之间的倾情给予，还是陌生人之间默默无言的相互关爱，都能给我们的心灵以温暖的慰藉，给平淡的日子以清新明丽的感动。在教育中，如果我们能用心去营造一种充满真情与关爱的氛围，良好的教育就有了最切实的保障。

而“凡是教师缺乏爱的地方，无论品格还是智慧，都不能充分地或自由地发展”。没有任何真正的教育是可以建立在轻蔑与敌视之上的，也没有任何一种真正的教育可以依靠惩罚与制裁来实现。真正的教育只能建立在尊重与信任的基础上，建立在宽容与乐观的期待上。真正的教育存在于人与人心灵距离最短的时刻，存在于无言的感动之中。让年轻一代在人性的光辉里，拥有一个关怀的人生，这应是良好教育努力达成的一个目的。

书籍是人类文明不灭的火种，人类走向光明与真实境界的灯烛。“没有一艘船像一本书/也没有一匹骏马/能像一页跳跃的诗行/把人带向远方。”（狄金森）正如苏霍姆林斯基所告诫我们的：“启发智慧和鼓舞人心的书往往决定一个人的前途。学校首先是书籍。”在书籍中，智慧老人展示给我们的是历史的镜鉴、生命的律则和文明战胜野蛮的曲折。人是理性的动物。“未经审察的人生是没有价值的”（苏格拉底），你真正的生命是你的思想。对某一问题不倦的探究，是个体成长所必经的心路历程，也只有在理性的基础上才能确立自主的尊严。

如果成长中的青少年没有对某一项活动较为持久的投入和倾注，如果对一切都只是浅表性的接触，那么，心灵的疆域就不能得以拓展，也不能生发出良好的责任意识和责任能力。中国古训中有所谓“纸上得来终觉浅，绝知此事要躬行”，“纸上得来终觉浅，心中悟出始知深”。前者强调的是活动、实践、躬行对于知识的领会与掌握的意义；后者强调的是“悟”，即个体经验的激活在理解、吸收、建构和掌握知识过程中的意义。没有比较丰富、深刻的体验来积淀形成一定的经验背景，悟就不易甚至不能产生。因为理解活动并非某种纯粹的智力活动，而是人的整个生存活动的一部分。

大自然的奇妙景观，不仅给人们以美的陶冶，也给人们以智慧的启迪。“千江有水千江月，万里无云万里天。”即使是普普通通的一片树叶，平平淡淡的一方晴空，一场罕见的瑞雪，一次壮观的海潮，都能给予我们以绵密的哲学理趣、迷人的艺术灵光。让孩子们领略到大自然的无限风光，领略到自然界的多样与和谐，并由此产生惊异感，从而增进人与自然之间的亲和与交融，这是完美教育的不可或缺的要素。

教育是文化传递与文化传播的过程。文化是人类本质力量的确证与表征。在宇宙学的参考日历上，人类出现至今的这段时间还不到一天的1/1440。然而，就在这段似乎微不足道的时间内，人类创造了繁荣、灿烂、富丽的物质文化，纵横交织、井然有序的制度文化，千姿百态、深邃精湛、幽邈纤细、意蕴丰赡的精神文化。作为人类的一员，是值得我们每一个人为之自豪的。这种自豪感是参与分享人类所创造的精神财富和进行新的探索的强大动力。

真正幸福的人，是过着值得尊敬和真正的人的生活的人，是精神上和物质上都很富有的人，“富有的人同时就是需要有完整的人的生命表现的人”（马克思）。学会过美好的生活，使每一个学生都能成为能够创造幸福社会的人，这是完美教育的目的。因为，个人的自由，群体的和谐，社会的公正，人类的福祉与尊严，全系于良好的教育。

任何教育方式，其基本目标无非是让孩子成人成才。

远离了教育本质的花样、违背了人性特点的教育方式，是不可能开出亮丽的花、结出灿烂的果的。

什么样的教育方式是最好的

周　彪

教了20多年书，当了20多年班主任，亲自教过、带过的学生少说也在1 000人以上，教书育人的经验也应该积累了一大堆吧。倘若你问我什么样的教育方式是最好的？我还真得借用鲁迅小说中的话语——“颇有些踌躇了”。当然，仅仅是为了应付场面，讲一些套话不难，——每年的总结就是用这些材料打造的。问题是这千人一面、千篇一律的东西，它未必就反映了教育的本质，纵然你舌灿莲花也不过是一堆漂亮的废话！与其讲废话还不如缄口为好。这是我“踌躇”的原因之一。更让我不敢信口开河的是，从教的时间这么长，接触的学生这么多，我实在无法确定哪一种教育方式最有效，能解决所有问题。坦率说，我年轻时笃信教育是能改变人、塑造人的，到了中年我倒变得有些底气不足了。

我曾经认定对学生“管之以严”好，因为我笃信棍子底下出好人；我也曾经相信“待之以宽”好，因为宽松能张扬孩子们的个性。但亲历亲见了一些人和事之后，我的“信念”发生了变化。原单位有两个同事，都有一个年龄相仿的男孩子，都考上了清华，但两位母亲的教育方式截然相反。一个是严苛型管理，小男孩基本上是“两耳不闻窗外事”，连刘德华是何许人都不清楚，从小学到高中各科成绩一直领先，参加全省全国性的比赛总能载誉而归，在国际性化学物理奥赛上夺过金牌银牌；另一个是放羊型教育，小男孩文体活动、网络游戏一个都没落下，参加全国性电脑大赛得过银奖。一严一宽，都上了一流大学，让单位的同事们欣羡不已，当然引起了大家对什么样的教育方式才是最好的生发出各种各样的感慨、议论。另一对比性的事例是我的两个哥哥的教育方式。大哥大嫂属严厉型管理，一儿一女从小就学会了扫地、择菜、做饭、洗衣服等家务活，放学后先规规矩矩完成作业再去玩，每周可享受一个糖包子的零食，两个小孩都上了大学，参加工作后都很孝顺父母；二哥二嫂则是典型的不管型家长，两个男孩子自小顽皮，人称“齐天大圣”，上学基本上是三天打鱼两天晒网，虽然每天早去晚归，但学校里基本上不见人影，初中未读完就外出打工，学得一手好手艺，自己当起了老板，结婚生子，小日子过得也不错，也很孝顺父母。两种截然不同的教育方式，一家是学有所成，一家是业有所就，孰优孰劣，难分高下。

任何教育方式，其基本目标无非是让孩子成人成才。成人就是能自觉履行对家庭和社会的义务和责任，成才就是能找到安身立命的职业。回顾我们这几十年的教育，让孩子们成才似为教育的唯一目标。围绕这一目标上至教育行政部门下至每一个老师和家长无不殚精竭虑、绞尽脑汁。哪所学校升学率高哪所学校就会成为“朝觐”圣地，哪家的孩子上了北大清华家长就可能成为“布道”牧师，哪个老师教出了高才生其教学方法就会成为“模仿”典型。教育目的和教育方式的唯一，让我们的教育在异化路上越走越远。

时下“教改”越来越频繁，教育“经验”越来越丰富，教育“方式”越来越多样，但教育的效果却越来越不尽人意，何也？远离了教育本质的花样、违背了人性特点的教育方式，是不可能开出亮丽的花，结出灿烂的果的。

成功是人生的理想，成长是人生的脊梁。成功可以改变你的命运和尊严，成长可以决定你的人格和方向。

教育的过程中，学生成长，教师也成长，教师学生共享成长。

成绩·成功·成长

李建成

成绩、成功、成长是教育词典中使用频率很高的词。但是，拥有不同的教育理念的人，在教育实践中，对这三个词的关注程度可能会有很大的不同。

在我看来，当今的教育受功利主义影响，一些人过分看重“成绩”和“成功”，而忽视了“成长”。这无疑是本末倒置。因此，需要我们认真辨析三者在教育中的意义，从而帮助人们领悟教育的真谛。

成绩关注知识，成功关注事件，成长关注生命。教育需要传承知识、创造财富。但是，目前的教育过分关注了知识传授，却忽视了人的生命发展。而教育的要义，正是对人生命潜能的开发，对生命资源的保护，以实现生命的可持续成长。

成绩说明一科，成功凸现单项，成长反映全面。教育需要文化成绩、实践能力。但是，目前的教育过分关注了文化技能，却忽视了人的素质发展。而教育的愿景，正是按照人的发展需要，让人的生命和精神一起成长，让文化、道德和身心素质一起成长。

成绩只是一时，成功常在一事，成长才是一生。教育需要早出成绩、快出成果。但是，目前的教育过分关注了学段任务，却忽视了人的终身发展。而教育的目的，本是让人一生得到发展，一生愉快成长。

成绩表明结果，成功追求效果，成长注重过程。教育需要完成学业、培育栋梁。但是，目前的教育过分关注了英才催生，却忽视了人的自然发展。而教育的佳境，应是根据人的天生禀赋和身心发展规律，让人自然成长，健康成长。

成绩常会强迫，成功常有机遇，成长常显必然。教育需要教师引导、环境熏陶。但是,目前的教育过分关注了他人主导,却忽视了人的自主发展。而教育的理念,应是根据人的生长规律,让人积极、主动、和谐成长。

成绩可以教好,成功亦可造就,成长却要哺育。教育需要教师培育、家长培养。但是,目前的教育过分关注了统一标准的人才塑造,却忽视了人的个性化发展。而教育的追求,正是按照生命的成长节拍和律动,通过“春风化雨”的滋润,“文化化人”的陶冶,创造出新的生命意义,以实现生命意义的不断超越,以加速生命的成长与发展。

成绩是学生的,成功是行动者的,成长是师生的。教育需要发展学生、成就行动者。但是,目前的教育过分关注于对学生培植,却忽视了师生的共同发展。而教育的理想,应是“教学相长”:通过思想的共享、视界的融合与灵魂的感召,师生能相互促进,共同进步。

成绩交织着痛苦,成功伴随着失败,成长享受着愉悦。教育需要勤学苦练、经历挫折。但是,目前的教育过分关注了成功的获取,却忽视了人的幸福发展。而教育的初衷,本是传承人类自身生生不息的精神生产和物质生活方式,它的出发点和归宿都指向人生的幸福。

因此,在教育目标上,我们必须指向孩子一生的快乐幸福。在教育过程中,要从“现在就快乐,幸福就出发”,让孩子拥有快乐幸福的童年;要从“未来也快乐,也幸福”着眼,让孩子享有快乐幸福的一生。

每一个学生(人)都是一个鲜活的生命。教育的终结旨归是"人",是人的生命的成长和发展。——教育,是献给生命的礼物。因此,研究教育,进行教育,都要有一种生命感。

做有生命感的教育者

李政涛

在很长一段时间内,我突然很少读书了。这并不是因为我失去了读书的兴趣,而是因为我的光阴和热情投入到了另一种阅读之中。对生命本身的阅读,对在课堂中活着的教师和学生的阅读,占据了我生命的主要空间。正是在这样的阅读中,生命感充盈了我的灵魂,而书本和各种抽象的符号则退隐于幕后。

当前的中国教育,"生命"之所以成为流行时尚的概念,首先是来自于这样一个基本事实:长期以来,教育者(也包括数量庞大的教育研究者)普遍缺失生命感,在以"人的教育"为基本信念的教育领域里,生命却缺席了。

以往,在每天流动着的课堂里,我们看到的只是知识、方法、技术,在教师创作的大量教例和课例中,我们寻觅不到生命的呼吸和跃动,处处发现的仍然是如何上课的各种技巧和方法;在每天都诞生的庞杂的教育论文中,我们依然看不到生命的气息和光华,除了概念、术语,就是推理和演绎:从一本书到另一本书,从一篇文章到另一篇文章——把前人的文章变成自己的文章,把外国人的文章变成自己的文章。生命创造的光影就在如此这般的推演中遁入黑夜。

正因为如此,叶澜教授才会呐喊疾呼:让课堂焕发生命活力!在一个教育思想的魅力日益彰显、在教育者和教育研究者日趋合一的时代里,这样的吁求显得弥足珍贵。

在我看来,作为教育者的教师首先还不是一个实践者,而是一个研究者。在教师的职责表里,研究学生的生命成长,透析学生的生命成长,是第一要务。与专业的教育研究者相比,同样作为教育研究者的教师的特殊性在于:他是在与受教育者的日常化的直面中,研究学生生命成长的人。

苏霍姆林斯基是这种教师的代表。他不是把自己关在书房里的研究者，而是每天现身于校园里，出现在课堂上，与孩子们的目光频繁接触的研究者。正因为如此，他的文字里浸透着生命成长的气息，饱含着与他相遇的每一个学生和教师的生命的温暖。因此，苏霍姆林斯基之所以是苏霍姆林斯基，首先就因为他是一个有着深厚生命感的教师，是一个将这种生命感转化为他的教学实践和教学研究的教师。凡是有着强烈生命感的教师必然会转向对学生生命的研究，他不满足于情感火花般的迸发，灵感碎片般的散落，他希望用思想去把握学生的生命，用理念指导自己的教育生活，以此实现对生命生长的种种感悟，并进行整体性、系统性的呈现。

不是所有的教育者都有这样的生命感。

有的教师看到了生命，但他想到的只是书本和各种符号如何化为自己的教案和话语，对学生的生命本身却视而不见。这时的教育者看到的只是知识，他的眼中没有生命，他的生活只是年复一年、日复一日地机械辗转于教材与教室之间。

有的教师看到了生命，并试图去抓住这个生命，以自己的热情感染他、点化他，进而时时处处想去替代他。这时，学生只是他手中可供任意揉搓的生命，实际上跟雕塑家手中的泥巴和金银铜铁并没有两样。我们只能说，进入教育者眼帘的，只是被物化的生命，是卑微的生命，是可以随时被替代的生命，而不是真正的生命、大写的生命。

有的教师看到了生命，他以一颗敏感、敏锐和细腻的心，捕捉着学生的每一句话语，每一次欢笑和哭泣，每一声叹息，每一次皱眉。正如里尔克笔下的罗丹一样，他“无处不抓住了生命。他在偏僻的角落里也抓住它，观察它，追逐它。他在它踯躅不前的路口等待它，在它飞奔的地方跑去和它相会，他在到处都发觉它一样伟大，一样庄严，一样迷人，这躯体没有一部分是卑微而可忽视的：什么都蓬蓬勃勃地活着。那镌刻在面孔上的如在日冕上的生命，是易于认识，而且与时光的流逝有关的，那蕴藏在躯体里面的，却更飘逸、更伟大、更神秘、更悠久了。”面对这样的生命，有的教师试图去接近他，亲近他，用话语去温暖他，去回应他的种种召唤，去给予他力量。这一切不仅是因为教育者喜欢他，爱他，而是因为他敬畏这些生命。这样的教育者眼中只有学生的生命，没有自己的生命，他把自己的生命完全融化进学生的生命之中了。但是，如果教师只敬畏学生的生命，不尊重自我的生命，不希望自己的生命在学生的成长中快乐，那么教师的生命感也是不完整的。

有的教师看到了生命，但并不只是看到受教育者的生命，他同时也看到了自己的生命，他知道“把生命放在生命里”的真实含义，此时他发现了自我生命与学生生命之间的关联。他努力将自己的生命与学生生命的成长建立起内在的关联：受教育者的生命成长就是教育者自我的生命成长，他希望彼此的生命能通过教育之树而成功地实现相互嫁接和疏通，在同一棵树上绽放花朵。所以，教育者与受教育者一起关注生命成长中的种种困境，承担生命中的各种艰难与沉重，承担人生里无处不在的悲哀，承担个体生命时常袭来的孤独感、无助感，一起分享生命成长的幸福和尊严。

此时的教师对生命的态度，首先是敬畏和虔诚，然后才是热爱。于是，他满怀着虔敬之心，静坐在每一个活泼的生命前，感受生命的恩赐与光华，感受生命蓬勃的生长力量，还有那纯粹的声音，成长的声音，喜悦的声音。在这样的静视中，他洞悉了时间的力量，正如诗人保罗·策兰所低吟的那样：

秋天从我手里吃它的叶子：我们是朋友
从坚果里我们剥出时间并教它如何行走；
于是时间回到壳里。
……
我们在窗边拥抱，人们在街上望我们，
是时候了他们知道！
是石头决定开花的时候，
是心脏躁动不安的时候，
是时候了，它欲为时间。

这个时间属于教育时间，它浸透了、催生了教育中的生命存在。有着生命感的教育者，都是有时间感的教育者，时间感不断地撞击着他的心灵，他的手和灵魂都充满了时间，他知道每一个生命的教育都需要时间，都有着内在的时间节奏和韵律；在教育中，生命何时开花，何时结果，都有定期。教育者所要做的是：与受教育者一起守候时间，让石头在时间中开花，让心脏为每一次绽放而激动。他会不断地期盼那个成长的“时候”，并为之幸福地低吟：是时候了……

这样看来，有生命感的教育者是迥于常人的。然而，教师的生命感不是抽象的，而是具体的，不是只可以用语言说的，而是可以转化为行动的；不是浮在表面的，而是浸透于骨髓、浸透在思维方式之中的，是化在教学设计、教学过程、教学反思和教育研究过程之中的。虽然不是所有的教师都有这样的生命感，但我相信生命感可以培养，是可以有意识地自我生成的。其前提和关键在于教师有没有把教育的实践，当作一门学问来钻研，当作一门“生命的学问”来贯穿一生。借用牟宗三先生的观点来说，教师生命成长的关键在于：教师有没有将教育全部放进自己生命的内核之中，如果“这一门学问也不能够使得我把全副的生命都放在这个地方，停留在这个地方……这个学问也不能够在你的一生中占满了你的生命”。在他看来，一个人诚心地从自己的生命核心出发，去做学问、吸收学问已经很不容易，而发现这个核心更困难。假定不发现自己的生命核心，我们就可以说这个人在学问方面不是一个真人；假定你这个学问不落在自己生命核心的地方，我们也可以说你这个人没有真学问。

这似乎就是“把生命放在生命里”的真实含义了：教育者只有把教育的学问变成生命的学问，把学生的生命落在自我生命的核心里，同时又把自我的生命化进学生的生命里，成为其今后生命成长中的核心资源，教育者才能是一个有学问的人，而且是一个有真学问的人。这个学问就是教育研究者所特有的：一种以生命感为基础的，关于生命成长的学问。其内核是：让每一次教育的过程，都变成教育者和受教育者共同“回家”的过程，即回到生命之家的过程。

在这个意义上，教育就是回归生命之家，在这样的回归中，我们看到了教育者和受教育者之间各种不同的生命相遇，并因此感受到了教育过程中生命交遇的伟力，正如奥地利诗人里尔克在一首诗中所写的那样：

在如此充盈的今夜，你应该
感觉十字路口的神力
感觉奇异交遇的意义。

如若尘世将你遗忘
且对寂静的大地说：我流动
对迅疾的流水说：我在……

“要有良好的社会，必先有良好的教育；要有良好的个人，必先有良好的教育。”“欲知明日之社会，且看今日之教育。”（蔡元培先生语）

教育是一个民族对未来的自我定义。中国教育、中国教师肩负着沉甸甸的历史感和责任感，只有着力未来，着力发展地去培养幸福的公民，才能在地球上铺就美丽的风景。

培养幸福的公民

姚宏昌

培养人是教育的出发点和归宿。培养幸福的公民，应该是教育崇尚、追求的目标。

学生时代是人生的一个重要阶段，在这个阶段体会到幸福与为将来幸福奠基同样重要。从这个意义上说，基础教育的内容和过程要能够激起学生的幸福感，让学生感到学习生活是一种享受，能够从中获取满足和愉悦，从而奠定良好的身心素质基础。

我们的学生幸福吗？

苏霍姆林斯基说过：“要使孩子成为有教养的人，就必须让孩子有欢乐、幸福及对世界的乐观感受。教育真正的人道主义精神就在于珍惜孩子有权享受的欢乐和幸福。”他又说：“教育的一个重要任务就是在于使每一个孩子的心都能受到人的崇高欲望的鼓舞，而给别人带来欢乐、幸福、顺利、好处和安宁”，所以“教育技巧的特点就在于使教育的整个过程成为教师过问人的精神生活的整个过程。”

人的一生是不断追求幸福的过程，幸福对不同年龄阶段的人有不同的内涵。在人生幸福的链条中，童年及青少年的幸福是最值得回忆和珍惜的。现在的青少年幸福吗？华南师范大学附属中学曾针对学生“幸福指数”进行过调查。

结果表明，在幸福感自评中，有六成学生给了自己80分以下。这也难怪！为了不让孩子输在起跑线上，多少家长带着孩子从幼儿园就开始打“择校”战，进了学校开始打“疲劳”战；“考试”成了教师的“法宝”，“分数”成了学生的“命根”。不少家长和老师以“为了孩子将来的幸福”为初衷和动机，让多少孩子的学生时代在沉重、紧张、压力和恐慌中度过！

学生“不幸福”，根子在哪里？

据中国青少年研究中心对10个城市5 000多名中小学生进行的调查表明，超过1/10的小学生和1/3的中学生正在遭受睡眠不足的隐性伤害。被调查的学生中，有10.4%称自己在12岁之前每天睡眠不足8小时；15岁的学生中有44.6%每天睡眠不足8小时。片面追求升学率和考试成绩带来的是学生知识和素质的畸形发展。通常人们总认为，所谓的“畸形发展”、“幸福指数偏低”都是由教育造成的。从现象看，是高考指挥棒在影响着社会、家长、学生和学校，才出现片面的追求分数、升学率，进而导致学生课业负担过重。其实这些问题，现象在教育，根源却在社会。今天的教育是为明天的社会培养人才，当今社会对于人才选拔的标准必然会反映到教育的发展上。从社会角度看，学生幸福指数低是受长期的历史文化传统、人才观、价值观等因素的影响形成的“复合体”。社会用人观等“无形的手”，直接给社会、家长和学生带来强劲的导向。

“生活即教育，社会即学校”。不可否认，当今社会中不同行业、不同企业之间的从业者，在社会地位、工资待遇上存在较大差别。国家机关、事业单位和大型国有企业等被社会公认为待遇好、社会地位高的就业岗位，在招聘员工时，均要求“具有本科以上学历”，重学历的倾向非常明显。在各种人才选拔办法都有其局限性的情况下，在用人单位很难通过面试或其他类似的考核完全了解一个人的真实水平的情况下，学历(或所毕业学校的名气)往往被视作衡量一个人基本素质和能力的重要指标。对用人单位而言，录用本科生、硕士和博士，所付出的成本相差不大。既然学历可以作为能力的一个间接指标，不同学历的用人成本差别又不大，那么用人单位就自然而然地形成了宁要高学历不要低学历、宁要名校毕业生不要一般院校毕业生的倾向。

现实中，学生能考上本科，特别是考上名牌大学的比例并不高。以浙江省衢州市为例，2008 年衢州学前 3 年入园率为 92.4%，义务教育阶段的入学率、巩固率为 100%，初中升高中的比例达到 96%，高等教育毛入学率为 39%，远远高于全国的平均水平。但就是在这种前提下，衢州 100 名应届初中毕业生中，只有 50 名就读普通高中，根据招生计划和录取比例，在这 50 人中最后能考上本科院校的只有 10 人左右。我可以自信地说，衢州的这种状况与全国相比，比例并不低。由此可见，学生要考上大学，尤其是要考上一所名牌本科高校，是何等艰难的事！严酷的社会现实，强大的利益驱动，使人们只能要求孩子被动地承受巨大的学习压力。升学引导机制和社会用人标准不改变，学生难言幸福。因为如果今天孩子在学习的竞争中选择了“幸福”，那么明天选择工作的“不幸福”就在等着他。

培养幸福公民应成为新时期教育的新追求

学校教育的重要使命，就是培养学生具有履行公民权利的意识、承担公民义务的能力，要把美好的社会理想、社会核心价值观内化为个体内心的思想品德要求，塑造个体良好的个性心理特征，并外化为他们符合现代公民要求的行为能力。

人的幸福感直接影响着人们参加社会劳动的积极性和主动性，幸福指数的高低也成为衡量人们生活质量的一个重要标准。学生在学习过程中能否感受到幸福，直接影响到学生的学习效率、健康成长以及人生态度。在学习生活中感受不到幸福的学生，怎能健康成长为优秀的社会主义事业的建设者和接班人？

教育应该对学生的幸福状况给予充分的重视和尊重，对人的生命给予全面的关照和提升，不仅要让学生从生理上得到幸福，也要满足学生的心理需要，关注其心理幸福。一是改变观念，树立科学的儿童观、学习观、成才观和成功观，引导学生开阔视野，了解社会，满足其个性方面的发展需求，发现自己的潜能优势，选择适合自己的发展道路。二是改变考试制度，将“应试教育”的指挥棒变为素质教育的指挥棒。注重考查其综合素质尤其是社会实践能力，注重考查其独特优势和创新能力。三是改变学校管理，纠正片面追求升学率和考试分数的倾向，建立科学的评价体系和评价标准，用制度来切实推进和保障素质教育的实施。

学生不幸福的根源在社会，需要社会改变过于偏重学历的观念，注重综合素质和实际能力，公平协调发展，缩小不同岗位、不同群体在社会地位和工资待遇上的差距，建立有利于人才多样化发展的机制和社会氛围。社会用人制度和人才观念，对于高校的人才培养、基础教育的目标与教育方式、家长的教育观念起着重要的导向作用。改革用人制度是培养幸福公民的当务之急。全面改革社会用人制度，转变传统的人才观念，将有力地促进从"应试教育"向素质教育的转变。

改革社会用人制度，根本方向在于以人为本，引导人才多元化发展，创造发掘个体潜质的机制。首先，单位用人要不拘一格，建立多元化的评价选拔机制。政府机关、事业单位等公共部门，其用人对社会有着很强的示范导向作用，一定要在引导社会的人才观、就业观上起到正面的表率作用。其次，推行职业资格认证制度。不同职业的资格认证有利于消除人才市场上的信息不对称，减少个体对高学历的盲目追求。第三，要同步推进相关领域的改革，包括消除人才流动方面的体制约束。要引导人才合理流动，加大户籍改革力度，消除人才的后顾之忧，让他们到最能发挥才干的地方去就业。要改革社会保障体系，让在不同体制和环境下就业的人能平等地享受到医疗保险、养老保险等社会保障福利，引导人才到各种经济类型的单位就业，促进单位之间的人才流动。

培养幸福公民是全社会的共同责任。社会用人制度应该和教育体系形成良性互动。社会的人才观和用人制度引导着人才选拔和培养的方向，同时，教育体系对社会人才需求的呼应需要社会观念的转变和社会用人体系的及时反馈。在一定程度上存在这样的情形，社会人才需求已逐渐走向多元化、个性化，强调能力导向，但教育体系的调整却不能适应这种变化，这是全社会和教育面临的一个严重挑战，必须树立科学的人才观和正确的教育质量观。政府要完善培养幸福公民的政策措施，学校要承担起培养幸福公民的主体责任，社区要发挥在青少年教育中的积极作用，家庭教育更是孩子们健康、幸福成长的重要基础。各方要形成合力，并在国家层面予以协调和统一。

二 为师：塑造人格的魅力

因为教师是领导者，所以不能不谈教师的人格。教师是有两种人格的，一种是「经师」……一种是人师，人师就是教行为，就是怎样做人的问题。经师是教学问的，就是说，除了教学问以外，学生的品质，学生的作风，学生的生活，学生的习惯，他是不管的，人师则是这些东西他都管。我们的教学就要采取人师和经师二者合一的，每个教科学知识的人，他就是一个模范人物，同时也是一个有学问的人。

——徐特立

世界上没有任何一种职业赶得上教师职业的重要、光荣和伟大。

我崇拜大教师。大教师是由真实人格、生动精神、坚实知识构筑起来的文明形象，是真善美的可触摸实体。

做教师就要做大教师。

教师五层次

毛志成

作为一种职业，或是仅仅作为一种职业，凡是泛称为“从事教学活动的人”都可被名之为教师。但在实际上，同是被泛称或自称教师的人之中，其德其才在层次上却千差万别，依序大致可分为五等——大教师，好教师，教书匠，以教谋生者，因教误人者。

一、大　教　师

这里说的大教师不是依据什么大头衔或什么高级职称而定，只是依据德行上乘、智能足备而定。德行上乘是指在教人的事上有善意，有爱心；智能足备是指在教学的事上有见识，有智慧。无论这样的教师有没有大头衔，有没有大称号，但在实际上他是教育家，哪怕他仅仅是中学教师、小学教师，或是幼儿园教师。

有的人虽然获取了高级职称，做了高级教师、特级教师、教授，但未必配得上大教师之誉。他们往往只囤积了某些“死学问”、“模式化教学程式”，无生动感，无文采感，是机器式的。而另有一种教师哪怕没有大头衔、高职称（如仅仅是小学教师，幼儿园教师），他做人、教学都实现了第一流的生动性，爱学生爱得有感染力，有影响力，而且有深刻的、系统的、睿智的教育思想和教育本领，后者就堪称大教师，亦可称为教育家。

二、好　教　师

那些爱岗敬业者，比起大教师来，有人虽然爱学生爱得有点婆婆妈妈，提炼不出颇深刻的教育见识，在教学上能尽心尽力，苦累不计，只是学问不大，讲课也表现不出特别的生动性、灵活性。尽管如此，他爱学生的心是无比赤诚的，火辣辣的；每当他走进课堂时就会全身心地投入，付出再多辛苦和再多汗水也心甘情愿。这样的教师在才智上未必杰出，工作未必出色，但又绝对当得起好教师的美誉，在主观上或客观上都有益于学生，是令人尊敬的。

三、教　书　匠

教书匠若能名副其实地堪称“匠人”，也应给予适度肯定，适度尊重。须知做名副其实的“匠人”也不太易，不够格的至少也有相当比例。所谓“匠人”，虽然可能无大智慧，无大才干，无大创造性，但又大都不违基本知识、基本技法，教育教学上有据可依，有章可循。而某些连“平平教书匠”也不够格的“教育界混子”，哪里有资格自称为“匠”？

当然，我们希望教书匠提高档次，提高教育和教学的生动性——首先是提高教师的人格品位和教师的事业心。

四、以教谋生者

这种人只是将教师当成一种职业，而不是事业，全部心思就是以此谋职、谋生——包括谋食、谋禄、谋岗、谋日子。

当然，这样的人若是虽不爱业却也守业，虽不爱职却也尽职，在工资、福利、房子、职称上虽竞相争之，但又不因此废业废职，基本上还算是个本分人、安分人，也就不应该讥讽人家，鄙夷人家。但在推荐优秀教师、可敬园丁时，我们却不要马马虎虎、随随便便地举他的手，因为他不是教育事业上的热心人和行家。

五、因教误人者

误人的人各式各样，都会牵连出种种隐患，但因教误人的人尤可厌，乃至可鄙——因为他误的是“子弟”，是孩子，是青年。

误人子弟的教师中，沾了“恶人”、“坏人”边的人无疑很少很少，但对他们也绝不能投鼠忌器，而要严肃处理。

然而，若是问及“教师之中有无小人”，我们的回答就不一定取断然否定态度。至少，在教师队伍中，有“小人气”的人像在其他行业中的人一样，都没绝迹。

今天，有些教师在个人名利上、个人恩怨上搞一点小争端，大都正常，无足苛责。但是，要劝告他们，应当自省、自律，若将身上那股子“小人气”去熏染学生，浊化学生，这种“反崇高”效应也许是误人子弟中的致命之误。

人格矮化，从根本上说应与为人师表绝缘。

教师，要有高尚的品德，要有远见卓识，要多才多能，要饱学有识。教师要为人师表，因此，对教师的做人，应有高层次的要求。

教师的德、识、才、学

黄芥田

教师要从“德、识、才、学”四个方面加强自己的修养和锻炼。

德——教师要有高尚的品德

品德问题，是教师修养的首要问题。教师，是人类灵魂的工程师。他要帮助学生区别真、假，善、恶，美、丑，提高学生的政治觉悟，培养学生的道德品质，为学生形成科学的世界观打下良好的基础。正人先正己，教育者必先修养和锻炼自己的品德。“其身正，不令而行，其身不正，虽令不从。”（《论语·子路》）这就要求教师在道德品质方面，能够成为学生的表率，用自己高尚的情操和模范行动去教育、感染学生，真正做到春风化雨，润物无声。我们必须懂得，教师的思想、感情、言语、行动，对学生时时处处起着耳濡目染、潜移默化的作用。青少年模仿性很强，而且特别喜欢模仿自己的老师，把自己的老师当作学习的楷模，甚至连老师的兴趣爱好、走路姿势、说话神态，都要模仿一番。这就要求教师处处以身作则，真正堪称学生的模范，特别要在道德品质上做一个好的榜样。教师的品德修养，还应表现在忠诚党的教育事业上面，为了教育工作，教师要愿做蜜蜂，不惜捐输最后一滴蜜；愿做春蚕，不惜吐出最后一根丝；愿做蜡炬，不惜流尽最后一点油——呕心沥血，诲人不倦。

识——教师要有远见卓识

教师要在教学中有所发现、发明和创造，就必须具有辩证唯物主义的远见卓识。这样，才能站得高，看得远，处处眼明心亮：讲学习，“善学邯郸，不失故步”；讲追求，“善求仙方，不为药误”；讲师法，“不取亦取，虽师勿师”；讲继承，“取其精华，弃其糟粕”；讲观察、分析，“由此及彼，由表及里”。一旦发现研究目标，就能当机立断，下定决心，孜孜以求，百折不挠，一往直前。教师要对学生“因材施教”，“长善救失”，也要独具慧眼，知人识才，能够从今日的幼苗，预见明日的栋梁，于常人中见优秀。伯乐能识千里马，教师应识达尔文。教师就是教育战线上的伯乐。昔日的钟子期能够闻琴声而发现俞伯牙，人民教师难道不应该见微而知著？育才必须首先识才，识才还要善于育才。如果教师引导得法，后进学生可以变为先进，调皮学生可以育成奇才。而教师能不能发现人才，关键又在于善于观察、分析和诱导。因此，教师要具有远见卓识，就要从修养、锻炼自己的观察能力开始。通过细微的观察，了解学生的特点；通过现象的分析，了解学生的本质。一个人民教师对待学生应有这样的修养：不因学生的迟钝而叹息，不因学生的调皮而生气。当学生进步缓慢的时候，能运用自己的才学开启学生的心灵智慧之窗；当学生偷懒逃学的时候，能用温和的语言之鞭，轻轻唤醒学生勤奋的意识；当学生困惑消沉的时候，能以自己高尚的情操、坚定的信念去点燃学生的思想火花。既不娇宠学生的自满自傲，也不忘记在适当时机给予学生必要的勉励——始终不渝地引导学生走向红日东升、知识横溢的大海重洋！

才——教师要多才多能

多才多能的教师，才能培养出多才多能的学生。教师的任务是传播科学文化知识，用以陶冶学生的性灵，打开学生的眼界，发展学生的智慧，培育学生的心身，这就要求教师具有多方面的才能修养。既要有理论家分析、综合、雄辩之才，又要有艺术家想象、概括、表现之才；既要有科学家观察、试验、推理之才，又要有语言家凝练、形象、表达之才。课本上的一条原则、一个定理，往往倾注了科学家毕生的精力和心血。教师要深入浅出，生动形象地传授知识给学生，使学生学得有兴味，你没有理论家雄辩的才能，没有艺术家表现的才能，怎么行？一堂历史课，上下亿万年，纵横几大洲，从各个民族，到众多国家；从政治、经济，到科学、文化……就像电影艺术一样，一会儿把时间缩短，把空间放大，一会儿把时间拉长，把空间缩小——几分钟内我们可以看到古代的河马、现代的导弹；

两三个小时，讲的只是几分钟以内的故事；霎时间从巴黎到了纽约，从非洲到了亚洲。真是："观古今于须臾，抚四海于一瞬"；"笼天地于形内，挫万物于笔端"。此情彼境，有声有色，你没有形象思维、抽象思维和逻辑思维，你没有驾驭文字的才能，又怎能办得到？现代科学技术日新月异，许多最新科学成就，都要及时补充到相对稳定的教材中去，你没有科学家那种锐敏眼力，不善于观察实验，分析综合，推理计算，又从何解决科学飞速发展和教材相对稳定的矛盾？教学与科研紧密相联，互相促进，互为因果。这就要求教师能讲能写，能够及时总结教与学两个方面的经验，并把它上升到理论高度，写出科学论文来。所有这些，都要求教师博学专攻，讲写自如，具有多方面的才能。对中小学教师来说，更要求多才多艺，语文、数学，物理、化学，历史、地理，音乐、美术，最好都要有"两下子"，才能给学生以"复合维生素"，使学生德、智、体、美全面发展。

学——教师要饱学有识

现代科学，一方面继续高度分化，一方面开始高度综合。这反映了知识整体化的趋势。各门科学不断分支，边缘科学相继林立，它们互相交错，互相渗透，你中有我，我中有你。任何一门科学要得到发展，都得依赖别门科学的支持。一体，分支，交错——就像一棵大树，盘根错节，在基础科学的主干上，层层分枝，枝枝覆盖，叶叶交通。自然科学和社会科学也在进行嫁接。譬如生命科学，在当今世界上受到普遍的重视，许多国家都对它进行多学科的综合性研究，发现了许多以前所从未想到的人体功能。而生命科学的研究，人的潜力的开发，既和自然科学紧密相联，又和社会科学息息相关。它将涉及生物学、生理学、心理学、心理生物学、教育学、教育心理学等等。"到处是连理枝，到处有嫁接果"。在这种情况下，就要求教师既学有专长，又广泛涉猎；既要专精，又要博览；既要精通一门学科，又要研究相邻学科。学文科的要学点理，学理科的要学点文。作为一名教师，更要懂得教育科学，学好心理学、教育学。你不学习教育学，就不懂得教学原则、教学方法和教学的组织形式，就当不好班主任。你不懂得心理学，就不能按照学生的心理特点，编制最佳的教材，取得最好的教学效果。而要学好心理学、教育学，你又必须懂得哲学、历史、文艺、经济学、解剖学等等。所以教师必须学识渊博，才能适应现代科学日新月异的发展趋势。

一个好的教师，是人精神成长的父母；一大批有学养有操守的教师，能够滋润人们精神的荒芜。教师的职业精神是引领学生前进的心灯。

教师，是要有一点精神的

冷启中

鲁迅先生说，人是要有一点精神的。

精神是一种社会意识，精神不是万能的，但其中却蕴藏着极大的力量，有时甚至是不可估量、难以想象的力量。

一个国家要有他的民族精神，那是国魂；一支军队要有他的战斗精神，那是军魂；一个企业要有自己的精神，那是企业之魂；同样，一名教师也要有自己的职业精神，那是师魂。

教师的职业精神是教师应该具有的一种职业意识、思想活动和心理状态，是对实现自我的自觉超越。具体地说，教师的职业精神是一种向理想的教师形象拼搏进取的精神，体现了人类对真善美的追求，其价值取向是更加重视全体学生。教师职业精神的核心是"师之范"精神。

教师的职业精神包括对教育事业的执著和对自己的激励，以及对教育事业的热忱，对教改未来的坚信。这是我们现在许多年轻老师所缺乏的。时代在发展，观念在更新，但有些东西却是永远不变的，那就是对教育事业的热心、对教育事业的干劲以及对教育事业的奉献。

职业精神是教师不可缺失的最本质的东西。一个教师能不能成为好教师、名教师，关键是有没有职业道德，有没有职业精神。

现代人挥之不去的焦虑、浮躁、紧张、信仰迷失等精神危机不能在教师队伍中占有份额，在物欲横流的现代社会里，教师必须自觉地守住良心这个道德的底线，保持心态宁静平和，校园这方净土才不会被玷污。坦坦荡荡，为人师表，用智慧启迪智慧，用精神铸造精神，用人格塑造人格。

教师作为知识和文化的传播者需要专业化的技能，但更需要丰富的精神世界作基石。作为教育主体之一的教师应该具备什么样的职业精神？又应该如何建构自己的精神世界？

事实上，教师精神是一个开放性的动态系统，它应该包括多个层面。经过多方论证之后，教师的职业精神可以定为“十大精神”。

“一代人要有一代人的作为、一代人要有一代人的贡献”，我们的教育事业蒸蒸日上，我们的教育教学成果硕果累累，我们的人才辈出，我们的科技日新月异，我们的社会稳步前进，我们的国家发展繁荣，靠的就是一种精神，就是因为有“终身从教的献身精神”、“认真执教的敬业精神”、“爱生如子的园丁精神”、“不甘人后的拼搏精神”、“不计得失的奉献精神”、“互相合作的团队精神”、“与时俱进的创新精神”、“躬身垂范的表率精神”、“刻苦钻研的钉子精神”和“勇挑重担的实干精神”等精神支撑。

今天的教育，缺的不是楼房，而是文化与技术；缺的不是理念，而是行为与操作；缺的不是水平，而是责任和精神。教育的希望，在于教师良心的回归、精神家园的重建。

少一点浮躁，多一点实在；少一点自傲，多一点进取；少一点偏见，多一点公正；少一点享乐，多一点磨炼；少一点功利，多一点敬业；少一点势利，多一点奉献。只要有了良好的精神状态，我们就有战胜任何困难的勇气，就有奋然前行的动力，就能把我们的教育事业不断推向前进。

现代教师要有一身正气，要有充满魅力的才气，还要多些书卷气，昂扬的神气和敢闯敢创的锐气，努力把自己打造成专家型、学者型的教师。

现代教师需要“五气”

佚　名

在新课程背景下的新型教师应该在“五气”上下工夫，努力将自己打造成充满正气、富有才气、彰显魅力、引领时代的创新型教师。

正　气

教师在人们心目中的定位是真、善、美的传播者，人类灵魂的塑造者，莘莘学子人生的导师和引路人。人们常用“学高为师，身正为范”要求教师，其中的“身正”即意味着具有高尚的德行，一身正气，这是为师的首要素质。面对各种利益的诱惑、多元思想的碰撞，教师尤其要具有浩然之气，这样，教师才能在知行统一中让学生“亲其师，信其道”。

陶行知先生说：“千教万教，教人求真；千学万学，学做真人。”要实现教育的“真”，披着伪圣、庸俗、狭隘的外衣去教育学生，这种教育就显得苍白、虚伪，无疑会成为无源之水、无本之木。从育人的角度讲，教师对学生的影响是身教重于言传。孔子说：“其身正，不令而行。其身不正，虽令不从。”我们做教师的，一定要守住自己的魂，扎牢自己的根，恪守《教师职业道德规范》，树正气，压邪气，淳师风，扬师德，依法执教，真正担负起人类文化的传播者、学生灵魂的塑造者的重任。

才　气

马卡连柯说：“学生可以原谅老师的严厉、刻板，甚至吹毛求疵，但是不能原谅老师的不学无术。”可见，拥有扎实的专业功底对老师站稳讲台是多么重要！

过去，我们常说："要给学生一杯水，自己就要有一桶水。"如今，时代发展了，社会进步了，"一桶水"已远远不能激起饱受信息浪潮冲击的学生的兴趣。一个良师，足以让学生回味一生；一个庸师，足以让学生批判一生。每一个学生都希望结交德艺双馨的老师，他们对老师的要求是非常严格甚至挑剔的。你的才气将直接决定你在学生心目中的信任度、影响力。况且，随着新课标的实施，学生择师而学的状况将无情地摆在每个老师的面前，教师优胜劣汰、竞争上岗将成为社会发展的必然。

教师的"才"，最重要的展现舞台是在课堂上。教无定法，同样的课题、同样的课堂，不同的教师，其精彩度、影响力绝对不一样。如果你业务能力强，善于驾驭课堂，你可以像央视《实话实说》节目那样，与学生进行平等对话，沟通心灵。如果你专业知识渊博，幽默风趣、嬉笑斥骂皆成妙语，你也可以像央视《百家讲坛》栏目里的大师一样潇洒自如、妙趣横生，让学生被你的才智、才气折服。

做一名良师，做一名让学生终身难忘的老师，应成为每个教师的自觉追求。要给学生一杯水，自己就要有知识的"源头活水"。活到老，学到老，更新知识，创新理念，超越自我，厚实为师的底气。只有这样，讲起课来才能才气横溢，充满魅力；才能激发学生学习的兴趣，使他们自觉自愿地接受你的教育。

书卷气

朱永新先生指出："一个理想的教师，一个要成为大家的教师，一个想成为教育家的教师，他必须从基础抓起，扎扎实实多读一些书。"也就是说教师身上应该多些书卷气、文气，少些酒气、油气、老气、俗气，这正是教师这一特殊职业的需要。古人云："腹有诗书气自华。"这里的"气"就是"书卷气"。这是一种文化底蕴、智慧力量的自然流露。教师必须是博家、杂家，没有上通天文、下晓地理之才，没有博古通今之智，没有丰厚的文化底蕴和浓郁的书卷气息，你又怎么能成为文化、文明的传播者，心灵的塑造者呢？

新课程的开放性、研究性、选择性、多元化、尊重学生个性差异等诸多特性，使教师面临着更为严峻的挑战。作为教师，要敢于承认自己在某些知识和经历方面的欠缺，树立终身学习的观念，缩短知识更新的周期。一次性学习的时代已经过去，教师必须持久地学习，并且在读书学习的同时不断进行理论研究、实践反思和感悟积淀，才能学得真知，悟得真理，进而厚积薄发，才能成为博学多才、富有书卷气的教师。

苏霍姆林斯基在他《给教师的建议》中疾呼："读书，读书，再读书——教师的教育素养这个方面正是取决于此。要把读书当作第一精神需要，当做饥饿者的食物。要有读书的兴趣，要喜欢博览群书，要能在书本面前静坐下来，深入地思考。"一个只教眼前书而不广泛阅读的教师是不可思议的。勤奋地读书学习是教师专业成长的必由之路，一个热爱读书的人必然会涵养出一种超越常人的独特的文化气质和儒雅风度。

神　　气

所谓"神气"即精神状态和思想气魄。慵懒、涣散、萎靡、自卑，都有损教师的形象，我们要以饱满的热情和积极的精神面貌投入到教育教学工作中。教师充满激情与活力，神采奕奕，亲切自然，与学生打成一片，以良好的精神状态促使学生形成健康的、积极向上的学习心理，师生共同进步，校园面貌必然焕然一新。反之，如果教师整天无精打采，拖沓慵懒，纪律观念淡薄，缺乏进取精神，会给学风、教风、校风带来很多负面影响。

教师的生命在课堂，教师在课堂上一定要有"精""气""神"。教师精神振作，讲课充满自信、激情飞扬，才能激活学生的思维，感染打动学生，造就学生的精神和气魄。教师气聚神凝，讲课语韵顿挫抑扬、铿锵有力，能孕育学生的人格和自尊。教师神思洒脱，讲课纵横捭阖、张弛有度，才能引领学生走进知识的殿堂，激起他们参与的欲望。失去"精""气""神"的课堂，收获的也许永远是失望；缺乏"精""气""神"的教师，永远也不会成为一名好教师。

新课堂理念的核心是创新教育。创新是一个民族的灵魂，是21世纪教育的主旋律。而培养学生的创新精神，教师必须有强烈的创新意识，要有培养创新人才"舍我其谁"的责任感和气魄。人民教育家陶行知先生曾经说过："天天是创造之时，处处是创造之地，人人是创造之人。"我们要激发创新活力，抓住机遇，钻研新课程，探索新教法，不因循守旧，不盲从权威，要求新、求异、求变，让创造的种子在教育园地里生根发芽、开花结果。

锐　　气

锐气，是一种胆量，一种魄力，一种攻坚克难的精神境界。在教育改革向纵深发展的今天，我们每个教师都必须有一股敢于争先、锐意进取的锐气。回顾我国教育发展史，可以看到一条清晰的脉络。从隋代开始的科举制度到20世纪90年代前的应试教育，到90年代广泛提倡的素质教育，再到近年来兴起的人性化教育，落后于时代要求的应试教育在渐渐走向衰落，素质教育则逐渐趋向成熟，人性化教育如旭日东升，势不可当。然而，应试教育虽已日薄西山，但其陈旧的教育观念仍在人们的头脑中作祟，要革除习惯势力对人性化教育的影响岂是一日之功？这就需要我们教师都能锐气十足，消除浮躁心理，深刻反思，研究探索，将教育改革进行到底，开辟出中国教育的新天地。

学校创名校，需要锐气；教学创佳绩，也需要锐气。建立一支师德水平高、业务能力强、服务水平高、创新能力强的新型教师队伍，需要每个教师都发扬团队精神，拼搏进取，追求卓越，为学校整体工作的稳步推进出力流汗，为教育事业的健康发展添砖加瓦！我们每个教师都要有争做名师的锐气。我们要锐气昂扬，跳出樊篱，敢教敢试，永不言败，教出个性，努力把自己打造成专家型、学者型教师。

只有当我们的教师具备了这些素质，人类才能拥有更加美好的未来；当然，这些素质也帮助我们教师本身拥有了更加美好的未来。

教师的“六个学会”

肖　川

教师在一个人成长历程中的重要性几乎是不言而喻的。假如一个人在他的学生时代曾经遇到过一个好老师，那么，他即使坏，也一定有限；相反，假如一个人在他的学生时代不曾遇到过一个好老师，那他的存在对于社会就可能是一个巨大的危险。

联合国教科文组织提出的21世纪教育的四大支柱是：学会认知、学会做事、学会共同生活、学会成为你自己。这是从培养年轻一代所应有的素质而言的。而作为教师，要能在新的历史条件下胜任自己的工作，就需要不断成长和发展。所以，广大教师，特别是优秀教师，需要做到“六个学会”：学会等待、学会分享、学会宽容、学会合作、学会选择、学会创新。只有当我们的教师具备了这些素质，人类才能拥有更加美好的未来。

学会等待

学会等待，意味着教师能够用发展的眼光看待学生，意味着能够用从容的心态对待自己所做的工作：不急于求成，不心浮气躁，不指望一次活动、一次谈话，就能收到立竿见影的效果。因为一个好的品质的形成，一个不良品质的矫正，都不可能是一蹴而就的，而是一个长期的、曲折的过程。即使是一个概念、一个原理的掌握，也都很难一步到位，而是一个不断丰富、不断深化的过程，一个需要不断“温故知新”和“知新温故”的过程。

其实，从我们个人的生命历程来说，我们90%的努力都是徒劳的，而正是这貌似徒劳的努力，使我们拥有9%的接近成功的机会，而正是这“9%的接近成功的机会”，最终使得我们有1%的取得成功的可能。

每一个人都有一个从幼稚走向成熟的过程。学会了等待的教师，一定永远不会对学生说“你不行”。教育是最能体现“一份耕耘，一份收获”的领域，只要我们付出真诚的努力，就一定会取得成效，尽管更多的时候不是那么直接，那么迅速。当我们学会用等待的心情看待学生时，我们就能对学生少一点苛责、少一点失望、少一点冷漠，而多一份理解、多一份信心、多一份亲切。

学会分享

分享是双向的沟通、彼此的给予、共同的拥有。教育的过程其实也就是教师和学生一道共同分享人类千百年来创造的精神财富的过程，分享师生各自的生活经验和价值观的过程。分享，意味着教师更多的是展示，而不是灌输；是引领，而不是强制；是平等的给予，而不是居高临下的施舍。

学会分享，首先意味着学会倾听，学会走进儿童的内心世界，学会以儿童的眼光看待世界。高高在上的老师，怎能听到学生真情的呼唤？自以为是的学生，又如何听得进老师的肺腑之言？重要的是以心换心，彼此倾听。

其次，意味着努力创生一种新的分享方式和新的表达方式，因为分享方式和表达方式本身就蕴含教育的因素。

再次，意味着对于自我中心、自以为是、好为人师的倾向的自觉防范。

最后，学会分享是和学会欣赏别人高度相关的：欣赏别人其实就是真诚地去分享对方的闪光之处，它会带给我们非常单纯的满足、愉悦和欢乐。有人讲，我们不见得喜欢我们所赏识的人，但一定喜欢赏识我们的人。人同此心，心同此理，对别人表现出真诚的赞扬和欣赏会使我们的生活有更多的阳光、温馨和美丽。而当一个人在成长的历程中没有得到足够的关注、爱和欣赏时，一旦他拥有了权力，就更容易表现为以自我为中心、专制与独裁。

学会宽容

教育就是引领人们从狭隘走向广阔的过程。学会宽容，就是努力使自己变得胸襟开阔、气度恢宏，就是心智不那么闭锁，头脑不那么固执，思想不那么僵化，眼界不那么狭隘，就是尽可能地尊重多样性、珍视个性，尽可能地从多种角度看待事物，尽可能习惯“一个世界，多种声音”。

要做到如此这般，就必须不断地学习，领悟人类心灵的广袤与深邃，理解世界的多样与神奇，明了世事的无常与诡异。俗话说得好，“人心不同，各如其面”，由于每一个人的社会关系是千差万别的，每一个人的生活境况、生活道路也各不相同，世界在每一个人的眼中所呈现的样貌、所展示的色彩，也就不尽相同，因而每一个人对于同样的事情有不同的态度、不同的看法，就再正常不过了。使我们每一个人变得开朗、开放、开明，去创造一个宽厚、宽松、宽容的心理氛围，对于人的健康成长与和谐发展，对于我们宁静的心绪，对于我们的修身和养性，都是十分必要的。

学会合作

一个崇尚个性的时代，也必定是一个崇尚合作的时代。因为一方面，个性使得合作成为必要与可能；另一方面，个性也只有在人与人的合作的关系之中才能得到健康发展。因此，学会合作就意味着对于不同、对于差异、对于另类，甚至是对于异端的尊重与接纳；意味着我们学会了“求大同，存小异”，学会了必要的妥协、退让、隐忍和放弃。

作为教师，需要很好地和校长合作，和同事合作，和学生合作，和家长合作。合作需要有善于沟通的品质和能力，需要有理智的判断和成熟的热情，需要有设身处地为他人着想的品质和推己及人的胸怀。

学会选择

社会的加速发展，使人类的生存环境呈现出多变、多元、多彩、多险的飘忽迷离状态，平衡而单一的局面被打破，不确定性和可选择性同时增强。因而每个人或社会在求发展的同时，必须学会作选择。当成功与失败并存、机遇与陷阱同在时，正确的选择就成为走向成功、抓住机遇的十分重要的第一步。所以，我们可以用“注重选择”来概括这一时代精神。它意味着人类将通过选择来寻求适合自己发展的空间和途径，划一的、同步的、简单服从计划安排的发展模式不再被认为是天经地义的了。

衡量一个社会文明程度的一个重要尺度便是：看它在多大的程度上，多大的范围内，为个人自由全面的发展提供了可能性。这种可能性实质上就是人们对于自己的生存、发展和享受的方式的可选择性。社会的进步总是伴随着人们拥有愈来愈多的选择的机会和可能。学会选择就成了一个更加文明、人道、合理的时代人们必备的素质和能力。在一个变得越来越多样、丰富和便利的世界，人生的历程真正成为一个不断选择的过程。

民主化、个性化教育自然需要以教育内容、教育方式的可选择性为条件。而教师不是一个被动的被选择的对象，而应是一个引领学生进行积极选择的向导。因此，教师本人必须学会选择，学会选择教育的内容，选择教育的时机、教育的途径和方法，这就要求教师有非常丰富的积累，有高度的判断力和鉴赏力，如此才能有不俗的选择能力。

学会创新

学会创新，意味着教师能够不断地探索以便改进自己的工作，不断尝试新的教学方式和教学风格，能够从不同的角度对那些习以为常、司空见惯、熟视无睹的事情作出新的解释，能够对那些理所当然、天经地义的事物抱以重新的审视，能够对那些似是而非、以讹传讹的种种说辞予以警示。

我们希望教师学会创新，是因为只有具有创新意识和创新能力的教师，才可能培养出具有创新意识和创新能力的学生。创新是一种心态，一种工作作风，一种人格特征。我们希望教师学会创新，并不是要教师能探索出对于整个人类来说都是新的认识、新的规律，而是希望教师通过自主探究，将古老的教育智慧变成自己的信念和教养，从而体现于自己日常的、细微的教育行为之中。

具有创新意识的教师，也一定具有开放的头脑、进取的精神和探究的兴趣。而这些品质本身就是极其重要的教育力量、教育资源，是好教师重要的人格特征和内在资质。

“六个学会”是优质教育对教师的要求，是新世纪对教师的厚望，也是衡量教师专业成熟与否的标尺。

一位教师，比专业更重要、更深沉、更广阔的是素养。教师的素养是学校的核心发展力和走向现代化的不竭动力，教师的素养决定着学校和学生的未来。

教师应具备的素养

［美国］罗伯特 E·格雷

学校办得是否有成效，一个最重要的因素就是教师的素养。教师应具备的基本素养主要体现在——能让学生从中受益，提高教学水平以及有助于团体良好运转。

1. 展示热情。如果你热心于教学，请把它展现出来，让学习充满乐趣。你在教学方面的热情对激发学生的学习热情非常重要。超越课堂有助于建立团队感，热情是会传染的。

2. 熟知教学内容。紧跟本专业领域前沿。如果你教幼儿园，应该订阅一份早期教育杂志。如果你教化学，应当参加当地大学的学术研讨会。无论这是你工作的第1年还是第30年，都应该紧跟本专业的发展趋势。

3. 组织化。高效率的组织可以使你和孩子们拥有更多的学习时间。保持一个常规的习惯：收集学生的作业，分发学习材料，张贴课外作业，交流班级新闻，等等。建立类似的常规制度可以使班级运转有序，从而让你拥有更多的时间实施教学，使孩子们忙而不乱。

4. 活跃教学。教学有成效的教师是很投入的。他们走来走去，他们不是四处站着而是非常忙碌，积极参与到学生的活动中。

5. 态度友好。伏尔泰说："一个人每天所做的最勇敢的抉择就是保持一个好心情。"孩子们不需要一个情绪恶劣的老师，他们需要态度积极的榜样。留心听你对他人所说的以及你说话时的语调，你应展示你的耐心、尊重。同样，管理者们也应对教师、学生以及整个社区展示友好的态度。

6. 建立成功的班级管理体系。从第一天起就建立并执行你的班级管理体系。纪律和合理的班级结构对孩子们做功课以及拥有一个有序的班级环境是必要的。保持一贯和公正，避免制订无法前后一致执行的规则，因为如果这样，学生们很快就会意识到你所说的并不重要。

7. 有步骤地教学。学习的总量是与学习的机会相关的。学生们通过“做”学得最多，而不是通过“观察”“站成一排”或“听”。为你的课程制订一个教育时间表。没有比到学期结束时才意识到没有足够的时间来完成课程学习内容更糟糕的事了。

8. 掌握维持良好人际关系的技巧。教师必须与他人友好共事。如果人们不喜欢你作为教师的言行举止，他们就不会想围在你身边，更不用说完成你布置的任务了。对学生来说如此，对你的同僚和学生家长来说，也是如此。教育是与人打交道的行业，良好的人际关系技巧是必不可少的。

9. 清晰交流。教学有成效的教师能够清晰地传达信息，便于记忆，在讲解时给予演示。在展示新信息时，教师要给予正确的说明。这一过程包括讲解、概述、总结和复习。因为孩子们对其所学以及为什么要学通常是一无所知的。

10. 有效提问。提问是一个有力的教学工具，它能促进思维的活跃。要对全班及个人进行提问。当对个别学生提问时，应在叫学生名字之前先提问，给出等待的时间让学生在回答的过程中思考。不要太快地叫学生的名字。

一个无效的提问方式是：“南茜，你认为爱迪生最有用的发明是什么，为什么?”当某人的名字被提及时，其他人就会放松，不再参与其中了。教师可以这样问：“爱迪生最有用的发明是什么，为什么?”然后停3到5秒钟。这一等待过程能让每位同学都参与其中并积极思考。看起来等待的时间有点长，但这种方法是被很多成功的教师有效运用了的。

11. 有区分的教学。对教师而言，最大的挑战就是教一群学习方式、个性和学习速率差异很大的学生。教师需要把听觉、视觉和动手操作技术混在一起。对有些特殊课程，可以按学生相近的特点或技能差距分组。

12. 在班级追求成功率。学习总是吃力的学生会变得沮丧，导致行为问题，进而丧失努力。研究表明，成功率要至少达到80%才是乐观的。当学生们不能成功解答问题时，教师应提供进一步的指导或把任务简化至他们能掌握。

13. 保持高期望。教师应该期望他们的学生学得好。高期望往往意味着好成绩。一个学生，即使不那么令人愉快或能力较差，教师都应该对他提出要求。

学生们尊重那些期望他们做得最好的教师。

14. 创建令人愉快的气氛。一个忧郁、单调、沉闷的课堂会降低成功学习的百分比。愉快、开心的课堂才能激励学生学习。教师并不需要创建魔幻王国来促进学习，只需要创建一个令人愉快的课堂，让学生们感觉舒适，这样的气氛是点燃学习热情所必需的。

15. 弹性化。教学需要弹性。在教学计划实施中，如果意外的话题出现，你能否作出及时调整？当有必要帮助一个孩子时，你是否对学生们当中不同的惯例、规则足够敏感？当你所做的最好的计划在现实面前失控而不得不作出改变时，你能否还把自己的情绪控制在积极的状态？当然，讲求弹性化，也不能完全不顾教学初衷。

教育不是一门精确的科学，教师所需要的素养根据不同的目标及学校的要求会有所不同。但是以上所列举的这些要点通常是尽责的管理者们在聘用新教师时所要求的，也是他们在经验丰富的师资队伍中努力培养并期望其改进的。

（本文作者罗伯特 E·格雷系美国《杰出教学》杂志的创始人和发行人，美国南卡罗莱纳州 Clifdale 小学校长，有着 30 年教育管理经验。该杂志的宗旨是“缩小理论与实践的鸿沟，帮助教师实现课堂成功”。）

（罗　蓉　林　刚/译）

人们常说“教师工作是良心工作”。当教师确实少不了有副好心肠。
任何时候都不能误人子弟，这是每个称职的教师的良心。
用良知扛起育人的重任，不管什么时候，都要守住这根底线。

教师的良心

余显斌

我上师范时，他正好调来，当了我们的语文老师。

他个子不高，貌不惊人，可文章写得极好，还是省作协的会员呢。由于他知识面广，讲课风趣，因此课堂上常常笑声一片。有一次上课，他向我提了一个问题，我一急，就用当地方言回答。答后，他笑笑说：“叽里呱啦的，一片鸟语花香。”惹得一教室人都笑了，我也笑了。从此，我再也没用方言回答过问题。

他还有一绝，作文课上的范文绝不在书上找，而是即兴即景随口作出，一篇又一篇，流畅顺利，一点也不拖泥带水，赢得阵阵掌声。而他则站在黑板前，笑眯眯的，很得意。也就在那时，我爱上了写作；我们的班级，也成了全校有名的“作文班”。然而，在我的记忆里，他当时的工作境遇并不得意。

他刚调到本校时，教语文课之外，还兼任年级组长。他所带的班语文成绩一直处于年级第一，年级组工作也很出色。他十分高兴，在学年度自我工作总结中道：“本学年度本人成功处有三：一是年级组工作处于第一；二是所带班级语文成绩处于第一；三是发表文章几十篇。”

可是，第二学年，在没做任何解释的前提下，学校免除了他的年级组长职务。至于原因，他不清楚，据知情人透露，领导说他“狂妄”。

随后不久，他结了婚。妻子是同事，夫妻俩共用一间房，既做卧室又是书房还是厨房，很不方便。恰在这时，校家属楼空出一套房来。他很高兴，忙到银行贷了一笔款，兴冲冲地去找领导；领导说需要研究研究。在他回家老老实实等候消息时，房已被别人住了，而且是一个并不急需房子的单身青年。

当时，他已给我们说好了，请我们第二天帮他搬家具。当我们去问时，他满脸通红，期期艾艾了半天才说了一句：“百无一用是书生。”

从那以后，我们才窥测出他心里也有委屈。是的，他不是圣人，也有血有肉有七情六欲，有不满、痛苦和失意。三年来，在他的辅导下，他的学生的文章在电视台、广播电台、报刊上多次出现，甚至在各种国家级征文中获奖，可他从未得过学校一次表彰。有时理所当然的表彰似乎触手可及，可总是和他擦肩而过，这让他很沮丧，也让我们很不平。但在我的记忆里，他从未把自己的不满带进教室，也从未因个人得失敷衍过一节课，甚至是自习。

记得在我们即将毕业的最后一节语文课上，下课前他作了即兴发言：“同学们，你们要走了，我送你们几句话吧——教师，即使有一千条一万条理由怠工，但都有一条理由不能怠工：不能耽误学生。想想，我们不流血不受罪，受着百姓的供养，他们就是我们的衣食父母。所以，任何时候我们都不能耽误了他们的子女。”说到这儿，他目光炯炯，“这是一个教师良心的底线，超出了这条底线，就不配做教师！”

从此，我知道，每一位称职的教师的灵魂深处都有一粒种子，这粒种子就叫良心。

十来年过去了，他也不知调到哪儿去了。我也做了多年的教师，也有过不满、失落，也受到过不公正的待遇，但我始终记着他的话，记着“教师的良心”。

当一名好教师，就要努力做到：以德正身，以知传人；以言明志，以笔行文；以能尽责，以行达愿。

要能做到这几条，全靠自强、自律、自省，不懈追求，永远进取。

我的为师之道

于永正

做了40多年的小学老师，可以说我的学生几乎没有不喜欢我的，而且越是“后进生”，越是被我批评得厉害的学生越喜欢我。在节假日来看望我的学生中，“后进生”居多数。学生常念叨我，想着我，这是我最感欣慰的，也是我最自豪的。

师生融洽如此。我的为师之道，归纳起来有三点：一曰自强，二曰自律，三曰自省。

先说自强。何谓自强？自强就是不断地自我修炼，提高多方面素养。尤其是语文素养。自从跨进徐州师范学校大门的那一天起，我就按照我喜欢的老师的形象来塑造自己，想法很简单：既然选择了做教师，就要做一个称职的教师，做一个学生喜欢的教师。别人若要问我：“你为什么喜欢小学时的张老师？”不但我，大概我所有的同学都会这样回答：“张老师好。”如果再问：“好在哪里？”我们会异口同声地说：“课讲得好，对我们态度好。”张老师讲课为什么同学们都喜欢听？因为他讲得生动、有趣，他知识渊博，他的课能吸引人。于是我就以他为榜样进行修炼，读大量的书，关心时政，尽量使自己的知识面广一些。特别用心读老舍、张天翼、徐怀中等人的书，学习他们生动而幽默的语言；我还关注相声，关注京戏里丑角的表演，让自己身上多一些幽默细胞；我还像张老师那样学书法、学绘画、学唱戏、学操琴……爱好越多，教育、教学的资源就越多，赢得学生尊敬、喜爱的砝码自然就重了。

如果说，平时的学习是“台下”的准备功夫，那么上课就是“台上”的真功夫。把课上好，才是真的好。把课上好，少不了技巧，但那不是最重要的，那是小智慧;更重要的是要有大智慧,即平时的文化积淀、道德修养。有了一定的文化修养,即使技巧性欠缺一点,效果照样不会差,学生照样会喜欢。大概和练武功一样,到了“无招”时,反而会胜“有招”。把课上好有个重要前提,那就是和谐,教师心中有对学生的爱意和尊重。老师的诙谐和轻松,要是自然的流露,绝不是装出来的,装出来的不会持久,学生也能看出来。

二说自律。何谓自律?自律就是战胜自身消极、负面的东西。人具有懒惰的一面、丑陋的一面、消极的一面。高尚的人之所以高尚,因为具有自律能力,能自觉地克制消极的一面。

自律的教师出格的事不为,缘于对社会、对家庭、对学生的责任感。支撑这种责任感的是爱心。比如,有些学生我确实不喜欢,但我同样会尊重他,我会尽力地接近他、帮助他。既然为人师,我就要尽为师之道,这是责任。当听到别人议论自己时,当听说某一学生对我不恭时,我首先想的是自己有什么过失。古人云:“人或毁己,当退而求之于身。”哪怕只有1%的原因在我,我都会把全部责任揽到自己身上,我不推诿,更不去找学生的“碴儿”。当要偷懒时,就学古人来个“锥刺股”;当要“怒发冲冠”训斥学生或与别人争论的时候,便默念一个“让”字,冷静了,事情就好处理了,也会处理得好些。

自律,就是管好自己,做个好人。好人才能成为好老师。

三说自省。何谓自省?自省就是反思。反思很重要,一节课上过了,一次活动搞过了,一次测验结束了,某项工作告一段落了,一个问题处理了,生活中碰了钉子、受到了挫折,都要反思。我们要善于在思考中增长见识、积累经验,在思考中把失误转化为收获。清代的张伯行说:“自反者,修身之本也。本得则用无不利。”意思是说,自我反省是修养身心的根本;根本抓住了,那么其所起的作用没有对自己不利的。

写,包括写日记,是最好的反思。遇到不顺心的事,写一写,对自己说一说,一写完,心情往往就好了。至于教育、教学、工作上的点点滴滴,我更会随手记下。这个写的习惯使我获益匪浅。写是思考,反过来,写也促使我思考,使思考深刻、完善,使自己变得聪明起来,路走得快一些、直一些。

为师之道当然很多,但以上三点我认为最重要。

认真做好每一件事，是做人为师起码的德行，也是一个很高的标准，是敬业的表现，是成功的基础。大凡每一个成功的教师，都是用他们认真且执着的态度，创造出令人赞赏甚至惊叹的伟业。

职业道德与敬业精神

解思忠

职业道德

职业道德，就是人们在职业活动中应遵守的道德准则，包括职业责任、职业良心、职业信誉、职业态度、职业作风和职业纪律，等等。

职业道德也可以看作是职业素质的一个重要的方面，是一种职业竞争力。企业要想在愈来愈激烈的竞争中立于不败之地，就必须要有好的职业道德。对个人来讲，职业道德水平高，在与他人的竞争中就会占据有利的地位，使自己获取较多的利益；谁如果在职业道德上出了毛病，就会影响集体的声誉，自己也失信于人。作为一个从业人员来说，一些基本的职业道德首先必须遵守，如：爱岗敬业、诚实守信、办事公道、忠于职守，等等；对于各行各业来说，还有各自一些特殊的职业道德需要遵守。

首先，领导干部要有“官德”。我们的一些政府官员，要求别人讲职业道德时，说得头头是道，自己却不去遵守，好像职业道德规范的是其他职业，不包括政府官员；岂不知政府官员也是一种职业，而且是一种对职业道德有着极高要求的职业。领导干部肩负人民的委托，代表政府的形象，必须公正廉洁、勤政为民，最忌讳以权谋私、贪污受贿和渎职犯罪。领导干部还必须堂堂正正做人，对全社会起一种好的带头示范作用；好人不见得是好官，但好官却必须首先是好人。从这个意义上说，政府官员的职业道德，也应该包括他的人品。

教师是为人师表的神圣职业，也要有“师德”。“身教重于言教”——既要教书，也要育人，教师在学生面前一言一行都应做出表率。在个人品德上，教师应该正直、善良、诚实、谦虚，以高尚的品德去影响学生、感化学生；在治学态度上，教师应该刻苦、认真、严谨、求实，注意培养学生良好的治学习惯；在言谈举止上，教师应该仪表端庄、朴素大方、举止得体、谈吐文雅，不能随随便便，否则也会误人子弟。学生，尤其是未成年的儿童，模仿能力强，而老师在他们心目中的地位又非常之高，我们就不得不重视这种潜移默化的作用。有些事情，在其他场合做，无伤大雅，但要当着学生的面做，就不合适了。有些话，在其他场合说说亦无不可，但要当着学生的面说出来，就不合适了。同样，在社会上与人交往，可以有亲有疏，但要对学生也有亲有疏，就不合适了——学生虽然良莠不齐，但都是平等的受教育者；对学生要一视同仁，既不能偏向自己喜欢的学生，也不能歧视自己看不顺眼的学生。

医生被称之为“白衣天使”，当然要有“医德”——要慈悲为怀，奉献爱心，治病救人，救死扶伤，实行人道主义；要精益求精，认真负责，不能乘人之危，收取红包，更不能马马虎虎，草菅人命。人在生病的时候，都是相当痛苦的，很希望医生能为自己解除病痛，抚慰心灵，所以对医生的要求就非常的高，有时甚至是苛刻；对此，应当予以理解——谁让医生在病人心目中的地位也高呢？人得病的时候，特别的敏感，所以对病人说话要格外小心，不能信口开河，也不能吞吞吐吐，给他们带来不必要的思想负担。还有，人得病的时候，总有一些身体等方面的情况不愿意让外人知道，这时，医生就要为病人保守秘密，尊重他们的隐私权。

经商者同样也要有商德——要文明经商，公平交易，讲究信誉，遵守契约，不能坑蒙拐骗，敲诈勒索。人们经常说，市场经济是法制经济；岂不知，市场经济同时也是道德经济。如上所述，法律不论如何完备，总还有许多经济行为是法律所难以规范的；道德，则可以通过良心的约束，使其更为规范。在我们的优秀道德传统中，商德也是一个重要的组成部分。优秀的传统商德有：逐利思义、诚信无欺、公平交易、货真价实、笃守信用、乐善好施，等等。在民间广为流传的一些商业俗语中，有许多也是宣传商德的，例如：“君子爱财，取之有道”、“诚交天下客，誉从信中来”、“诚信赚得字号久，谦和赢来顾客长”、“买卖不成仁义在”、“人无笑脸莫开店”，等等。自古以来，一些久负盛名的老字号店铺，无不有着良好的商德。

从事各种服务业的，也有为顾客做好服务的道德规范。我们作为一个社会的人，都是在互相服务着。每个人都希望能够得到别人优质的服务，那么，我们在为别人提供服务的时候，就要将心比心、设身处地地为对方着想。某些直接服务于他人的从业人员，容易产生“伺候”人的心理，在这种心理的支配下，就会抱着怨气，服务质量也就难以提高。其实，你为别人提供服务，别人也不是让你白做的，他会付给你报酬。这份报酬，是顾客工作挣来的，也是人家的血汗钱，不能让人家花钱买罪受；再说，你得到报酬后，同样也可以取得别人提供的服务。只有我们每个人都为别人提供优质的服务，才会形成良性循环，营造一个和谐的社会环境。

至于其他各行各业，也都有着各自的道德规范，例如：从事各项管理工作的，不能徇私舞弊，贪赃枉法，乱摊派乱收费；从事大众媒介工作的，不能胡编乱造，搞“有偿新闻”；从事科学研究工作的，不能把假设的东西当作科学实验的结果，或将他人的成果改头换面地化为己有；从事演艺业的，不能欺骗怠慢观众；从事机要工作的，不能泄露秘密……总之，不管我们从事何种职业，都要遵守相应的道德准则。

职业，是社会化分工的结果。我们不可能把一切事情都干了，只能干其中很小很小的一部分。我们每个人都在从事着某种职业，大家都把自己那一份工作做好，我们这个社会的运转就会正常，效率就会提高。社会上许多不幸的事件的发生，往往都是某些人没有恪尽职守的结果。如果有那么一部分人以权谋私，干什么就从中捞好处，或者是在一个小圈子里不讲原则地互相给方便，绝大多数人的权益就会受到侵犯，就会感到处处不方便，处处受刁难，处处被盘剥。如果大家都抱着睁一只眼、闭一只眼的态度，不去反对，甚至是一有机会自己也下手去捞，这种不良的风气就永远也得不到遏制。如果大家都不肯抱着暂时吃一点亏的态度，从自己做起，以换取一个好的社会风气的到来，那我们将会永远沉沦在万劫不复的恶性循环之中。

敬业精神

敬业，顾名思义，就是尊重所从事的职业。敬业精神，就是对所从事职业的精益求精、一丝不苟的尽职尽责精神。

敬业精神也是一种职业道德，是责任心在职业上的体现。我们都生活在社会里，各自承担着一份或几份职业；只有每个人都很好地各司其职，这个社会才能正常运转。就像是大家都在一条船上，有的掌舵，有的划桨，有的张帆，如果其中有一人不能尽职尽责，就势必会影响整条船的运行；如果其中有许多人都不能尽职尽责，那就麻烦了。

敬业精神有赖于认真。毛泽东还有一句话至今仍常常被人们引用，那就是“世界上怕就怕‘认真’二字”——只要一认真，就没有什么干不好的事情。人与人之间在工作上的高低之分，往往就差在“认真”二字上——认真了，就可以做出出色的工作；不认真，就会落后于他人。认真，就是一丝不苟，规定怎么做就怎么做，不打一点折扣，也不敷衍马虎。不要以为别人不知道就要奸取巧，要对得住自己的良心，在职业上也同样要“慎独”。把一件事情做好是没有止境的，好了还可以再好。我们不能满足于“差不多”，满足于“交差”，而要精益求精，追求尽善尽美。尤其是当前社会上弥漫着一种浮躁的心理，更有必要大力提倡认真的态度。做学问也罢，做其他事情也罢，都不要毛毛糙糙，急于求成。需要下苦功夫，就不要“短平快”；需要坐“冷板凳”，就不要搞“热操作”。

敬业精神还有赖于勤奋。没有一个敬业的人是懒惰的。做好一件事，不光要有意志，还得有勤勤恳恳的劳动，得有全身心的投入。一个懒惰的人，不思进取，得过且过，做一天和尚撞一天钟，甚至连钟都懒得撞，这样的人，恐怕连自己的生活都照料不好，怎么能指望他会敬业呢？我们留意一下就可以发现，动物大都是越吃越馋、越睡越懒——懒惰可以说是动物的一种劣根性。我们生而为人，就应该努力克服自己身上残存的这种劣根性。对人来说，时间、金钱这些东西都可以吝啬，唯独力气不必去吝啬。力气是用了又有的东西，吝啬了非但不能积蓄下来，而且还会得不偿失。尤其是年轻人，身强力壮，多花一点力气能少得了什么呢？勤奋，不仅是付出体力，手脚不停地劳作，更重要的是要勤于动脑。相比之下，我们更是没有必要吝啬自己的脑筋——脑筋是越用越灵的东西；动脑筋非但不会使脑细胞死亡，而且还会使脑细胞增多。

我们中华民族本来就有着“仁义济世，敬业乐群”、“忠于职守”和“庄诚恭敬”的优良传统，在历朝历代都流传有敬业的佳话。然而，我们不得不承认敬业精神正在失落，并已成为当代中国最稀缺的精神资源之一。如果说，我们的人文精神既有弘扬的问题，也有重建的问题，那么，敬业精神基本上是一个弘扬的问题。我们只要看看保存至今的古代建筑、家具、器物，再看看我们现在的一些东西，就不能不感到愧对先人。不仅有形的产品有今不如昔的问题，许多无形的东西也是如此。应该说，我们现在的科学技术发达了，质量更加有保证才对，然而事实却并非如此。我们现在实在是虚伪、浮躁得很，什么事情能糊弄过去就糊弄过去算了，很少有人去全力倾注自己的心血。

我们面临的是越来越激烈的竞争，一个人、一个企业，乃至于一个国家的敬业精神如何，在很大程度上决定着其能否在这种竞争中生存。哪一个企业在选择员工的时候，都会有一些特殊的要求；但唯独在一点上是一致的，那就是都希望自己的员工是一个敬业精神强的人。退一步说，如果你认为自己不适合于所从事的职业，那么，你就不要勉为其难，耽误了大家的事情，可以另择职业，不能“占着茅坑不拉屎”，也不能“做一天和尚撞一天钟”。

理想的教育呼唤理想的教师。做一名好教师，做一名良师，应当是所有从事这一职业的人追求的目标。

我心中的理想教师

朱永新

胸怀理想，充满激情和诗意

任何教师要想有高的成就、高的水准，首先必须有高的理想。国外有实验专门研究过人的抱负层次和成就的关系，结论是人的抱负层次越高，成就也越大。作为教师来说，走上教育岗位以后，必须为自己设置一个一生为之奋斗的目标。只有设置这样一个目标，才能把自己的所作所为锁定在这个目标上，才能不断增强自我意识和使命感，才能不断地进行自我挑战，否则会走弯路，会荒废时间及精力。

教育和其他职业有很多相同的地方，也有很多不同的地方。教育的复杂性和丰富性，是其他事业所不具备的，它要求教师富有更高的灵性与悟性。

有人说教育是一首诗，可以是田园诗，可以是古体诗，也可以是抒情诗，有各种各样的情调与内涵。教育家读懂这首诗的前提是什么？是自己给自己设定一个目标：我要读懂它。如果没有解读这首诗的愿望与冲动，你永远不会读懂，也不会写出精彩的诗篇。马卡连柯曾经把他的著作称之为“教育的诗篇”，我觉得很有道理。

一个理想的教师，他应该是个天生不安分、会做梦的教师。教育的每一天都是新的，每一天的内涵与主题都不同，只有具有强烈的冲动、愿望、使命感、责任感，才能够提出问题，才会自找“麻烦”，也才能拥有诗意的教育生活。写诗是要灵感、悟性和冲动的，真正的教育家也应具备这样的品格，永远憧憬明天。冲动停止，教育就会终结。

一个优秀的教师，必须具有远大的理想，不断地给自己提出追求目标，同时又要有激情。对一个成长中的教师来说，平静的思考是需要的，但更要富有激情。人要会做梦，优秀的教师要永远伴随着自己的梦想。当生活没有梦时，生命的意义也就完结了，教育就没有了意义。

充满爱心，受学生的尊敬

爱教育，是教育力量的源泉，是教育成功的基础。我们有很多教师日复一日年复一年地在教，但是他从没有在教的过程中寻找到乐趣，心中也从没有涌起一种爱的热潮，这样的教师永远也不可能取得教育上的成功，永远也不可能把握教育的真谛。

我在大学教书的时候，我们的师范生在离校时请我给他们留言，我写得最多的一句是：挖掘你生活中、你职业中的内在魅力。因为我们每个人生存和发展的基本的东西是他的职业。你是厌倦它还是喜欢它，对整个心理的发展，对你的幸福感、成就感的获得，都是至关重要的。你不爱这个职业，这个职业也不会爱你。你不爱教师这个职业，你就不能从教师这个职业中获得乐趣。

我们过去经常说，“家有二斗粮，不做孩子王”，和孩子打交道确实是一件非常烦心的事，每天都会碰到这样那样的困境，每天都会碰到这样那样的烦恼。但是我说，大烦恼才会有大乐趣，大问题才能有大成就。你仔细去挖掘教师这个职业，就会发现它实在是美，可以说，世界上没有比教师职业更美的东西。

教育家要有梦，连梦都没有你还能做什么教育家？因此，教师要善于发现教育的乐趣，因为我们每天拥抱的是一个新的太阳，我们每天面对着的，都是一些个性迥异的孩子，都是一个个前程不可限量的个体。他们当中可能会有今后的政治领袖，可能会有今后的诺贝尔奖获得者，可能会有各种各样的可能。只要你精心地去照料他们、哺育他们，只要你帮助他们去找回自己的自信，只要你帮助他们去挖掘他们身上的潜力，他们的能量是不可限量的，是会远远超出你所能想象的。一份耕耘会给你许多倍的回报！

教师是一个能够把人的创造力、想像力和全部能量、智慧发挥到极限的永远没有止境的事业，它还不值得你去爱吗？

未来的教育家应该投入全身心的力量去爱学生、爱教育。只有爱才能赢得爱，你爱教育事业，教育事业也会爱你，你才能获得事业上的乐趣。你爱学生，学生也才会爱你，也才会让你在和他们的交往中忘记外面的世界，忘记生活的烦恼。

教师职业还有其他很多美，比如说一年有几个月的假期，在这样一个时空里你可以做很多自己想做的事。恩格斯曾经讲过，一个人最大的发展境界，是能够有最多的闲暇时间从事自己想做的事情。作为一个教师，能在最大程度上获得成功，享受人生。这方面，没有什么职业能够超过教师。只要你能够发现、挖掘教育职业中弥漫着的那种美，你就会每天都产生冲动，你就会看到每个学生都是一朵含苞欲放的美丽的花朵。是的，教师职业可能永远达不到职业排名榜的最前列，但是我相信，一个优秀的、理想的教师，一定会在自己的内心把它排在最前列！所以我觉得，教师应该努力挖掘教师职业的内在美，坚信自己所从事的是一个影响人的一生的、值得为之奋斗一生的事业。这样，你才会爱它，才会全身心地投入。

教师爱学生，一个很重要的表现就是相信每个孩子都具有巨大潜能，而且每个孩子的潜能都是不一样的，只有独具慧眼，发现每个孩子身上的潜能，鼓励孩子去不断地自主探索，才能使他们的才华得到淋漓尽致的发挥。

教师爱学生，还表现在教育的民主性中。我们的教育中的民主精神还不够，教师讲学生听，教师命令学生服从，师生之间平等对话太少。我们经常抱怨社会还缺少一些民主，可是社会民主的基础是学校的民主，没有学校的民主，谈不上社会的民主。民主精神的培养，要从小开始。民主体现在许多方面，包括教师与学生讲话、交流的方式，似乎是小事，但都体现着一种民主。中国的学生上课都是正襟危坐，教师在提问的时候，学生都是异口同声地回答，在外国教育家看来，这些都是不可思议的。一个问题怎么可能齐声回答？

我们的不少教师，没有爱心，不是担任教书育人的角色，而是担任“教育警察”的任务；不是肯定成绩，而是发现缺点。当孩子们非常正常、非常优秀的时候，教师不去肯定他们、激励他们，而是将他的问题“放大化”。因此，我觉得我们很多教师扮演的就是一个“刽子手”的角色。在我们教师的手上，不知道失去了多少诺贝尔奖获得者，也不知道失去了多少鲁迅、郭沫若，不知道失去了多少非常优秀的人才。我始终认为，教育有一个很重要的前提就是爱心。只有在爱的基础上，教师才会投入他的全部力量，才会把他的青春、智慧，无怨无悔地献给孩子们，献给教育事业。

追求卓越，富有创新精神

教育家和教书匠，一个最大的区别，就是教育家有一种追求卓越的精神和创新的精神。我们很多家长，在为孩子挑教师、挑班级的时候，都喜欢挑一个年纪大一点的“富有经验”的教师，我对他们说，你们不要这样。教育家，不分年龄。2002年全国十大杰出教师候选人，我看绝大多数人都是20世纪50、60年代出生的，很多都非常优秀同时又非常年轻。一个教师不在于他教了多少年书，而在于他用心教了多少年书。有一些人，他教1年，然后重复5年、10年乃至一辈子；有些人，实实在在地教了5年。一个实实在在教5年的人，与一个教了1年却重复了一辈子的人，他的成就是不一样的。

一个优秀的教育家，他应该是一个不断探索、不断创新的人，应该是一个教育上的有心人。

一个人之所以能够成功，往往在很大程度上是因为他是个有心人。

有心就能成功，无心就不能成功。尽管我们有时说，有意栽花花不发，无心插柳柳成荫，但是，毕竟大部分是有心栽花花自发，无心插柳柳无荫。这个基本规律我们不能忘记，我们不能把我们的成功建立在不可捉摸的侥幸和偶然上。

所以我说，如果你不信，你从今天开始，就写教育日记，就做一个有心人，认真总结教育的得与失。一件事情，今天成功了，是怎么做的？有什么体会？有什么感受？今天产生了一个矛盾，是怎么解决的？今天产生了一个挫折，又有什么样的感受？你把这些原封不动地记录下来。5年以后将那些最精彩的东西选编出来就是最精彩的书。那些“火花”的东西，对读者会产生强烈的心灵震撼。

现在的问题是，我们很多人，激动了一下，兴奋了一下，没有付诸笔端，这些“火花”不久就烟消云散了。做一个有心人，什么都能做学问。在有心的前提下，才能把各种碎片串成最美丽的服装。本来那碎片的东西，单独来看，好像没有价值，那不是因为它们没有价值，而是因为它们的价值没被发现，如果被发现，它们就会光彩夺目。所以理想的教师应该是一个有心人。

中小学教师搞教育科研，就是应该从记录教育现象、记录自己的感受、记录自己的思考开始，把这一串串的“珍珠”串起来，那就是一个非常美丽的项链。这样的教育科研应该鼓励。当然这并不排斥我们的教师和专家们合作，进行一些理论上的探讨，但毕竟中小学的教育科学和大学教师的研究是不一样的。我非常赞赏教师记教育日记，让教师将自己的体会都记在本子上，就拿这个本子，可以在中国出版“中国教师日记丛书”。

我们的教师，还应该创造与众不同的品牌，打出自己的旗帜。实事求是讲，现在我们有很多教师，包括评选出的许多优秀教师、特级教师都没有自己的特色。我们现在评选优秀教师、特级教师时，往往是看他发表的论著多少，而实际上很少探究他独特的一面。我认为只有真正建立自己的风格、自己的体系，才能成为一个教育家，才能成为大家。

勤于学习，不断充实自我

勤于学习，充实自我，这是成为一名优秀教师的基础。一个理想的教师，一个要成为大家的教师，一个想成为教育家的教师，他必须从最基础的抓起，扎扎实实多读一些书。在苏州，我们搞了一个名师名校长培训班，除了进行“与大师对话”等各种培训外，很重要的一条就是读名著，你不读《论语》、不读陶行知、不读杜威、不读苏霍姆林斯基，恐怕很难成为教育家。我们正在选编一套《新世纪教育文库》，希望能够为中国的教师们精选一批国外的名著。

不要把教育家看得多么神秘，每个教师都可能成为在中国非常有影响的教育家，每个人都可以做到，关键在于是否做一个有心人，是否执着，是否有恒心。当然，我们知道，教育家必须具备相应的知识结构、教育理念、文化素养、道德素养、工艺素养。

因此我觉得，教师最重要的任务是学习。任何一个教育家都不可能离开前代人的教育财富。事实上，很多的教育家，只不过是把别人的财富应用到自己的教育实践中，提出很多理论上的共鸣而已。你要自己去摸索，找到理论上的支柱和共鸣，现在不少教师找不到感觉，找不着“北”。作为一个教师，你跟其他专家不一样，需要各方面的知识，一个知识面不广的教师，很难真正给学生以人格上的感召。孩子年龄越小，他对教师的期望就越高，他就越把教师当作百科全书。在他们眼里,教师是无所不知的,而如果教师是一问三不知,他就非常失望。所以教师应该完善自己的知识结构。

教师还应该努力理解孩子的世界。成人世界和孩子世界是不一样的,孩子们的世界有独特的色彩、旋律和内涵。教师要和他们一起喜怒哀乐,要和他们共同成长,要成为他们中的一分子。教师需要有一颗非常年轻的心,才能与他们沟通,才能理解他们,才能够得到他们的爱。

可是我们一直主张师道尊严,鼓励师生之间有距离感。中国教育传统有很多好东西,也有很多不好的东西。过于强调师道尊严就不好。教师还应该有三历:学历、经历和阅历。这三历是一个有机的联系,不一定是将名山大川都走遍,行万里路和读万本书,其价值是一样的。我们要鼓励教师成为一个探索自然,热爱自然,热爱生活,热爱人类的人,要培养这样一种心境,才能教育好孩子们。

关注人类命运,具有社会责任感

教育不光是给孩子们知识,更重要的是培养学生一种积极的生活状态,以积极的生存心境和人生态度对待生活。教育本身就是生活。我们经常埋怨社会,这也不是,那也不好。我们诅咒腐败,诅咒专制,诅咒独裁,诅咒关系,诅咒各种各样的东西,但是我们很少想到,我们所诅咒的东西,很大程度上是我们自己所塑造。在某种程度上可以说,教育是病态社会的根源,所以教师不要逃避责任。作为一个教育家,作为一个理想教师,他应该非常关注社会,非常关注人类命运,非常注重培养学生的社会责任感。也只有教师的社会责任感才能塑造学生的社会责任感。教师在课堂里面和学生讨论环境、人口等问题,才能唤起孩子们对这些问题的关注。如果教师们整天关心的是名次,是分数,孩子们的心胸怎么能得到发展?学校的世界和外面的世界应该是息息相通的,而现在却是“外面的世界很精彩”,学校的生活则充满苦难。因此,要使学生更好地生活,要使今后的社会更加理想,更加完美,首先要净化我们的校园,并使我们的学生具有人文关怀精神。苏霍姆林斯基说过,孩子在离开学校的时候,带去的不仅仅是分数,更重要的带着他对于未来理想的追求。

我觉得,我们的教育,我们理想的教育,应该这样去做。也就是说,我们所做的一切，都是在为未来作准备。我们的教育是为了未来的教育，是着眼于孩子一辈子的教育。只有这样，才能有强烈的社会责任感。所以说，校长的社会责任感、教师的社会责任感，影响着学生的社会责任感；校园的民主方式、教育方式，直接影响到孩子们的生活方式。我希望我们的教师，应该认真关注窗外的世界。

教师心中有一副重担，一头挑着民族的希望，祖国的未来；一头挑着千百万家庭的幸福，亿万青少年的前途。

今天做教师的，不能不常常扪心自问这样一个问题，并不断提升自己做人为师的品位。

今天我们怎样做老师

徐匡迪

今天我以一名教育工作者的身份，来谈谈做老师的体会。我给自己出的题目是：今天我们怎样做老师。

一、教师要肩负起神圣的历史使命

当今世界，知识更新和转化为现实生产力的速度日益加快，人类社会在工业革命后的近200年间，第一个百年知识的总量大约是50年翻一番。而在60年代以后，人类知识以指数方式增加。有研究报告表明，最近30年人类新增知识的数量，已超过过去2000年人类所积累知识的总和。可以说，国家、企业乃至个人的发展优势，愈来愈依赖于知识和科技。对于我国这样一个发展中的大国来说，这既提供了以先进知识超越传统发展模式的有利机遇，又提出了前所未有的严峻挑战。正如江泽民同志所指出的："如果说过去国际军事政治斗争的背后，主要表现为直接争夺工业化必须的资源和商品、资本输出的市场，那么，当今的国际经济和科技竞争，越来越围绕人才和知识的竞争展开。"我们要有效地战胜各种挑战，必须大力提高全民族的思想道德和科学文化素质，这是中华民族自立于世界民族之林的根本保证。正因如此，推进教育事业有着特殊重要的意义，我们广大教师肩负的历史责任是何等重大而庄严。我认为今天我们做老师，最大的价值就在于能为中国迎接世界新科技革命的挑战，培养出能实现第三步战略目标，并把我国建成中等发达国家的各种人才这一点上。

说到作为一名当代教师的价值，可能有许多人会有不同的思考，由于我们的社会正在从传统的计划经济体制向社会主义市场经济新体制过渡，各种观念的冲撞，社会利益的调整以及生活方式的改变等，不可避免地会对人们的价值取向产生影响，从而也会出现价值多元化的趋向。教师不是生活在真空中，教师的价值取向也必然受到社会生活变化的冲击，会出现困惑和矛盾。

最突出的就是崇高的历史责任感与现实的功利主义之间的矛盾。是不是可以认为，现在搞市场经济了，金钱就是追求的唯一目标，收入就是衡量成功与否的尺度？我觉得万万不能简单地把商品等价交换的原则与教师的崇高追求等同起来。市场经济追求利润最大化，这是经济领域中提高效率的有效机制。但是市场经济从来就不是指导人类社会生活普遍的、惟一的准则。即使是在实行自由市场经济的国家里，有良知的人们也无时无刻不在呼吁消除这种体制在思想、道德方面的负面作用。自由市场经济理论的开山鼻祖亚当·斯密在写了《国富论》以后，还写了一部《道德论》，阐明了唯利是图的弊端。我们是社会主义国家，我们搞的是社会主义市场经济，目标是实现全社会的共同富裕和民族的兴旺发达。拜金主义、功利主义、唯利是图都不是我们的价值取向。记得江泽民同志曾引用莎士比亚名剧《雅典的泰门》中关于对黄金的诅咒，来告诫广大干部处理好责任感、使命感与追求自身利益之间的关系。我觉得一个教育工作者应"学高为师、身正为范"，不能把追求自身利益放在崇高的责任感之上。一个学校千万不能为追求收入而淡化了它最根本的职责。在这方面，那些上课留一手、课余搞家教的做法，那些以交钱抵分数换取入学资格的方式，值得我们反思，值得我们警觉。

还有一个值得思考的问题是，能不能单纯地把升学率作为教师和学校追求的目标？我觉得这个问题中央关于全面推进素质教育的决定已经说得很清楚了。市委、市府也多次强调要扭转这一倾向。但是由于它牵涉到社会的方方面面，看来还有很艰巨的工作要做。作为教育工作者，我们还是要多看大局，放眼长远，不能急功近利。要时刻意识到，我们担负着"百年树人"的历史责任，正如蔡元培先生所说的那样："教育者，非为已往，非为现在，而专为将来。"我们作为教师，永远都是过去与未来之间的活的环节，是克服人类无知与恶习的最重要的社会成员，是过去历史上所有崇高而伟大的历史人物与新一代之间的中介人。因此，最终衡量一个教师的价值，绝不可能是当年的升学率，而是看在10

年、20年，甚至30年之后，我们到底培养了多少对社会作出杰出贡献的人才。本着献身教育事业的精神，本着对这一职业的高度的自豪感与荣誉感，我们就一定能把目光放得更远。

二、教师要发挥人格力量的引导作用

党中央和国务院召开这次全国教育工作会议，以全面推进素质教育为主题，为教育的改革与发展指明了方向。实施素质教育，从根本上说，就是要使每一个受教育者得到全面发展，这种发展包括精神方面的、道德方面的、创造能力方面的、情感方面的，以及体魄方面的。学生受教育的过程应该是一种人格完善的过程，这在很大程度上取决于教师本身人格力量所施加的影响。正如俄罗斯教育家乌申斯基所强调的："在教育工作中，一切都应以教师的人格为依据。因为，教育力量只能从人格的活的源泉中产生出来，任何规章制度，任何人为的机关，无论设想得如何巧妙，都不能代替教育事业中教师人格的作用。"所谓"己不正焉能正人"，惟有如此，学生才能敬其师，信其道。可以这么说，教师的人格力量是素质教育的重要保证。

教师的人格力量来自于学术水平与道德情操的完美统一，不仅要学识渊博、循循善诱，更要通过言传身教，通过榜样、无言的力量教给学生做人的道理。在我看来，这种人格力量表现为健康的价值观、高尚的道德情操和走在时代前列的学识。

没有人能将自己没有的东西献给别人。要使学生树立坚定的信念和远大理想，教师自己首先要有正确的世界观、人生观和价值观，这是为人师表、垂范师德的基础。在孩子们的眼里，教师具有无可怀疑的威信，教师是一切美好的化身和可资效仿的榜样，教师的世界观、人生观和价值观，教师的言行、对每一种现象的态度，都通过这样或那样的方式，对学生的各个方面产生影响，从而对我们整个民族都将产生深远影响。因此，通过老师"润物细无声"的浇灌与培育，让我们的新一代确立起正确的世界观、人生观和价值观，才能使他们牢固树立热爱祖国、振兴中华的使命感，增强努力学习、提高能力、奉献社会和报效祖国的责任感。

高尚的道德情操是教师人格力量的重要内涵。只有在有品德的人身上，我们才能看到睿智和理性发挥出伟大而高尚的作用。自古以来,以身作则、为人师表、严谨治学被作为教师个人品德的典范。我们今天要做一名好教师,不仅需要具备教师的传统美德,更需要有良好的意志品质,这种品质不仅表现为“春蚕到死丝方尽”的坚强意志与奉献精神,在当今时代这种品质还应转化到积极参与教育改革探索的自觉行动中去,不为任何困难所动摇。中外教育史上许多留下光辉篇章的教育家,都鲜明地具有这种意志品质。此外,在我看来,教师健康而丰富的审美意识和审美情趣也十分重要,这不仅有益于自身素养的提高,表现出人格美和教学艺术美,更重要的是可以影响学生领悟和体验生活与艺术,让学生学会不仅用眼睛而且用心灵去感受真、善、美。

从学识方面来看,教师应该是走在时代前列的人。自古以来,身为一名合格教师,其首要一条就是具有深厚而广博的学识。我们都知道,一名理想教师的知识结构包括三个方面,那就是:广泛深厚的文化科学基础知识,扎实系统精深的专业学科知识,全面准确的教育科学知识和心理科学知识。这就要求教师不但对所教课程有精深的认识,还应有广博的知识。所谓“精”就是要“知得深”,对专业知识不仅知其然,而且知其所以然;所谓“博”就是要“知得广”,能触类旁通,具有相关学科的有关知识。作为今天的老师,这一点尤为重要。新世纪已经来临,对于那些拥有新知识的人来说,新时代意味着一个充满机遇和挑战的世界。教师要走在时代前列,关键要做到两点:

第一,无论是中小学还是大学教师,无论是人文科学还是自然科学的教师,都要以教学生“学会学习”作为最重要的职责。对于这一问题,古今中外的教育家都有过精辟的论述。我国古代《学记》中早有论述:“君子既知教之所由兴,又知教之所由废,然后可以为人师也。”所谓“授人以鱼,不如授予渔”,讲的也就是这个道理。著名的教育家卢梭提出,教育的问题不在于告诉他一个真理,而在于教他怎样去发现真理。这些都表明了一个道理,那就是作为教师,很重要的是要教学生学会学习。作为当今时代的教师,这一任务显得更为紧迫。因为我们实施素质教育,就是要致力于培养时代所需要的人才,迎接即将来临的知识经济时代的挑战。知识经济的发展迫切要求我们进入一个“学习化”时代,只有具备“学会学习、善于学习”的能力、善于及时更新知识结构的新型人才,才能适应这一时代发展的要求。

第二,教育者首先要重视终身学习。孔子曰:“温故而知新,可以为师矣。”

当今世界，知识的更新日新月异。创业社会的到来，网络通讯技术的发展更使传统的教育和学习模式面临严峻挑战。在未来社会中，就业模式也将会产生巨大的变化，无论从事哪种职业，都将存在终身学习的需要，更何况是教师这种“传道、授业、解惑”的职业。当今教师应成为实践“终身学习”理念的楷模，重视和加强继续教育。要不断学习邓小平理论，提高思想政治素质，增强教师素养，这是教师在“终身学习”过程中需要不断进行的必修课。对所教专业，更需常教常学，加强信息交流，力求掌握本学科最前沿的信息和科研成果，要将教学与研究结合起来，不断提高学习的水平。要进一步开拓视野，拓宽学习领域，自然科学领域的教师要增强人文科学素养，人文科学和社会科学领域的教师要加强科学精神的培养和对自然科学知识的了解，这是时代发展的必然要求。总之，终身学习是我们教师能走在时代前列必不可少的前提。

三、教师要用爱心去开启学生心灵的窗户

如果说教师的人格力量是一种无穷的榜样力量，那么教师的爱心是成功教育的原动力。陶行知先生说得好：“捧着一颗心来，不带半根草去。”这正是教师无私奉献爱心的典范。所有学生，无论是智商高的还是智商低的，无论是家庭条件好的还是家庭条件差的，无论是安静听话的还是调皮捣蛋的，都十分需要老师的关爱。老师的爱与尊重是照亮学生心灵窗户的盏盏烛光。著名的瑞士教育家裴斯泰洛齐说过一段话，我至今想起仍深为感动。他说：“从早到晚我一直生活在他们中间……我的手牵着他们的手，我的眼睛注视着他们的眼睛。我随着他们流泪而流泪，我随着他们微笑而微笑……”美好的人生是为爱所唤起，并为知识所引导。从这一角度讲，学生美好人生的开始掌握在我们教师手中。

教师的爱心能使少年英雄更健康地成长。在我们的青少年中，有一批成绩优秀、才华出众的学生，对这些学生，教师的爱心特别要表现在锤炼其意志、帮助其心理得到健康成长方面。教师的爱心能使有缺陷和有特殊困难的学生备增信心。对有些有生理缺陷或家境贫寒的学生，教师的爱特别要表现在关心和体贴上，使之摆脱自卑，增强信心和勇气。孔子对学生的体贴入微、关怀备至至今仍传为佳话。家贫的，他多方接济；有疾病的，他去看望。他在与所有学生交往中，态度谦和，平易近人，敞开心扉。学生对他的深厚感情，终身不忘。教师

的爱心能使犯了错误的学生重新振作起来。要像父母对待子女、医生对待病人一样，用真心实意和深情融化他们心灵上久积而成的“坚冰”，打开他们心灵的大门。我知道，许多工读学校的老师正是这样用自己的爱心与热情，使学生的心灵受到震动，教育转化了一个又一个工读生，为国家和人民作出了贡献。据我所知，我国工读教育对违法和轻微犯罪青少年的挽救成功率一般已达到85%，这其中不知凝聚了教师们的多少爱心与帮助！

如何用爱心去打开学生的心灵窗户？结合我几十年的教师生涯，谈几点体会：

首先，爱学生就要了解他们。了解他们的爱好和才能，了解他们的个性特点，了解他们的精神世界。对一个好教师而言，只有了解了每个学生的特点，才能引导他们成为有个性、有志向、有智慧的完整的人。教育是人学，是对人类灵魂的引导和塑造。苏霍姆林斯基说得好：不了解孩子，不了解他的智力发展，不了解他的思想、兴趣、爱好、才能、禀赋、倾向，就谈不上教育。

其次，爱学生就要公平对待所有学生，把每一个学生视为自己的弟子。据有关教师人格特征的调查，在学生眼里，“公正客观”被视为理想教师最重要的品质之一。他们最希望教师对所有学生一视同仁，不厚此薄彼；他们最不满意教师凭个人好恶偏爱、偏袒某些学生或冷落、歧视某些学生。公正，这是孩子信赖教师的基础。

第三，爱学生就要尊重他们的人格和创造精神，与他们平等相处，用自己的信任与关切激发他们的求知欲和创造欲。在教育过程中，教师是主导，学生是主体，教与学互为关联，互为依存，即所谓“教学相长”，“弟子不必不如师，师不必贤于弟子”。一名好教师会将学生放在平等地位，信任他们，尊重他们，视他们为自己的朋友和共同探求真理的伙伴。

最后，我愿以一名教育工作者的心得来与各位老师共勉：

教育是事业，事业的意义在于献身；教育是科学，科学的价值在于求真；教育是艺术，艺术的生命在于创新。

社会呼唤优质教育，优质教育呼唤优秀教师。一位好教师，就是一本好的教科书；一群好教师，就是一所好学校。

师德，最大最美好的影响

成尚荣

一、师德：最有影响力的问题

他们，是新中国60年来，江苏教育界最有影响的人。

我一直在思索，如何定义“影响”——当然不是在文字表述上；何为“最有影响”——当然也不是所谓的评功摆好。

那么，究竟以什么来判断影响？以年龄吗？好像不是。他们中有的虽然还很年轻，却健行在行知路上，正在影响着、改变着当地的农村教育。以职位吗？好像不是。他们中有的是普通教师，却深受师生的爱戴，影响着教师、影响着学校。以城市还是乡村？好像不是。他们中有典型的农村学校校长，却创造着连城市学校都称羡的奇迹。是以在世还是辞世？好像也不是。我相信，即使已辞世，也没有一棵树是白白落叶的，也没有一朵花是白白凋零的；况且，我坚信他们不是落叶，更不是凋零的花。

说到底，还是凭“影响”。“影响”就是“影响”，大多时，“影响”是无法定义的，也不必去定义。要“定义”的恰恰是，他们是以什么来影响我们的，他们究竟影响了我们什么。

想起了季羡林。季羡林是2006年“感动中国”人物，颁奖词是这么写的：“心有良知璞玉，笔下道德文章。一介布衣，言有物，行有格，贫贱不移，宠辱不惊。学问铸成大地的风景，他把文化汇入传统，把心留在东方。”季先生文章好，道德也好。他以自己的一生告诉我们，要文章好，首先要道德好，因为心有璞玉般的良知，笔下才会有好文章、大学问；把心留给他人、学问献给社会的人，才会感动别人，才会有影响，才会“最有影响”。

于是，我以为，他们——建国60年来江苏教育最有影响的人，是以师德铸成了师魂，他们以师德与师魂影响了我们。我们要学习他们的思想、学术和专业智慧，更要学习他们崇高的师德。因此，师德成为“最有影响”的问题。

二、高尚师德是最生动、最具体、最深远的教育

提起斯霞，自然会想起她的“童心母爱”；提起陈鹤琴，自然会想起他的“一切为了儿童”；提起殷雪梅，自然会想起她以自己的生命救了学生；提起姚止平，自然会想起他把自己的青春和生命献给了农村学校和教育；提起蔡林森，自然会想起他像是一台永不停歇的拖拉机，日夜工作……他们都有一颗“红亮的心”，都有高尚的情操。是他们的人格、他们的精神、他们的境界，总之是他们的师德首先让我们把他们铭记于心。“最有影响”的人自然地把师德问题再一次提起，而且再一次把师德摆到更为重要的位置引起大家的关注和思考。这是为什么呢?

1. 提倡并强化师德是由教育的特性所决定的。道德是人类的最高目的，也是人类的最后目的。这是赫尔巴特的名言。既然如此，道德也应当是教育的最高目的和最后目的。教育不仅是向学生传授最有价值的知识的过程，而且是以道德的方式实施的过程。其实，教育本身就应是道德展开的过程。早在1996年国际21世纪教育委员会向联合国教科文组织提交的报告《教育——财富蕴藏其中》就指出:“现代人有一种头晕目眩的感觉……他们在寻根、寻找参照点和归属感。”以什么为参照点？归属感在哪里？报告接着说:“因此，一切都要求重新强调教育的伦理和文化内涵。”是教育的伦理和文化特质及内涵，让我们的头脑逐步清醒起来，获得归属感。也正因为此，教育，对我们社会应该接待的儿童和青年是一种爱的呼唤，在伦理上有考虑的教师首先应当是道德教师。道德教师决不是进行道德教育的教师，而应是具有丰富道德伦理意义和内涵的教师，是善于用道德的方式进行教育的教师。可见，教育的特性要求教师必须有良好的师德，否则不是优秀教师，甚至称不上是真正的教师。

2. 提倡并强化师德并不否定更不排斥智慧。教师应当充满教育智慧，应当做智慧型教师，这是大家共同的愿望和追求。其实，智慧原本就和道德紧密联

系在一起。苏格拉底说，我们每一个人把希望系在灵魂上，要使灵魂也善起来，灵魂就应系在智慧之上。亚里士多德进一步解释说：智慧，是就那些对人类有益的或有害的事情采取行动的能力状态。两位智者都强调智慧的道德规定性。当我们追求智慧的时候，就是同时在追求教育的道德，智慧教师在某种程度上是具有良好道德的教师；培养师德，从某种角度上说，也是在生长自己的智慧，道德教师其实也是智慧教师。

3. 提倡并强化师德并不否定更不排斥学术和专业。教师的德性与学问二者之间有本质的内在联系，特别是德性与人文社会科学有内通性。二者相互依存，不仅如此，如果没有德性，则很难有规律的发现和科学的论著。所以，立言先立德，治学先做人，已成为中华文化的宝贵精神和我国学者、专家、教师治学的优良传统。对此，司马光有过精辟的论述："德才兼备为圣人，无才无德为愚人，德行胜过才能为君子，才能胜过德行为小人。"这种对"圣人"、"愚人"、"君子"、"小人"的界定，或许还可以探讨，但其对"德才兼备"、"德行胜过才能"的肯定，可以引起我们再一次认识师德的重要性，让我们牢记立言先立德的古训。

4. 提高并强化师德具有重要的现实意义。在教育教学改革中，教师们表现了极大的热情，贡献着自己的聪明才智，涌现了许多先进的典型，他们的事迹一直在感动着我们。我国正处于大改革大发展时代，人民群众深切呼唤着良好的道德风尚，也进一步期待着良好的师德风尚。但值得注意的是，社会转型的复杂性，给教师带来许多价值困惑，尤其社会上出现了权力膨胀、金钱至上、道德下滑的状况，影响着教师的价值追求，教师的生活方式和状态也正在发生变化，少数教师的价值观发生了偏移，师德状况不能令人满意。手头正好有一份剪报，内容是"学生最怕老师这样说"。比如学生最怕老师说："看见你，我就烦！""我佩服你，真是笨到家了。""再说废话，你给我滚出去！"等等，有15条。此外，令学生反感的教师大概有七类，比如"嫌贫爱富型"、"说长道短型"、"欺软怕硬型"等。当然，造成师德问题的原因是复杂的，既有现代社会的影响，也有历史传统形成的不良习惯，既有客观原因，也有教师本身要求不严格的问题。不管什么原因，不良的师德影响着学生健康发展，影响着素质教育的深入实施。高尚的师德是对学生最生动、最具体、最深远的教育。今天，我们把师德作为"最有影响"的人的核心品质来讨论，无疑会从师魂角度促进教师队伍建设。

三、师德：精神品格·思想境界·教育信念·人格特征

“最有影响”的人，每个都是师德的典范，他们的师魂犹如岁月深处的烛光，发出最亮丽的光彩。如果作一些分析和梳理，我们可以发现师德的内涵及其基本规定性。而这些正是“最有影响”的人的最可贵之处，正是最值得我们学习的地方，当然也是师德建设的重点内容。

其一，精神品格。人总得有一点精神，尤其是教师，首先要塑造自己的灵魂，要在心灵深处筑起一块精神高地，以此踮起自己的脚跟，这样才可以看得更远，才可以离星空更近一些。我以为，精神品格是师德的核心。记得闻一多先生写过一首诗《红烛》：“请将你的脂膏，不息地流向人间，培出慰藉的花儿，结成快乐的果子。”用这样的诗句来描述和歌颂“最有影响”的人是最合适不过的。今年 94 岁的史绍熙先生，把一生心血都献给了自己的学生，放弃了多次荣华富贵的机会，坚守三尺讲台，桃李海内外，整整 40 年，他把江苏省常州中学推向了回首前人、俯看八方的新高峰。洪宗礼先生，不为名不为利，孜孜不倦进行中外母语教育比较研究，填补教育研究的空白，埋头于初中语文教材的研究与编写，探索了语文学科落实素质教育的基本途径——语文教育之链。他们都有学术贡献，但首先是他们精神品格的高尚。当然，今天的教师绝不只是在消耗自己的脂膏，而是与学生共同成长，和学生共同开出慰藉的花儿，结成快乐的果子。但是，教师的“红烛”精神并未过时，教师的“红烛”形象仍是最值得讴歌的。

其二，思想境界。思想境界往往是一个人的人生高度，是一个人价值观的集中体现，因而是师德的重要内涵。“最有影响”的人在思想境界方面给我们回答了三个问题。第一个问题，如何对待教师这一职业？对待职业一般说来有三种观点和态度：一种是从业，解决就业问题；一种是专业，需要钻研，建构自己的专业身份；一种是事业，与民族振兴、祖国和平发展联系在一起。蔡林森作了最正确的选择，他把自己全部身心投入到事业中去，同时潜心研究专业，形成洋思教学模式。第二个问题，如何对待幸福？幸福是个人内心的一种体验，因而见仁见智，很难定义。但是，姚止平用自己的生命，生动而准确地诠释了幸福：幸福不一定发生在城市，也不一定发生在高职务上，而是在他的平民教育的追索

与践行中。第三个问题，如何对待教师的职业规范？教师学为人师，行为世范。对于师德，可以是他律，也可以是自律，还可以是自由。“最有影响”的人，不是把师德规范当作外部的要求，而是出自内心的需求，形成“师德自觉”，从他律走向自律，走向自由。比如殷雪梅，师德已融化在她的血液里，体现在她的言行中。当教师走向师德自由的时候，就会进入崇高的道德境界。

其三，教育信念。教育信念反映了一个教师对教育理想的认识，也是教师教书育人的指南，师德往往体现在这只“无形的手”上。比之教育理念，教育信念更稳定、更坚定，更具精神内涵，它已内化在教师的素质结构中，外显在教育行为中。吴天石老厅长，即使在思想保守的年代，还大胆地提出语文教学必须加强“双基”的问题，至今都在影响着教学改革，因为他有自己的信念和信仰；李吉林在“文革”中仍憧憬着理想的教育，因为她坚信教学必须改革，改革需要研究和试验；“没有教不好的学生”是蔡林森的信念：“把每一件简单的事做好就是不简单；把每一件平凡的事做好就是不平凡。”姚止平依靠这一信念使栟茶中学走向成功。他们的教育信念已化成了教师的人格特征。因而，教师的行为彰显着深刻的文化意义，行为世范成了他们具有特殊魅力的教育方式。

其四，人格特征。师德，准确地说应当是教师德性，其内涵不仅包括品德，还包括人格修养，最高境界是“至善”。就人格特征而言，“最有影响的人”向我们提示了四点：第一是爱心。我不敢说爱就是教育，但爱肯定是教育的前提，也是教育的力量和方式。爱，是师德的基本而又十分重要的内容，是高尚师德的首要条件和显著特征。而教师的爱既具有母爱的性质，又超越母爱。斯霞的爱实质是母爱与教育爱的统一与结合。陈鹤琴之所以成为我国幼儿教育之父，首先是由于他对儿童深深的挚爱，因而对儿童进行活教育。第二是童心。童心是真心，童心是圣人之心、赤子之心，童心充满着创造力。童心是超越年龄的，教师需要有永远的童心。李吉林、邱学华把自己比作长大的儿童，其深刻意蕴就是尊重儿童、了解儿童、真正走进儿童神秘的心灵世界，把握开启心灵之门的钥匙。第三是平等心。甘于在农村干一辈子的杨瑞清，接过陶行知民主教育的思想，在农村小学中实施赏识教育、激励教育，把学生看作是伙伴、是朋友，怀着与学生一样的心，由此增强了农村孩子的自尊心和自信心。杨瑞清还不止一次地启示大家，平等心是民主和谐合作师生关系的基础。第四是创造心。教育是创造的事业，智慧应是教育的品格，敢于创新、善于创新应当是教师人格的显著的特征，它影响着并决定着教育的水平和学生未来的发展。胡百良，早在上世纪80年代后期，就展开了课程改革，在全国率先进行“分层教学”试验。他有理想，他有见解，他很执着，他的创新精神是师德中最闪光的部分。还有邱学华，坚持不懈地进行“尝试教学”研究和试验，是他率先把“让学生主动学”、“让学生尝试、探究”真正落实在小学数学教学中。当然还有李吉林。创造心不应游离在师德之外，它不仅是“至善”的，也应是“至真”的。

四、从“一米阳光”开始

德有大德和小德。孟子讲：“穷则独善其身，达则兼济天下。”“独善其身”是小德，“兼济天下”才是大德。教师的师德应当是一种“兼济天下”的大德：是无私的，不是恩赐，不是施舍，不需回报；是面向所有学生的，公平、公正，大家都在同一片蓝天下；是为了未来的，终身学习，终身发展，终身幸福。殷雪梅在危急时刻舍身救学生是一种大爱大德，斯霞她们把自己的青春和全部身心献给教育也是大爱大德。

但是，大德不是突然从天而降，而是由小德的积累不断升华而成的。“至善”也是一个过程。所以，教师不应当止于小德，也不应轻慢小德。有位老师这么说：“像一米阳光那样，虽然不多，却能温暖他人；虽然不长，却能成就永恒。”也许，小德就像这一米阳光，就像一滴雨露，就像一片绿叶，就像一个微笑。其实，阳光、雨露、绿叶、微笑，并不“小”，即使是“一米”、“一滴”、“一片”、“一个”，只要和阳光在一起它们就会很伟大。所以，千万不要轻忽“小德”。有老师说得好：“不求闻达于天下，但求闻达于学生；不求练达于人情，但求练达于学问。”是啊，只要学生在我心中，我就会在学生心中，我就在无限温暖无比光辉的太阳下面——那职业叫教师，那品德叫师德。

也许，这些，就是江苏“最有影响”的人对我们最大、最美好的影响。

教师对于学生来说，应当成为精神生活极其丰富的榜样，只有在这样的条件下，我们才有道德上的权利来教育学生，才能承担起教育学生的职责。

——苏霍姆林斯基

像苏霍姆林斯基那样做教师

肖甦

在苏联教育史上，苏霍姆林斯基被认为是最成功的学者型教育实践家。他不仅拥有教育学博士学位，而且是苏联教育理论权威机构——苏联教育科学院的通讯院士；同时，在他30余年的教师生涯中，有26年一直在帕夫雷什乡村学校担任校长。

身为教师、身为学校教师群体的领导者，苏霍姆林斯基对教师职业作过许多深刻的阐述。在他看来，教师是世界上最人道的职业，因为他是同生活中最复杂、最珍贵的无价之宝——人——打交道的。每个孩子从养成文明习惯，获得文化知识，到确定个人倾向性，形成人生观、道德观，主要是受教师的影响，而且教师的影响常常起决定性作用。

苏霍姆林斯基反复强调，只有首先成为一个优秀的教育者，才有可能成为一名优秀的任课教师。追求人格品质和职业素养的高度统一是保证他能成为优秀教师个体的必要前提。

首先，教师必须具有高尚的道德品质和崇高的生活目的。教师在精神和道德方面、在生活目的和生活准则方面的表率作用，是推动学生追求高尚美德的力量。教育者具有崇高的道德品质，是教育获得成功的重要前提。

苏霍姆林斯基举一位数学教师为例子：有人问这位公认的优秀教师，她是怎样用数学来教育人的——数学教材同道德品格似乎相距甚远。女教师说，上数学课首先是一种劳动，我力求使学生先把我当作劳动者，同时他们自己也要有成为劳动者的愿望，要鄙视懒惰和浮躁。我努力通过严于律己的言行和积极勤恳的工作态度向学生传递信息：给他们讲授数学知识的，是一名忠实于劳动、忠实于自己崇高理想的教育者。我力求使学生形成一种相同的信念:尊重他人的劳动就是尊重他人的人格,通过自己的努力搞好学习,是每位学生的神圣职责;坐享其成、窃取别人的劳动是可耻行为,也是对自己人格的侮辱。于是这个班的学生在班级测验时,即使教师一连两个小时不在教室,也不会发生抄袭现象。

其次,教师要有深厚的从教情感和敬业精神,其具体体现就是"要爱孩子"、"要相信孩子"、"要尊重孩子"。教师的职业是与孩子打交道的职业,热爱自己的职业,首先就要热爱孩子。这是教师最重要的道德感情修养,它在教师应具备的素养中起决定性作用。热爱孩子,就意味着有跟孩子交往的精神需要,"感到跟孩子交往是一种乐趣,相信每个孩子都能成为一个好人",同时"时刻不忘自己也曾是个孩子"。

苏霍姆林斯基建议,如果一个人没有这样的精神需要,长期培养不出与孩子交往的感情,那就最好不要选择教师职业。因为没有爱心,不努力去理解孩子精神世界的人,只配当个教书匠,不可能成为学生精神上的教育者、指导者。而苏霍姆林斯基本人的一生,正是把"整个心灵献给孩子"的生动写照。

第三,教师要有渊博的学识和强烈的求知欲。教师只有具有渊博的知识,才能保证教学的质量;才能够在讲课时将注意的中心放在学生脑力劳动中遇到的难点上,而不是放在教材规定的内容上;才能在教的过程中对学生进行智力训练。此外,也只有具有渊博的知识,教师才能唤起学生的求知欲望,发掘学生的天资才干。如果只局限于教科书,教师就很难打开孩子的视野,激发他们用自己的头脑和双手去探索科学秘密的兴趣。久而久之,孩子们只会机械甚至厌恶地去消化各种知识的"份饭",而失去了任何求知欲。

因此,苏霍姆林斯基要求教师必须"要使教科书成为你科学知识海洋中的一滴水"。而要获得渊博的知识,只有一条途径——勤奋好学。他说:"一个教师只要勤奋,而且有强烈的求知欲,那么他在教学论和教学法上的缺欠并不可怕;任教之初知识上的空白也不可怕。"在他眼里,合格的教师必须是读书爱好者。"如果没有为了人的全面发展和丰富精神生活而必备的书,或者大家不喜爱书籍、对书籍冷淡,那么这里不能称其为学校。"帕夫雷什中学共有 35 名教师,他们的私人藏书共有 49 000 多册,不少教师的家庭藏书都在 1 000 册以上,而苏霍姆林斯基夫妇的藏书达到 19 000 多册。教师们经常举办读书报告会、讨论会，学校集体“充满了一种爱书、尊重书、崇拜书的气氛”。

最后，教师应当追求自身的全面发展。他不但要热爱、精通自己所教的学科，还要通晓教育学、心理学；不但要谙熟教学过程，还应具备对科学问题进行独立分析、钻研的能力，因为“差的教师只是传授真理，而好的教师则是揭示真理”；不但要精通书本知识，还应当精通某项劳动技能，成为这方面的行家里手。正是每个教师的不同爱好，才构成了整个集体全面的教育活力。

长期的教育实践使苏霍姆林斯基确信，只有具备了上述各种品质，才能称得上是素质全面的教师，才能使培养和谐发展的新人的教育目的得以实现。

2008 年 9 月，时值苏霍姆林斯基诞辰九十周年之际，我作为我国教师代表团的领队与十余位中国教师远赴乌克兰，参加了在乌克兰首都基辅、在苏霍姆林斯基长期工作的帕夫雷什学校等地举行的大型国际纪念研讨活动。在提交大会的发言中，我抒发了这样的感慨——

我认为，苏霍姆林斯基深受中国教育工作者爱戴并一贯推崇的原因有以下几点：

他用心灵去写作，去与教师交谈，所以他是教师的良师益友。

他把心灵献给教育，献给孩子，所以他是孩子们的朋友和榜样。

他的动机是使孩子更美好，使教育更美好，使人性更美好，所以读他，总能获得一种向上的力量，唤起追求真善美的强烈渴望。

他的教育理论源自真实的现实生活，源自教育实践的肥沃土壤，他的语言平实、质朴、坦率，充满真诚，洋溢激情，富有感染力。所以易读，易懂，极富启迪意义，极易产生共鸣。

他富于批判精神，但不刻意追求理论建树；他富于创新精神，但从不追求名与利。无论是他的理论著作还是实践活动，都充满了人性的光辉，所以他的教育思想体系是当之无愧的人学，是活的教育学。

人性的本质使他的教育理论经得起时间的考验，永不过时。

他的质朴而崇高的共产主义教育信念和社会主义制度下的教育实践尤其适合中国的国情。

最后我想说的是，苏霍姆林斯基不仅仅对于乌克兰是巨大的财富，他对于中国教育同行也是巨大的财富，他是教师的财富，更是教育的财富！他，是世界的财富！

三 智慧：彰显教育的美丽

教育从来就是一个智慧的职业。智慧需要教育的传承，教育离不开智慧的滋养。智慧与教育、教育与智慧是伴生的。从教育史上看，智慧教育是一个合情合理的命题。

智慧教育的理想是：让教育充满智慧，让智慧伴随人生，使每一个教育者和受教育者都有一个成功和幸福的人生。

——韩经权

中小学教师是我国基础教育事业的实践者和创造者。教师的专业素质，一要有与时代精神息息相通的教育理念；二要有多层复合的、独特的业务知识与能力素养；三要有“教育智慧”。

智慧是一条通往人生幸福和快乐的心灵之路。运用教育智慧，才能去办智慧的教育，使学生成为智慧的新一代。

智慧教育宣言

韩经权

教育是一条智慧的长河，它承载着知识、文明，它既是智慧的产物，又是智慧的载体与推进器。

教育从来就是一个智慧的职业，教育需要智慧。智慧需要教育的传承，教育离不开智慧的滋养。智慧与教育，教育与智慧，是伴生的。从教育史上看，智慧教育是一个合情合理的命题。

知识是智慧的结晶，也是智慧生成的材料。没有无知识的智慧，智慧教育不排斥知识的教育。能力是智慧的外显，没有无能力的智慧，智慧教育不排斥能力的培养。智慧教育追求的是和谐的知识、和谐的能力。

培根说知识就是力量，这绝不过时，但有新的情况和特点。当今世界，知识爆炸。如何去学习知识，这本身就是一门重要的学问，它需要人类的智慧去把握。因而，我们说：智慧更是力量。

智慧教育的中心词是：“智慧”和“教育”。它衍生出：教育智慧与智慧教育。

智慧教育的实质，是运用教育智慧去办智慧的教育，从而生成教育者和受教育者的智慧。

智慧教育是实施素质教育的现实通道。素质教育的理想是高尚的，素质教育的理念是先进的，素质教育在实践中又是艰难的。我们不能只讲应该做什么，去空喊一阵。我们应当探索能够做什么，去寻求实实在在的行动。

事实常没有表面那样好看，现实的不完美才使我们的改革有了立足点，有了发展空间。智慧教育关注教育的现实生存，关注教育各方面的沟通，关注教育的改善。

智慧教育搭建广阔的平台，期待各个方面能够真实、平等和建设性的沟通。解决问题的办法总是有的，我们的做法永远有发展的空间。心平气和地去研究，实实在在地去改善。要思考，不要抱怨；要改善，不要添乱；要沟通，不要发泄。

智慧教育崇尚学习和思考，“我每天都在学习，但我不想每天都受教育”。学会从学习者的角度思考教育，是教育者的聪明。

智慧教育期待对现实教育的改善，期待着使教育的各方——社会、校长、教师、学生、家长——都成为受益者，而不去制造麻烦。期待着向正确的方向前进，哪怕是一点点的进步。教育行为的一小步，就可能带来人类前进的一大步，它具有极强的放大功能。

智慧教育的理想是：让教育充满智慧，让智慧伴随人生，使每一个教育者和受教育者都有一个成功与幸福的人生。

智慧教育的核心理念是：让智慧引领教育，让教育生成智慧。

智慧教育一定是遵循规律的教育，一定是实践中可行的教育，一定是实践中高质高效的教育，一定是教育的各方能够体验成功与幸福的教育。智慧教育具有科学性、可行性、高效性和幸福性。

智慧教育的对立面是愚蠢的教育。智慧教育是面对社会需求，面对社会理想的恰当选择，它反对愚蠢愚昧——浮躁、急功近利、不顾现实的一切不智慧的行为。

智慧教育认识到，没有十全十美的教育，只有现实恰当的教育。只有恰当的，才是最好的。教育是现实的，不能脱离教育的实际空谈教育的优与劣。教育不能只有一种说法、一种方法、一种选择。人是个体的，是千差万别的，教育的方式方法不可能是整齐划一的。让教育者或受教育者齐步走的想法和做法，是不智慧的。

智慧教育不排斥社会理想主义的理想，不拒绝科学主义的理想，不回避人文主义的理想，它们都是人类的文明成果，拒绝它们是不智慧的。智慧的教育，应当是根据现实的要求与可能去取舍和超越。

智慧教育在教育方法上是开放的，它绝不认为教育只有欣赏，没有惩戒；也不认为教育只有惩戒，而没有欣赏。教学不能只有传授，没有探究；也不能只有探究，没有传授。教育的重要任务是接受间接经验，但不反对恰当的直接体验。教育不能只讲教师的主导，不要学生的主体；也不能只要以学生为中心，而忘记以教师为主导。教育是复杂的，是多彩的，任何简单化、绝对化的说法和做法都是不智慧的。

辩证法无处不在。教育最根本的规律是因材施教、因人而异、与时俱进。教育领域中的形而上学（诸如以点代面，以个别代一般，以个体代整体）司空见惯，负面影响不可小视。

教育没有包治百病的灵丹妙药，否则我们就可以复制历史的伟人。教育是有智慧的，否则人类就无法站在前人的肩膀上。教学有方，教无定方，是智慧的。

共和国的教育有了很大发展，尤其在教育规模上，在教育的普及程度上。这是需要大书特书的。我国经济能够持续高速发展，除了有好的国策，教育普及的贡献不应被忽视。

我们的教育存在问题，有的还很严重，不能视而不见。教育的投入是巨大的，教育的供给是不足的。教育的规模是空前的，教育的内涵是需要尽快提升的。教师的工作是神圣的，教师的心境却是沉重的。教育工作者是十分辛苦的，社会的满意程度却是不高的。学生的学习是勤奋的，厌学却是普遍的。学生的视野是开阔的，视力却是下降的。家长们对教育是关注的，做学生家长却是艰难的。学生苦，教师累，家长难，校长烦，社会怨，这不是空穴来风，我们不能回避。

怎么办？

教育向何处去？教师向何处去？学生向何处去？

能回避吗？

不应该去寻求出路吗？

反思教育，使教育少一点愚蠢；创新教育，使教育多一点智慧。

这是一个正确的方向，我们坚信！

智慧教育是一个开放型的教育：成功教育、赏识教育，愉快教育、创新教育、情境教育……所有有教育智慧的教育，都是它的朋友，但不能只有一个朋友。它只把愚蠢的教育当敌人。

智慧教育把教育看作一个系统，社会、学校、教师、学生、家长五位一体，它追求智慧的教育和智慧校长、智慧教师、智慧学生、智慧家长。它要创设智慧的校园、智慧的课堂、智慧的家教,以智慧为中心词;它不主张用教师或家长的牺牲去换取学生的成功与幸福,它向往教师与学生的共同进步,家长与学生的共同成长。

智慧教育关注未来,也关注当下。学生不能只为未来活着,也不能只为当下活着,而应该使学生的每一个生命时段都能感受到成功与幸福。教师、校长、家长,也应该如此。每一个人都是社会的一分子,他们理应都活得成功与幸福。这既是社会美好的体现,又是个体对社会的贡献。

智慧教育试图解决四个层面的问题:想学(教),会学(教),能学(教),乐学(教)。

想学(教),是动机开发的问题;会学(教),是能力层面的问题;能学(教),是环境条件建设的问题;乐学(教),是行为习惯和学习(教育)境界的问题。这四个问题解决了,教与学的问题也就解决了。

智慧教育的策略是,先做"减法",再做"加法"。把无效的甚至负效的去掉,给教师、给学生以尽可能的空闲——哪怕是一点点。创新一些教育行为,使教育的实践有尽可能的改善——哪怕只有一点点。

智慧教育推崇开放地备课,智慧地面对作业。这两项事,占时间最多,如何让它务实和高效,是需要解决的重大问题。

教师职业的倦怠,学生学习动机的疲软,是一个不争的事实。智慧教育推出"人生设计"行动。鼓励教师,把平凡做成伟大,提高教师职业的成就感和幸福感,提升教师的生命质量。让教师成功与幸福,这是学生成功与幸福的前提和条件。鼓励学生,把伟大变成平凡。自己的人生理想,具体化为具体的社会角色,学习就有了动力,生活就有了趣味。我们反对为给学生减负而给教师施压的观念。师生是不可分割的生命体。

智慧教育推出"热爱生命"的行动,热爱自然,热爱他人,热爱自己。

智慧教育推出"让艺术进入生活"的行动,丰富人生。艺术进入生活,不是强调特长教育,而是强调感受艺术,体验艺术。

智慧教育用四大行动来提升教育者和受教育者的教育与学习质量:叙事、反思、行动、课题。记下让自己心动的教育情境,教育就会有乐趣。写下自己的反思,教育就会有收获。进行行动研究,教育就会有高效益。进行课题研究,教育就会有品位。

教育家就在叙事、反思、行动和课题研究中诞生，我们坚信！

智慧教育是实践性的话题，但它欢迎理论的指导。它需要实践者的探索，也需要专家的支持。我们需要通过实践和理论的探究，建立“智慧教育学”，用科学的理论指导教育实践，再用教育实践来丰富和完善科学的理论。

理论是灰色的，生活之树常青，实践是真正的权威和裁判。

创新型国家需要创新的教育，创新的教育是智慧的教育。

智慧是力量，教育是力量；教育智慧是力量，智慧教育更是力量。

我们祝愿一切教育者和受教育者都有一个成功与幸福的人生。

好教师有一个明显的特点：他越来越少地传递知识，而越来越多地激励思考。

教师不是知识的象征，而是智慧的象征。

智慧是要靠自己悟出来的。你从这些小故事中悟出了什么？

关于教育智慧

曹洪敏

朱永新先生在《中国教育缺什么?》一书中说："中国的教育缺智慧、缺个性……"智慧看不见摸不着，关于教育的智慧我想通过几个案例加以说明。

北京程淮先生的幸福泉幼儿园在布置上颇有智慧：屏风做成书本形，每版都有经典故事，图书室中间是一个体形巨大的沙皮狗，图书放在沙皮狗的肚子里，它的寓意是，沙皮狗大叔一肚子学问。狗头、狗腿、狗背、狗尾都包上了沙发材料，可以坐、可以躺，孩子们更容易接受，而且非常别致，充满智慧。

魏书生曾提倡学生坚持五个一分钟：一分钟家务、一分钟日记、一分钟军歌、一分钟踏步、一分钟注意力训练。认识一分钟的价值，一定要从一分钟做起。

在美国老师的一节历史课上，老师说："上次考试大家都没有及格，只要你们每个人给我5美元，我可以让你们及格。但是，白人学生可以，黑人学生不行。"课堂哗然，黑人学生开始不满，有的找老师理论，有的干脆脱了臭鞋向老师砸去，还有的学生用水枪射老师，老师也拿起自制的水枪和学生们对射。课堂乱作了一团。最后总算安静下来了，老师说道："孩子们，课上完了，我想你们已经明白了南北战争为什么会打起来了——因为不公平。"这是智慧地教学，也是教学的智慧。

上海建平中学校长冯恩洪，给初二的学生每人发一个2公斤重的沙袋，用绳子捆在腰间。开始同学们觉得好玩，你看看我、我看看你，不知校长葫芦里卖的是什么药。两个小时过去，加上天气闷热，孩子们开始烦躁不安、怨声载道了，最后冯校长才点明寓意："你们的'小宝宝'才带几个小时就受不了，那你们的母亲怀着你们10个月是怎么受过来的你们知道吗？养儿才知报娘恩呀！"孩子们一下子明白了，原来妈妈如此辛苦。一个好老师不只是给学生知识，更要给学生智慧。雪莱说："大学就是智慧。"爱因斯坦说："科学就是智慧。"对一个教师来说，"教育就是智慧"。

培训专家余世维的女儿不爱吃饭，玩电脑上了瘾，余先生和太太合谋，对其来个"沙漠风暴"计划：先把所有能吃的东西清个精光，冰柜空着，只做两人的饭。余先生和太太吃了饭快要休息时，女儿下楼了，问："饭呢？怎么不等我？""饭吃完了，我们以为你不吃了呢。"女儿听了很生气，然后到处找吃的，结果一无所获。女儿哭着上了楼，半夜还起来找食物，但没有找到。她走到爸妈的床前，抓着妈妈的手哭着说："妈，我要饿死了。"妈妈忍不住，正要起来给女儿做饭，余先生却在被窝里狠狠抓着太太的手，最后女儿又哭着回到自己的房间。第二天凌晨，妈妈急忙起来去厨房做饭，一开门吓了一跳：女儿正在屋里等着呢。从此，只要一喊吃饭，女儿便一溜小跑冲下楼来。

一位老师在上实验课，桌上放有玻璃杯、石块、沙子和水。顺序是：先放大石块，再放小石块，再放沙，再加水，孩子们的思维一次次被打开。想想看如果先放沙和水，石块还能放进瓶中吗？显然不能。放物品的顺序有别，效果则截然不同，那么，什么是你生命中的"石块"呢？实验虽然简单道理却十分明显，一个简简单单的装瓶实验折射的却是教育的大智慧，开启学生的心智达到了哲学的层次。

在一所寄宿制中学里，一位老师拿出一张白纸，上面有一个黑点，他问："孩子们，你们看到了什么？"

孩子们盯着黑点，齐声喊道："一个黑点。"

老师非常沮丧："难道你们谁也没有看到这张白纸吗？眼光集中在黑点上，

黑点会越来越大,生活中你们可不要这样啊!"

老师又拿出一张黑纸,中间有一个白点,他问:"孩子们,你们又看到了什么?"

"一个白点!"孩子们齐声回答。

"太好了,孩子们,无限美好的未来等着你们!"

老师关于"白纸黑点和黑纸白点"的谆谆教诲,深深印在当时的一个学生心里,他就是曾任联合国秘书长的安南。

每当世界局势风云密布、变幻莫测之时,安南总能在一片黑暗中看到光明。他常常想起老师曾经给他上的这一节课,这是真正的智慧之课。

一个早晨,老师来到办公室不久,有人告诉他,教室里有两块玻璃昨晚被风刮碎了,老师很生气。中午,老师找到值日生询问,学生怯生生地说,昨晚放学时,教室里有两只蝴蝶,赶来赶去,总有一只蝴蝶飞不出去,于是她只得打开一扇窗,好让里面的那只飞出去或者让外面的那只飞进来做伴。想不到风把玻璃吹破了……她愿意赔。老师听了,用手摸了摸她的头发,说:"不用赔,去玩吧。"然后老师走到财务室,说:"请在我下月工资里扣除两块玻璃的钱。"这是用爱心支撑的教育智慧。

一次期中考试,一男生得了59分。他找到老师说:"老师,您给我的作文加1分吧,就1分,求求您了。"老师说:"作文绝对不给加分,但是我可以把你的总分改为60分——我借给你1分。不过你可想好了,这1分不能白借,要还利息,借1还10,下次考试我要扣掉你10分,怎么样?"男生咬了咬牙,说:"借!"结果,在后来的期末考试中,他的语文得了91分,扣掉10分,净剩81分。

这些小故事,却充满大智慧,高水平的教育必然离不开高智慧的教学,这一切必须由智慧型的教师来完成。

教育智慧涵盖着教育机智，教育机智是教育智慧的日常体现。

教育机智是同教育者的人格力量密不可分的，是在教师的实践中用心去累积的经验的结晶。

教育机智：教学艺术的核心要素

钟启泉

一

阅读“教学艺术镜头”这个栏目里的一篇篇生动活泼的短文，读者一定会强烈地感受到，这些作者的教学尽管风格各异，却有一个共同特色，那就是他们在各自的教育实践过程中体现了高度的“教育机智”。确实，无论怎样优秀的教育理论和思想，它自身不会转化为教育的实践，它必须依赖教师以某种形式对学生施加教育影响的活动。而“教育机智”正是联结教育理论与实践的“媒介”。

从裴斯泰洛齐直至我国的陶行知，教育史上许多杰出的教育实践往往是同教育者的人格力量密不可分的，是他们的“诀窍”、“直觉”之类的教育机智所支撑的。教师只有全身心地投入，才会创造出有自身风格的高格调的教学。“教学工作是以教师的整个人格决一胜负的职业”。因此，我们有必要用教育科学理论的射线去透视优秀的教育实践，将他们的同人格力量胶着在一道的教学艺术予以客观化，通过这一步骤，才会有助于每一个教师的教学创造。

谁都会承认，构成教师的“教学行为”的“一连串影响”的体系中，最初步、最常见的一种就是用“眼神”同学生“交谈”。那么，何谓“眼神”？它不是指“眼睛”。日本教学论专家吉本均教授认为，区分“眼睛”和“眼神”对于初上讲台的教师说来是极其重要的。眼有眼睑、眼球，是作为视力可以客观地测量的器官。“眼神”则是不能测量的，它是共鸣、微笑、表情，是精神的表现。只有当教师不是借助"眼睛"而是借助"眼神"——共鸣和微笑的表情,同学生交谈时,学生才会体验到同教师融为一体,这样看来,"眼神"可以说是最基本却又是最高级的教育力。

"交谈"也不是"扯谈"。区分"扯谈"和"交谈"也是年轻教师的重要功课之一。"扯谈"是饭后茶余谁都可以做到的,"交谈"则不然,它存在某种特定的重大的内容,并且充满着一定要把它传达给对方的强烈愿望。"扯谈"多为单向传递信息,而"交谈"则是双向的,是同特定的人彼此交谈,在看着对方的点头和反应中、在感受到对方的见解中,谈出自己的所思所想。就是说,"交谈"具有互为主体、相互应答的性质。这种互为主体的应答得以形成的艺术,同作用于物体的近代科学的技术迥然不同,它不是主体对客观事物加以测量和分类的技术。师生之间的教育关系具有应答性交往中形成的艺术性质,是活生生的艺术的"睿智"。作为艺术的睿智,带有时刻作出呼应和应答的力量——"教育机智"的性质。"机智"(tact)从语源上说,有"同别人的交往方式"的涵义,意味着同人接触时的"机灵"、"机敏"、"应答力"。教师每日都同学生接触,必须有这种"教育机智"。作为应答力的机智决非与生俱来的才能,它是教育实践的支配者,同时也是理论的忠实奴仆。——这是赫尔巴特的先见。

二

下面,我们考察一下教育先驱的卓越的教育机智模式,借以揭示教育机智的本质及其教学原理。

教育机智是叩动学生心弦的共鸣力与感化力。在世界教育史上,裴斯泰洛齐被誉为"教育天才"、"教育机智的天才"。在他看来,所谓教育机智就是教师对于学生身心的敏感的共鸣力和感化力。他说:"出色的人的教育必须有母爱的眼神,能从孩子的眼睛、口腔和额头上,觉察幼儿心理状态的哪怕是些微的变化。"裴斯泰洛齐倡导的近代教育原理之一,就是促进每一个儿童的智力的、道德的"自立",而强制"死板的表面的秩序与纪律"终究是不可能实现这一人类陶冶(教育)的理念的。他强调,只有通过同儿童的"接触",真切地感触到儿童的内心世界,与之共鸣,才能推动每一个儿童的生活。作为这种接触方式(机智)相交的原点,就是"微笑和共鸣的眼神"。他说:充满母爱的微笑的眼神、敏感的应答，是儿童“成为人”的第一步。从这个意义上说，它是儿童教育中个体发生的原点，同时也是教学的原点。

教育机智意味着教师的表现力和说服力。苏联著名教育家马卡连柯认为，教育机智是一种教师同学生交往并影响学生的职业性专门力量——表现力和说服力。他断言“凡是缺乏教育机智的人都信奉长篇说教的效用”，但这是一种幼稚的幻想。“只有在学会 15 种 20 种声调来说‘到这里来’的时候，只有学会在脸色、姿态和声音的运用上能作出 20 种风格韵调的时候，我就变成一个真正有技巧的人。”寓于机智、运用自如的表情意态是作为一个良师不可缺少的力量。没有身心一体化的表达，教师的要求就难以使学生真切地感受到。可以说这是教师的“演技”。当然，“它不是戏剧舞台上表演的外在性的行为，而是我们的心智活动过程的真实反映”。马卡连柯强调，这种教育机智（“演技”）绝不是神秘的东西，而是教师在他的实践中积累的经验的结晶。

“共鸣”、“表达”、“说服”是人际交往所不可缺少的三要素。这三者构成了古人谓之“雄辩术”的关键词，教师的“教学行为”之所以必须“雄辩”的理由，也在于此，而在师生的应答关系中实现这种共鸣、表达和说服，可以说是贯穿于多样的教育机智论中的一条基本原理。

教育机智还意味着教师在教学展开中的应变力和组织力。日本著名的教育实践家斋藤喜博认为，教育机智是在教学展开过程中时时刻刻对学生的反应作出相应的决断和组织的力量。他说：“在教育或教学中，‘洞察’这个词在某种意义上可以说涵盖了一切。因为洞察作为教师经验与理论积蓄之结晶的力量，是一种深刻地抓住每一个学生的反应，并适时地作出应答的基本能力。”在斋藤看来，“洞察”学生的反应与教师对学生反应作出的“呼应”、“瞬间的决断”，这两者是绝对不能分开论述的。斋藤非常注重“‘震颤’、‘征服’学生的思维”这一强有力的教师的指导作用。因为没有这种作用，终究不可能把他们引向文化与科学世界的高度。这就是说，教师必须依据学生的具体情况（发言、思路、联想、沉默、焦虑、困惑、挫折、论争、提案）加以整理、辨疏、提高和升华。所谓教育机智，无非就是造就“通向未来的学力的阶梯”。

教师的教育机智同时也是人格陶冶的指导原理。这是赫尔巴特、第斯多惠以来近代教学论所追求的“教育性教学”的课题。就是说，在教学中必须实现“学力形成”与“人格形成”的统一——在教学过程中既有形成知识和认知技能的侧面，也有形成个人行为方式与人际关系的侧面，这两者密不可分。如何在教学过程中处理“个人与集体”、“统一与分化”、“竞赛与合作”，以便正确地统一这两个侧面，是教学艺术探索的又一个领域。

三

教育机智的种种涵义表明，它不是神秘莫测的东西，作为“教育经验与教育理论积蓄的结晶”，是一切优秀教师的基本素质。“它只能在实践中掌握，但只有掌握了理论的人才能习得。”

大凡优秀教师总是集教学的“设计者”、“实施者”、“评价者”于一身的。教师要使自身的教学工作不断有所发现、有所发明、有所创造、有所前进，步步逼近教学艺术的境界，看来需要做好三件事：第一，对自己的教育对象——学生，进行心理分析，在此基础上确立科学的教学方法体系。使学生真正成为课堂生活中思维活动的主体。第二，通过观察和分析优秀教师的教学创造的范例，不断完善自身的教学技巧和机智，并运用这些技巧和机智驾驭教学活动的全过程。第三，展开教学分析活动，提高教学分析的理论水准。

教育无痕是一种智慧。而这智慧源于教育能力与教育艺术的和谐统一，源于教师对学生深挚的热爱和细心的爱护。

教育无痕是一种智慧

印广欣

美国著名成功学家卡耐基先生演讲之后回到办公室，其秘书莫莉小姐笑吟吟地迎上来说："卡耐基先生，演讲成功吗？""非常成功，掌声四起。""那祝贺你了。"莫莉由衷地笑着说。"莫莉，你知道吗？我今天去给人家讲的是'如何摆脱忧郁创造和谐'，我从公文袋里取出讲稿，刚一开口，下面便哄堂大笑。""那一定是你讲得太精彩了。""的确精彩，我读的是一段如何让奶牛产奶的新闻。"说着，卡耐基先生将手中的材料递给莫莉。莫莉的脸刷地红了，喃喃地说："昨天我太粗心了，卡耐基先生，这不会让您丢脸吧。""当然没有，你这样做使我自由发挥得更好，还得谢谢你呢！"从此以后，莫莉再也没有出现过因粗心而造成的类似工作失误。

卡耐基先生对莫莉的批评和教育是一种艺术、一种智慧。这是一种"将教育的意图掩盖起来"的真正的教育艺术，一种充满人性化关怀的超凡的教育智慧。这种教育艺术和智慧所带来的"润物细无声"的教育成效应该给中小学教师以有益的启迪。

从中小学教师批评教育学生所用方法的现状来看，尽管赏识教育、激励教育、成功教育在局部区域已开花结果，但在更广阔的教育时空中，面对问题学生时进行直言不讳的批评指责乃至训斥、嘲讽仍是大多数教师的首选之策，让人触目惊心的侮辱、体罚、施暴等非教育行为也不乏其例，在一些地区和学校且有变本加厉之态、"恶招"迭出之势。这种"反教育"的行为，正在摧损着学生的自尊，摧毁着学生的自信，也摧残着学生的人格和身心健康。

前苏联著名教育家苏霍姆林斯基说："鞭挞儿童是教育上最不适当的一种方法，因为惩罚会使孩子从良心的责备中解脱出来，把孩子推向教育的另一端。"

我国现代著名教育家陶行知先生说:“你的教鞭下可能有瓦特,你的冷眼里可能有牛顿,你的讥笑中可能有爱迪生,你的骂声中可能有爱因斯坦……”

当代著名学者肖川博士指出:“没有任何真正的教育是可以建立在轻蔑和敌视之上的,也没有任何一种真正的教育是可以依靠惩罚与制裁来实现的。”

……

我之所以不厌其烦地在此引用这些睿智之语,目的在于期望那些未能领悟教育真谛、未能谙悉教育奥妙、未能享用教育智慧的教育工作者,在耳濡目染中反思自己“反教育”的言行,在顿悟和汗颜中校正自己的教育航向,改善自己的教育行为,提升自己的教育品位,优化自己的教育成效。

那么,怎样才能达到这样一种“教育无痕”的理想境界呢?

首先,要使自己成为一个具有“人文情怀”的人。因为一个具有“人文情怀”的人才是一个能够给他人以人文关怀的人,才是一个懂得什么是“大爱”且能够适时播撒爱的种子的人。

> 一个来自农村、家境贫寒的青年学生在第一次乘坐火车去上大学的途中,因口渴难耐破例买了一罐健力宝,但他却不知如何打开,在手中颠来倒去看了又看,捏了又捏,甚至拿出了水果刀希望能把拉环撬开,但试了几次因未敢用力而终未打开。这时,他听见坐在对面的一位妇女说:“童童,快把健力宝给妈拿来。”小男孩说:“妈妈,你刚喝过水,怎么又渴了?”“快,听话。”小男孩便站在车座上把手伸进了车窗旁边挂着的塑料袋。妇女把健力宝拿在手中,眼睛盯在拉环上,余光看着男青年,只听“砰”的一声,健力宝打开了。随之,车厢里又传出“砰”的一声响,男青年的易拉罐也打开了。妇女微微笑了一下,喝了一口,就把健力宝放在了茶几上,显然,她并不渴。许多年后,男青年依然感激那位善良而又聪慧的妇女给他的人性化的启示。

显然,案例中的那位妇女就具有极其浓厚的人文情怀,正是这种情怀使得她没有直接将开启易拉罐的方法教给那位青年学生,以避免青年学生难为情。

也许,作为教师的我们,每天都有可能面对学生的这种困惑和无助。如果我们能够如那位妇女那样聪慧地给学生以情景暗示或者创设具体的情境,让学生在自悟自觉中走出困惑和无助的状态,那么教育的效果肯定是明显而持久的。怎样才能丰厚自己的人文情怀呢?朱永新教授说:“要想具有人文情怀,读书显得尤为重要。”尽管读书不是获得人文情怀的全部条件，但读书可以夯实我们做人的精神底子，为人文情怀的生根发芽提供肥沃的土壤。

其次，要使自己成为一个具有宽容之心的人。原谅是一种风格，宽容是一种风度，宽恕是一种风范。尽管“年轻人所犯的错误连上帝也会原谅”，但令人遗憾的是，面对学生的错误，我们的为人师表者却往往没有了宽容的风度，更不用说宽恕的风范了。

第二次世界大战期间，一场激战过后，两位来自同一个小镇的战友与部队失去了联系。在森林里艰难跋涉了十几天之后，用以维生的鹿肉已所剩无几。战争的枪炮声使得森林里的动物四散逃奔，除了那只小鹿之外，他们再也未见到任何动物。一天，他俩再次与敌人遭遇，交战中他们巧妙地避开了敌人。就在自以为安全时，他们却听到一声枪响，走在前面的年轻士兵中了一枪——幸亏伤在膀子上。后面的士兵惶恐地跑了过来，他紧张得语无伦次，抱着战友的身体泪流不止，并赶快把自己的衬衣撕下来包扎战友的伤口。所幸的是，第二天他们的部队找到了他俩。事隔30年，那位受伤的士兵安德森说：“我知道是谁开的那一枪，他就是我的战友。当他跑过来抱着我时，我碰到了他发热的枪管。我知道他想独吞那仅剩的鹿肉，我也知道他想为了他的母亲而活下去。当晚，他跪了下来，请我原谅他，我没让他说下去，我宽容了他。之后我们又做了几十年的朋友。”

一个人能够宽容患难与共的战友对他背后开黑枪，面对学生成长过程中必不可少的错误，我们为何不能够以宽容之心待之呢？当然，对学生错误的宽容并不是听之任之，也不要揪着错误不放，置之退学（开除）而后快，或者虽然未让其退学（开除），但是对其错误无限地上纲上线，硬逼着他承认自己道德败坏或者不可救药。其实，学生的很多问题是心理问题，与道德无关。唯一正确的做法是将其错误作为一种教育资源，运用我们的教育智慧和教育艺术去实施我们的教育行为。

最后，“教育无痕”需要我们具有高超的教育智慧和教育艺术。

一位班主任在检查学生宿舍时发现了几个烟头，经查确系本班的几位同学所为。若按惯例，写检查、通知家长、上报学校给予纪律处分是常见的处理办法。但这位班主任在冷静地思考之后，却对惴惴不安的学生说：“现在有一项重要的任务,给你们两周的时间,利用各种渠道收集吸烟有害健康的材料,做成宣传版面,在校园内公开展览,只要完成得好,就取消对你们的处罚。"两周后,图文并茂、制作精美的"吸烟有害健康"的宣传版面引起了全校师生的关注,成为对学生进行"吸烟有害健康"教育的不可多得的教育载体,取得了良好的教育效果。

"老师,您还处罚我们吗?"

班主任指着宣传版面说:"这不是最好的处罚吗?"

我们不敢断言这几位同学此后将会与吸烟诀别,但是我们却可以肯定,这种"美丽的惩罚",其教育效果远远好于常规的处理效果。因为这样的教育过程既蕴涵着老师的教育智慧和教育艺术,又蕴涵着学生在具体教育情境中(制作版面)的切身体验和自觉自悟。

还是让我以苏霍姆林斯基的话来作为本文的结束语并与老师们共勉吧!

"在少年教育中产生困难的最主要的原因,就在于教育行为是以赤裸裸的方式出现在他们面前,而人在这个年龄段从本性上说就不愿意被他人教育。"

老师,让我们为每一朵生命之花的盛开,播撒智慧的阳光吧。

一位普通父亲，用20年的生命探索出的赏识教育，把双耳齐聋的女儿周婷婷培养成为全国十佳少年、中国第一位聋人少年大学生、全国残疾人自强模范、《中国妇女》十大时代人物、留美硕士生，并且，全力宣传他的教育理念，希望改变成千上万孩子和家庭的命运！

赏识，是一种智慧。愿天下所有生命都在赏识中快乐成长！

让赏识回到孩子身旁

周 弘

哭泣的心灵

在从上海开往南京的列车上，我看到这样一幕情景：一个婴儿哭了，年轻的父母马上千方百计地哄他、逗他、安抚他……望着望着，我突然想到：婴儿的啼哭，也许只是身体略有不适，就得到了如此的关注，而在现实生活中，多少孩子的心在哭泣，又有谁来理会呢?!

一个孩子向我哭诉了他三次被抛弃的心理感受：当他接到一个三类学校的录取通知书后，父母脸上从此再没有笑容，他感到被父母抛弃了；到学校后，在老师一句又一句："你们也不想想你们是什么东西！"的训斥声中，他感到自己又被老师抛弃了；当他好不容易考了一次好成绩，却被老师、家长怀疑为作弊时，他终于感到生活中的最后一点希望也没有了。怎么办呢？他躲在一个偏僻的地方嚎啕大哭，哭得震天动地、撕心裂肺，苍天都为之动容，世间却无人理会。他终于自己也把自己抛弃了，堕落从此开始……

在指责声中长大的孩子

当今中国，"应试教育"的重压，使最富有人情味的家庭教育仿佛也在异化：

我们好久好久没有用赏识的目光凝视自己的孩子了——小时候，正是这种目光把孩子包围，使他们心里充满温暖。

我们好久好久没有倾听孩子的心里话了——其实每个孩子的心里话都最想对父母说，面对父母却往往是相对无言，默默无语。

我们好久好久没有拥抱自己的孩子了——在发达国家常常看到这样的标语："你今天有没有忘记拥抱你的孩子?"

我们好久好久没有夸我们孩子聪明，夸我们孩子漂亮了——这正是每个孩子心灵深处的强烈需求啊！小时候他们都是在这类赞美声中欢快地成长。

……

那么我们充满爱心、望子成龙的家长都在干什么呢？耳闻目睹的几件事使我终生难忘：

——一个男孩兴高采烈地冲回家告诉妈妈："好消息，好消息，老师今天终于表扬我了！"你猜这位母亲说什么？"我不要听！我根本就不要听！也不撒泡尿照照自己——受表扬就会翘尾巴的东西！"小男孩的欢乐顿时烟消云散。

——一个小女孩一蹦一跳地跑回家告诉爸爸："好消息，我终于得了个 100 分。""什么 100 分?"父亲露出了喜悦的神情。"自然。"父亲的表情马上变得不自然了："唉！亏你还说得出口，我一看到你心就烦。"小女孩一下子眼泪汪汪。

——一位成绩一般，但劳动非常出色的女孩，非常自豪地向父母汇报她劳动总是得全班最高分时，得到的竟是一顿臭骂："呸！这个傻丫头，不知害羞的东西，我看你今后是扫马路、倒垃圾的料！"小姑娘睁着困惑的眼睛，一脸茫然。

据有关资料显示：我国目前有 6 000 万对父母坦言自己是失败的家长。

问题出在哪里？出在父母身上，出在一种陈旧的家教观念上。

农民怎样对待庄稼，决定了庄稼的命运；家长怎样对待孩子，决定了孩子的命运。

农民希望庄稼快成长的心情和家长希望孩子早日成才的心情是完全一样的。可做法却往往不同了。

农民日夜思考的是庄稼需要什么？怎样满足庄稼的需要？家长为教育孩子彻夜难眠的时候，有没有想到孩子心灵深处的需求是什么？怎样满足孩子？

庄稼长势不好时，农民从不埋怨庄稼；相反，总是从自己身上找原因。孩子学习不行时，许多家长却一味指责。家长有没有想过自己的责任，在自己身上找找原因呢？

地理环境变化时，农民都知道要改变种植方法。社会环境变革时，父母有没有想到要更新教育观念呢？

赏识导致成功

时代发展到今天，家庭教育观念的更新已显得刻不容缓。心灵饱受创伤、在分数线上苦苦挣扎的孩子多么渴望父母能以新的形象出现在他们面前。

怎么办？有没有适合当今孩子的家庭教育方法？

有。这是一种神奇而又普通的教育方法，是一种新鲜而又古老的教育方法，是每个家长都本能地使用过、无意中忘却了的教育方法。

我在领悟到这种方法后，把3岁半仍一个字也不会说、震耳雷声也听不见的哑女培养为中国第一位残疾少年大学生。前几年，我把这种方法让一些聋儿家长来分享，结果中国出现了几十个周婷婷式的早慧儿童。

聋童尚有如此潜力，健全孩子难道无潜力可挖吗?！近两年来，我又把这套方法让许多健全孩子的家长分享，结果不仅出现了一个又一个早慧儿童，而且使许多在绝望中苦苦挣扎的差生很快燃起了希望之火，命运产生了奇迹般的变化。

我在南京和全国各地作了数百场题为《父母曾是教育家，捡回您遗忘的宝藏》的报告，均产生强烈的反响。家长的普遍感受是——开窍了，后悔的是——没有把那口子带来，希望知道的是——下次报告会在哪里。

一位年轻的母亲听完报告后彻夜难眠，给年仅6岁的女儿写了一份长达6 000字的忏悔录。她含泪反思道："如果说在生活上是父母惯坏了孩子，也许在教育上恰恰是孩子惯坏了父母——孩子对父母各种要求的尽力满足，使当代父母变得越来越贪心。"

陶行知先生早在半个世纪之前就深刻指出："教育孩子的全部奥秘在于相信孩子和解放孩子。"

我们认为：哪怕天下所有人都看不起您的孩子，做父母的都应眼含热泪地欣赏他、拥抱他、称颂他、赞美他。为自己创造的生命——这个万物之灵而自豪。

我们认为：孩子的成长道路犹如跑道和战场，父母应该为他们多喊“加油”，高呼“冲啊”，哪怕孩子一千次地被打倒，也要坚信他们一千零一次能站起来。

我们认为：科学的成才观不是以牺牲孩子的童年为代价，而是给孩子一个更加美好和充实的童年。孩子的心灵处于舒展还是压抑状态才是教育成败的关键。

我们认为：没有赏识就没有教育。教育史上的哥白尼——捷克教育家夸美纽斯很久很久前就指出，应当像尊重上帝一样尊重孩子。因为人的精神生命中最本质的需求就是渴望得到赏识。

我们认为：“赏识教育”的特点是注重孩子的优点和长处——小题大做，无限夸张，成燎原之势，让孩子在“我是好孩子”的心态中觉醒；而“抱怨教育”的特点是注重孩子的弱点和短处，小题大做，无限夸张，使孩子自暴自弃，在“我是坏孩子”的意念中沉沦。

当幼儿还不知道什么是赏识时，他们却受到了无尽的赏识、无尽的慈爱；可是随着孩子年龄的增长，当他们越来越懂得赏识的重要、越来越需要赏识时，赏识却离他们越来越遥远……

归来吧！赏识。

为使师生成为朋友，校园成为乐园，我们当教师的就要将笑意随和写在脸上，渗透暖融融的人情，裸露人性的本真……

教师对学生的亲近随和，显示了教育智慧的魅力。

有一种智慧叫“亲近”

陈明华　秦志强

苏联著名教育家加里宁说：“教育不仅是科学的事业，而且是艺术的事业。”我们的一些老师往往比较多地看到了教育作为科学事业有其庄严神圣的一面，而忽视了教育作为艺术事业有其睿智机巧的一面。在同学的印象中，老师永远是板着一副久阴不晴、拒人千里的“师爷脸”。无论年长年少，传统教育中的“师道尊严”四个字已深深地嵌入我们一些教师的教育理念中。

一个发生在英国南部一所小学的故事，也许能够让我们每一个教育工作者重新反思包裹在身上的这种“尊严”：

一位老师调任一个差班的班主任，这些孩子都很调皮，爱捣蛋。老师第一堂课就跟他们玩，玩得天昏地暗。下课了，老师对他们说：“孩子们，你们要是把学习成绩搞上去，我就去吻校外放牧场里的一头猪。”这些调皮的孩子问：“老师，这是真的吗？”老师说：“而且我要吻的是一头你们认为是最大的母猪。”孩子们都希望老师去吻一头猪。从那天起，他们的课堂纪律变好了，学习积极性变高了。即使有贪玩的，别的孩子也会提醒：“难道你不希望看到老师去吻那头肥猪吗？”半年后，孩子们的学习成绩有了很大的进步。圣诞节的前夜，孩子们对老师说：“老师，你可以去吻那头猪了吗？”老师说：“当然可以。”于是，老师带着这群孩子穿过公路，来到牧场。孩子们在猪圈里找到一只特大特肥的猪。老师走近那头肥猪，轻轻地吻了它。孩子们在猪圈外笑得前仰后合。

这个异域故事，在一些老师听来可能觉得荒唐可笑，可能还不以为然。作为一名教师去亲吻一头猪，这成何体统！我们一些老师之所以不能一下子接受它，除了风俗民情中外有别之外，可能更多的还是由于我们执著固守的教育理念。因为我们自有一套教师观。自古以来，教师的地位虽然不高，但却特别讲究尊严；收入不丰，但却特别崇尚斯文。教师的举手投足总带着“人师”的味儿，半点也苟且不得。庄重圣严，凛然可畏，仿佛就是教师永恒的标准形象。久而久之，我们似乎就有了一个放不下的“架子”。大概也正因如此，教师就端居圣坛之上，学生就匍匐在讲台之下。于是乎我们的教育就没有了民主平等，失去了亲近自由，缺少了和谐欢愉。

同样的情形如果发生在中国，我们的老师则可能拉长了面孔，提高了“分贝”，并不时敲击着讲台，不容置疑地来个约法三章，名为“下马威”。接下来，可能是明察暗访，抓住几个“祸首”，一一整治，直到全都趴下为止，是为“杀鸡儆猴”。于是，海晏河清，天下太平。我们的一些领导和老师或许还欣赏和陶然于这种高压下的“太平”，以为是教育的成功或是成功的教育。其实，这不是真正的教育，它更像驯兽。

现代教育理论认为，对一个教师来说，比学识更重要的，在于为学生营造宽松愉悦的成长环境，而民主平等的意识又是创设这种环境的思想基础。我们的脸上不要总是写满庄重严肃，还要写上笑意随和；我们的要求不要总像冷冰冰的法律，不妨渗透一点暖融融的人情；我们的举动也无须作太多的修饰，大可以裸露人性的本真。那位英国的老师与孩子们一同嬉玩时的亲切随和，答应孩子吻猪的那份自然本真，俘获了多少孩子的心，又收到一种怎样的意外效果啊！

陶行知先生说得好：“我们必须会变成小孩子，才配做小孩子的先生。”作为教师只有使自己具备学生的心灵，走进学生的情感世界，去感受他们的喜怒哀乐，这样，“便有惊人的奇迹出现：师生立刻成为朋友，学校立刻成为乐园”。这位英国同行的身上一诺千金的为人准则固然令人称道，而他在教育活动中显示出的智慧——亲近随和原则更令人推崇。

一个比喻，借此说明教学中“生本”的智慧。

课堂怎样令学生兴奋地学习？这要靠教师以知识作底气，激发思考的灵气，显示出智慧和机智的沛然大气。

杯子边上的智慧

郭思乐

杯子装水，平平常常，却隐藏了智慧。古代最初的杯子用黏土做，边做得很厚，笨重而容积小。随着时间推移，不断改进，它的“体”——杯子本身（边）越来越薄，而杯子的“用”——装水的功能（简称“容”），越来越大，同样的杯子，可以装更多的水。我们看到，尽管杯子的边能装住水，但另一方面边也占据了一定的空间，这就要求恰当地调配边与容的份额，实现边少而容多。这对教育教学是有启发的。

教学的“体”就是教本身，教是为了使学生学起来，所以教学的“用”——功能，就是学生的学。这样，教学就像是一只杯子，杯子的边薄，装的水才多。也就是教少而学多。反过来，教得多，就学得少。这不仅是时间的矛盾，更是因为“你都说了，还学什么”，堵塞了学习者亲身认识真理的道路，这就促使我们选择教少、学多的，或者是小教、大学的教学指导思想。

然而实际上我们却常常违背这样的教学指导思想。我们的课堂，基本上是“教”的。也许我们会说，在课堂上，学生也做作业，而且作业很多，怎么能说学得不多呢？问题在于，成长的部分，都由教师包办了。留的作业，往往既不是外界知识发生的根本，又不是自身知识生长的关键，人类的发现和探寻，以及知识的发生的精妙之处，都给教方占住了（我们教者绝对是好意——那是十分明确的），余下给学生的，是应用已取得的结果。我们夸张地说，这时学生的景况，应当有一点像当年的孙悟空：

一朝闲暇，众监官都安排酒席，一则与他接风，一则与他贺喜。正在欢饮之间，猴王忽停杯问曰：“我这弼马温是个什么官衔？”众曰：“官名就是此了。”又问：“此官是个几品？”众道：“没有品从。”猴王道：“没品，想是大之极也。”众道：“不大不大，只唤做未入流。”猴王道：“怎么叫做‘未入流’？”众道：“末等。这样官儿，最低最小，只可与他看马。似堂尊到任之后，这等殷勤，喂得马肥，只落得道声‘好’字；如稍有些尫羸，还要见责；再十分伤损，还要罚赎问罪。”猴王闻此，不觉心头火起，咬牙大怒道：“这般藐视老孙！老孙在那花果山，称王称祖，怎么哄我来替他养马？养马者，乃后生小辈下贱之役，岂是待我的？不做他，不做他！我将去也！”……

我们的学生当然不会像老孙一样张狂，也不会那么自觉地知道自己的地位，但人自身，这大自然的精灵天生敏锐，会感到生态的不良和不适。他们虽然与老孙的反应程度不同，但性质是一样的，他们不知不觉地厌学了。我们过去认为这些厌学者不过是一介差生，而实际上，他们却很可能是具有悟空品性的一批“超灵生”。

前些天我遇到一位年轻司机小杨，谈论斯文且颇有启发性，问他为什么只读到中专？回答说是不想读，读书太闷了。学生是教学过程中的真正主人，主人在课堂上占的份额却并非大份。这就是问题所在。而且，教学与装水的杯子比，不仅要看装的“学”多不多，而且还要看它的质，比如，上面所说的课堂布置的很多作业似乎也在让学生学，却不过是被动的、非有效成长的部分，所以，它为学所添的权重并不大，教学仍像那种边大容小的杯子，教大，而学小。

我们始终无法克服教多、学少的情结。这就像不肯丢弃厚边的杯子一样——然而，在实际生活中，我们决不会笨到认为杯子需要厚边，这是因为我们清楚地知道杯子之用是装水，而在教育教学中，许多人却不知道教学的目的在于推动学生的学。我们十分盲目地认为教育和教学，教了就是教了，教了就会了，忽视了“教”和“会了”之间有一个永恒的中介，哪怕是十分短暂，这就是学。还有，词义也会给我们带来困扰。我们把本来是专指“教”的词，因教的是学问范畴而称为“教学”，尽管它形式上有一个“学”字，对我们也没有多少帮助，我们口里说的是“教学”，心里想着的是“教”，很难接受在教学中分离出学生的“学”，也不愿意对教学概念来一番更新。就这样，我们不少人对“教”为什么会起作用，它的作用是什么，统统是模糊的。

所以，我们在学会“教少、学多”之前，也就是对应于知道好的杯子应是“边小、容多”之前，要先知道教是为了学。为此吾将上下而求索，要先来请教古代的工匠，问问他们何以知之，杯子是用来装水的？

我们首先会见了一位高层次的工匠。问之，摇首，不知有水，只知有泥。他说，此杯做来何用，并非我辈所宜知。我只知这团泥，要做成一严格的圆台形状，然后在其中做出凹陷，近来多人说凹陷要大，所以我也就做大了，似乎用户反映也较好了。

后来，我们又会见了一位农民，他说，他知道，水到处都有，人人都喝，只要想喝水，用手捧，用荷叶，用竹筒，用葫芦都可以，你看，这是我自家做的纸杯子。我们一看，跟雪糕筒似的尖尖的，果然好用。

好了，虚构的故事讲完了。现在我们知道了，前头一位，从泥——杯子之体出发去思考问题；后头一位，从喝水——杯子之用出发去思考问题，优劣立见。我们思考教学的问题，应当学习后面的那位农民，从喝水出发，即从学生的学开始。而不是从既有的教学的概念开始，才比较容易认识教是为了学。

学生的学，是原发的，自出生就有之，不管你有没有教学存在，它都存在，而不是像某些朋友所说，有了教学才有学生的学。而且学生的学无处不在，问题是你如何给他因势利导。教（或教学）对人的学是有帮助的，但教不是学产生的根本原因，只是学生的助力，更不能代替学生的学。学生的学，是发挥学习者的生命力量的根本形式，是完成教学任务的终端，也是其基本的过程。我们学习那位农民从喝水出发，回过头来想杯子的办法，先假定课堂上都应当是学生做的，没有老师的份儿；然后，才来看哪些地方需要我们帮，再加进我们的份额，这样就可以把教学这个“杯子”做得很适合喝水了，也就是说，真正的“教少、学多”了。

我记得小时候，家中养了一只小猫。我也曾充当小猫的教师，用一根竹竿一头绑着小绳子，绳子下面绑一个小纸团，小纸团动，小猫就腾挪跳跃，不时作擒拿状，显然它把纸团视作移动的小老鼠，它的动作出于本能。那时我的小猫学生和我自己都欢喜得不行，所以小猫一见我就发出“妙——妙——”的欢呼声，师生关系十分融洽。我现在想起来有点后怕又有点庆幸，如果我当时像今天这样有丰富的教育知识和教育责任感，我就会不相信小猫的学习本能，就会对它施以严格之教，比如给它先讲跳的意义和方法，指出它今后生活的出路在于跳，我会讲呀讲呀，小猫昏昏欲睡，而我决不会睡，因为我已经暴跳如雷，对于小猫的不自爱感到十分痛心。我在这种状态下度过我的教育生涯，而小猫也就在这样的痛苦中长成大猫，并且在适当的时候补上腾挪的一课……好在我那个时候是小孩，这一切后怕都未发生，所以我和小猫相得甚欢，留下了如此美好的记忆。我因此有资格总结我的教育教学经验，就是我的教很少，能让小猫跳和玩起来就成了；而小猫的学很多，所有的时间和我家的 15 平方米的小厅，都供它活跃。

总之，我们要执著的一头，就是从学的一头——即从喝水的一头去思维，就比较容易进入“生本”的佳境。这种思维方式，对于教育这样的分辨不易的对象，大有裨益。

对教育分辨之难，在于教者是社会教育责任的承担者，也是教育行为的实施者，而学生则是教育提升的工作目标和最终、最重要的实施“场地”，更是为之提供动力源泉和相关的本能基础，是真正的教育完成者。因而教育教学是一种“我请客、你付账”式的特殊的管理关系，教者是教育使命的承担人，而学者却是教育使命的最后和最基本的完成者，教育发生在他的身上。也就是说，我们要绕一绕口令才能把这样的关系说清楚：教者负有依靠学习者自身使之获得提升的使命。

对于这样的管理关系，老子强调“无为而为”。他用了一系列比喻来说明，其中涉及“杯子”。他说：“埏埴（黏土）以为器，当其无，有器之用。凿户牖以为室，当其无，有室之用。故有之以为利，无之以为用。”这就是说，我们既要做容器和房子，因为它将给我们带来便利，又要尽可能把有“当其无”——有是为了产生无，即形成空间，例如杯子的边缘必须很薄，这样才能够有更大的容积，从而可以装更多的水，起到它真正的作用。这里，老子还给了我们“当其无”的思想方法和工作方法，刚才我们从学这一头出发去思考的方法，就是“当其无”法则的一次运用。下面我们来看“当其无”的工作方法，看改变我们的教育教学的必要性。

一次培训会上，一位教师说，在他班里有一个学习成绩只有 17 分的学生，教育他十分困难。下面是师生的对话：

“你不读书，将来会成为一个贫困户的！”

“什么贫困户？”

“你将来养不了爸爸、妈妈！”

“不会，我爸妈吃得很少。”

“那时你连自己也养不了。”

“我吃得更少了，我常常只吃饭、不吃菜。”

……

对这样的刀枪不入的学生，我们对他“师本”，锐意教之，无效；对他“本本”，要他读我们的教材，无望；对他“考本”，要他考什么、学什么，已经麻痹了，哀莫大于心死。只剩下一条路：“生本”。

我问这位老师，这个学生总有什么喜欢的吧？“有，十分喜欢看连环画，比如《老夫子》，等等。”我建议他，最好让这位同学把连环画带进课堂，让他做连环画的专家，成为连环画大王，讲、读、写连环画。（其实我也很喜欢连环画，特别是《老夫子》，比如说27楼的人凌晨3点钟打电话吵醒35楼的人，问：“有没有看见我家的狗，白斑点儿的。”第二天晚上，35楼的人同样在凌晨2点钟打电话给27楼的人，说：“对不起，没有看到你的狗。”看这样的故事，好玩不好玩？）我们把这位17分同学所做的事情从课堂之外的底层，一下子提升到课堂之内的合法的、显要的、被人关注欣赏的地位，是不是太机会主义了，太过分了？这上的是语文课吗？是思想品德课吗？我们说，都不是，又都是。这位学生进行了最喜爱的、对他来说最丰富的语言文字实践活动，实现了从厌弃课堂到喜爱课堂的大转变，这怎能说不是生动的语文课和思想品德课呢？但是，这样的课是不符合原有的教学规范的，所以又不是原有的语文和思想品德课。

我们承认了这位学生的不同凡响的学，并为此不惜改变我们熟悉的、习惯的、感情深厚的旧课堂方式和神圣的教材内容，特别是我们的教退缩了，让位于这位学生和所有学生自身的活动了。当然，这个时候，教实际上还在，但已经有了完全不同的形态，不是“我告诉你”了，而是“我帮你的忙你自己去学”了，这个时候我们就不再把这个动作称之为过去意义上的上施下效的“教”了，这个动作是不是可以叫做“帮学”呢？

看，我们不是活脱脱看到了一个边小而容大的杯子形象了吗！我们不是把过去的“师本”的、“本本”的、“考本”的东西都“当其无”了吗？为什么“当其无”？是因为想要迎接孩子们的无限丰富多彩的学习活动的“有”。只有孩子们学起来了，我们教者的希冀、课本知识的落实、考试成绩的提升，才是可能实现的。由此我们想到，“生本”乃是众本之本。而且，什么是教育者的奉献？其中一个表现，就是俯首甘为孺子牛，愿意改变自己和自己的工作形态，来为孩子们的学作铺垫。我们是孩子们学习的激励者、帮助者和永远的解释者，我们总能给学生的行为以学习的解释，使之获得合法的、显要的、符合真善美精神的地位。这就是杯子精神，或者说，是杯子所表现的智慧。

当我兴奋地说到这里的时候，一个声音冷静地说：注意，你刚才举的《老夫子》的半夜打电话的故事反映了人性中不好的一面，你准许 17 分的学生在课堂上读这样的故事，谬种流传，这不是放任自流吗？

我们说，杯子中的水不就是规范在杯子里吗？杯子就是让它流不走。你要知道在改革的课堂上发生了什么，就要到改革的课堂去：一个“闲云野鹤”，一个课堂的叛逆者，我们让他归来课堂，就是让他处在教育的环境之中。上述这个《老夫子》故事，可说是呈现了人性的不良的一面，但故事本身是用正面叙述的方式来对之进行批判的，它所引起的读者的笑声就含有批判的意味。不要忘记我们的孩子处在一个拥有强烈的教育性的今天和社会之中，何况实践表明，孩子们的个体和群体，都会有这种崇善的敏感，都能体会幽微，在课堂上会出现正义，会使孩子们在思想交锋之中获得更深刻的东西。问题是你要相信他和依靠他，给他空间和时间可以做自主的活动。

有人对我说，你这里举的例子都是后进生的，“优生”又怎么样？我们说，所有的学生都会在自己的(有人帮助的)“学”中获益。大量事实表明，原来的优生更是在自己的基础上长足进步。

建议校长们、老师们好好地研究课堂怎样令学生兴奋地学习，办法是把你眼前的那只茶杯好好端详一下，斟满香浓的茶，并深深地喝一口。

教学语言应该是规范的，又应该是智慧的。在健康准确的前提下，多一些栩栩如生、多一些回味无穷，更能诱导学生，激发学生的深思。

“花言巧语”，教学因此而美丽

严育洪

在教师的眼中，教学语言应是严谨的、严肃的。但在学生的眼中，学习语言也应该像生活语言那样鲜活与灵动，因为他们还好玩，身上散发着生活的气息；因为他们还好奇，心中放飞着有趣的梦想。这就是成人世界与儿童世界的不同，正如有一幅漫画所表达：成人认为儿童像傻瓜，因为他们对重大的事情浑然不觉；儿童知道成人是傻瓜，因为他们对有趣的事情漠然置之。

然而，以生为本的教育要求教师不能把学生常常表现出的在成人眼中那些不合语法、不合常理、不合规程的“自言自语”看做傻瓜行为，而应该迎合学生这种把好奇、好玩当做“重大事情”的爱好，有趣着学生的有趣，这样，教师才不会成为学生眼中的“傻瓜”。

让教师听懂学生的话

哲学家马丁·布伯强调，真正的对话是“从一个开放心灵者看到另一个开放心灵者之话语”。所以，教师要教好书，首先必须能听懂学生的“童言”。

童言奇妙　孩子与成人的思维不同，孩子天真中透着智慧。在教学中，教师每天都要面对天真可爱的孩子，他们的一些“花言巧语”、奇思妙想常常让我们大开笑口、大开眼界。

[案例1]“摔跤”“坐不住”

教学《有趣的拼搭》这一课时，教师让学生拼搭长方体、正方体、圆柱和球。

师：通过活动，你发现哪一种物体比较难拼搭？

生1:圆柱比较难拼搭。

师:为什么呢?

生1:因为它容易"摔跤"。

生2:球最难拼搭,它总是"坐不住",滴溜溜地滚。

枯燥、生硬的经典知识,"播"在孩子那里,"扎根"的是孩子的实际生活,"浇灌"的是孩子的天真烂漫,这就可能开出一些成人意想不到的"奇花异草"。

童言无忌 在成人的眼中,孩子的有些言行是不能容忍的。但在孩子的眼中,一些让成人感到难堪的事情却往往是美好的。

[**案例2**]**"屁股""乳房"**

以下是教学《轴对称图形》一课中,师生的对话。

师:学了新知识,你会举一些轴对称图形的例子吗?

生1:……

生2:人的屁股是对称的。

生3(受生2影响):我妈妈的乳房是对称的。

言为心声,童言无忌。出自学生之口的"屁股""乳房"就一定是"黄色语言"吗?未必,这是学生思想感情的真实与自然流露,他们想的是"正道"。

让学生听懂教师的话

儿童有着属于自己年龄阶段的"语言系统",在教学中,教师往往忽视这一点,致使教师讲得头头是道、句句在理的教学语言,成为一些学生听不懂或者需要花费很长时间才能听懂的"外语"。有趣的是,此时如果教师让一些已经听懂的学生"兵教兵",那些学生就能很容易听懂。其中很大原因是这些学生已经把教师的成人语言"翻译"成了儿童语言讲给同伴听,他们就很容易理解。

平话趣说 教育家斯维特洛夫认为,教育最主要的也是第一位的助手,就是幽默。脑研究表明:令人愉快的幽默可以改善学习效果,而且可能提高学生15%~50%的记忆能力。

[**案例3**]**"规规矩矩""调皮"**

教学《角的度量》时,学生测量一条边呈水平方向的标准角后,我说:

“刚才我们测量的都是一些‘规规矩矩’的角，这里还有几个比较‘调皮’的角，你会测量吗?”

教学中，教师不妨适时地幽默一下，让学生乐上一回，这对活跃课堂气氛、融洽师生关系、润滑知识教学均有好处。

长话短说 小学生接受能力有限，喜欢“短语”，不喜欢听教师的“大话”。因此，教师说话不能太冗长、太笼统、太模糊、太深奥，让学生不知所云。

然而，教学中普遍存在的是，许多教师自始至终只会照搬教材上科学规范、抽象概括的标准化“成语”来讲解，并让学生背诵。例如，计算法则、运算定律等文字表述。对此，教师应该把它们分解成“短话”或翻译成“童话”来帮助学生理解，也允许学生使用“童言”来表达自己的见解，教师再见机引导和提升学生的“说法”，逐步与专业化语言接轨。此外，教师还可以把知识的长篇大论“压缩”成简洁凝练、朗朗上口的儿歌，便于学生记忆，这也是一种有效的教学策略。

[案例 4]“滚蛋”“完蛋”

讲解“0”的运算特点时，我给学生配了一首儿歌：“零蛋零蛋是笨蛋，与谁相加都滚蛋；零蛋零蛋是炸弹，与谁乘除都完蛋”。课后，学生此起彼伏的吟诵声声入耳。

硬话软说 苏霍姆林斯基说，要像对待荷叶上的露珠一样，小心翼翼地保护学生幼小的心灵。当学生犯错误后，教师该怎样让那一颗“一不小心滚落的露珠”不会“破碎”？是开“红灯”，“黄灯”，还是“绿灯”？此时，教师不妨用有情语言来柔化和净化学生娇嫩的心灵，效果或许更胜一筹。

[案例 5]“几率”“守恒定律”

一个学生早恋了，成绩飞流直下。数学老师开导他：“有人做过统计，初中生恋爱成功几率是 0.000 3，高中生恋爱成功几率是 0.002。因而，这个时候谈恋爱是没有意义的。”物理老师开导他：“同性相斥，异性相吸，这很正常。不过，你也要记住能量守恒定律。你具有的能量一定，恋爱上消耗多少能量，在学习上就会失去多少能量。”

布贝尔说，教师绝不可以忘记，对于种种冲突，只要能在一种健康气氛中加以解决，那么冲突也会具有教育价值。上述事例中，教师富有学科特色的个性化语言，让教育变得色彩亮丽、幽默轻松，学生就会在健康气氛中快乐地明白道理。

交通中的“红灯”代表着禁止，“绿灯”代表着放行。我们的教育有时更多的是需要介于两者之间的“黄灯”，让学生感到严肃的同时不乏感到温情。

法国诗人布瓦洛说，一句漂亮的话之所以漂亮，就在于所说的东西是每个人都想过的，所说的方式是生动的、精妙的、新颖的。在教育教学中，四分含情、六分叙理的“花言巧语”，有着活跃气氛、帮助理解、加深印象、避免冲突的效用。

替学生挽回面子，真的是救了她一命，甚至是挽救了她的一生。

作为教师，该怎样做好学生的精神导师？全在一言一行的智慧中。

面对抄袭的作文

程　翔

我经常在语文课上朗读学生的优秀作文。在一节作文讲评课上，我读了一位同学的作文《一块手帕》。我在批改作文的时候，便被这篇文章深深地吸引住了。文章构思精巧，立意新颖，读后令人回味无穷。我想让全班同学分享一下。谁知我刚刚读完，一位同学“刷”地举起了手说：“这篇文章是抄来的！”他的话音刚落，全班哗然。同学们议论纷纷，并把目光投向了那位抄袭作文的同学。那位同学羞愧地低下了头。

这样的场面我还是第一次经历，怎么处理这意外“事故”？我的头脑飞快地旋转，我想起了雨果的名著《悲惨世界》中的一个情节：冉阿让偷走了教堂的两个烛台，被抓住后，神父非但没有惩罚他，反而慷慨地把烛台送给了冉阿让。神父的举动使冉阿让的良心受到了深深的谴责。从那以后，冉阿让以拯救“灵魂堕落者”为己任。我深受雨果作品的影响，特别是他作品中表现出来的人道主义精神。现在，面对学生指出同学抄袭作文的尴尬局面，我应该怎么办？对这件事的处理方式决不仅仅是作文课的问题，这还能直接反映一个教师的教育思想。

经过短暂的思考，我开始说话了：

“同学们，这篇文章写得好不好？”

“好是好，可是……”

“我问的是这篇文章写得好不好，不管其他。”

“太好了。”

“那就请同学们谈谈这篇文章好在哪里。请发言的同学到讲台上来说。”

一位、两位、三位……一共有八位同学发言。大家高度评价了这篇文章。

我看同学们的注意力已经顺利转移，而且发言水平很高，便接着问："同学们，这样好的文章我以前读得不多，可能同学们读得也不多。以后多给同学们推荐一些优秀的文章，在班上宣读，你们以为如何?"

"太好了!"众口一词。

"那么，对今天第一个给我们推荐优秀文章的同学，大家说应该怎么办?"

"谢谢!""非常感谢!""Thank you very much!"同学们似乎一下子明白了我的用意，齐声欢呼。

"从今天开始，每周推荐一篇优秀作文，全班同学轮流推荐。可以拿原文来读，也可以抄写到自己的作文本上。不过，抄写的时候别忘记注明作者和出处。"同学们会心地笑了，那位抄袭作文的同学也舒心地笑了。

从那以后，我所教的班每周有一次推荐优秀文章并宣读的惯例，一直坚持到他们毕业。学生们阅读了大量的课外作品，丰富了他们的知识，开阔了他们的视野。

这是一个意外收获。试想，如果当时我把那位抄袭作文的同学叫起来询问一下，并把她批评一顿，也许是应该的，但会给那位同学造成很大的精神压力，她从此就抬不起头来。

几天以后，这位抄袭作文的女生写了一篇作文，其中有几句话是这样写的：

> 当我听到同学指出这篇作文是抄袭的以后，我的头脑"轰"的一下，我立即陷入极度的后悔之中。我的脸"腾"一下子烧了起来，火辣辣的。我想，这下全完了，我把人丢尽了。当时的我，恨不能从地上找个缝儿钻进去。后来，老师并没有批评我，而是引导同学们感谢我推荐了一篇优秀的文章。我的天哪！老师救了我一命，替我挽回了面子。当时，我不知该怎么感谢老师。我将永远记住这次教训。

这篇"感受"写得很生动，表达了学生的真实想法。教师要爱学生，不是挂在口头上的，而是体现在教师的一言一行之中。一个好教师，应该是学生心灵的带路人，是学生的精神导师。学生在学校所学的文化知识有些也许很快便会忘记，有些也许在社会上根本就用不上。但教师对学生的尊重、爱护和引导，将永远使学生牢记在心，终生受用——这就是教育的真谛。

这是一部关于教育的智慧诗篇。真正认识教育，需要智慧；真正发现并认识教师、学生以至家长的角色，也需要智慧的特殊眼光。

教育诗篇

肖复兴

一个人的一生很短暂，也很漫长。在学生时代，常常容易出现一个又一个的闪失甚至过错，也常常会由于其中一个闪失或过错，而陡然改变一个学生的生活道路。

做老师的，还是小心为好，还是宽容为好。对待这些十几岁的孩子，他们还不是骨骼长就的成年人，他们还在发育，他们的身上每分每秒都会诞生一个新的世界，而且，有可能这个世界和那个世界截然相反。

作为一个老师，永远不要用挖苦的口吻去数落你的学生。即使学生有天大的错误。

严厉，永远是需要的；而挖苦则是腐蚀剂，既腐蚀自己，也腐蚀学生。

严厉，再严厉，也会包含着一颗爱心，是黑板擦，能擦掉粉笔的痕迹。而挖苦则只是一道鞭子，只会给学生的心灵留下带血的伤痕。

作为一个老师，教育的首要问题，是要尽可能地了解每一个学生，尽可能地理解每一个学生，尽可能地尊重每一个学生。

在这里，了解是第一位的，是前提；没有最起码的了解，理解只是一句空话；而尊重正是根植在了解和理解这两者的基础上开出的芬芳的花朵。

了解是土壤，理解是肥料。

对于学生，天空永远挂着一个个奇异的问号。

学习，其实不过是老师从天空中摘下这一个个如小星星一样的问号递给学生；

而考试，不过是学生把这些小星星又还给天空。

能够把学习和考试变成有趣的事情的老师，是智慧的老师。

作为一个老师，不仅要教学生书本上的各科知识，还应该教学生生活知识，包括有关爱情方面的知识。

仅仅教会课本的知识，是在河里的船只；

能够游刃有余地教会有关爱情和社会的知识，是大海里的远洋巨轮。

如果学生真的出现了早恋的情景，做老师的不要操之过急。可以把这类工作比喻为医院里的心脏手术。这是禁区，不到万不得已，一定要谨慎，不要轻易开刀。

当要求学生向老师、向家长、向一切成年人靠拢的时候，老师也应该向他们靠拢，感染一下他们新鲜而纯净的朝气和勇气。

在清新的春天，老树也能萌发新绿；

在明净的蓝天，太阳每一天都是新的。

心灵上不长一茎白发，青春就会永恒。

靠近春天，冰雪就会融化；

靠近音乐，生命就会舞蹈；

靠近清泉，心灵就会湿润。

给孩子一个美好的童话——

让他们相信这个世界还有真诚，金钱并不是一切；

让他们相信金钱并没有让所有的人都沉沦地举起一片白旗。

我们成年人不相信童话了，便也失去了孩子的童心和那一份无可追回的真诚。

教师给孩子们讲述童话，不是靠精装的童话书本，而是靠自己并未泯灭的一颗童心。

教师可以没有安徒生、格林兄弟的才华，但要拥有他们一样的童心。

童心不是装出来的；天真不是模仿出来的。应该是不受客观影响自然的流露，是对孩子设身处地的想象、理解和爱。

其实，孩子需要童话，我们老师也同样需要童话。尤其是我们和孩子一起面对生活中越来越实惠、实用、实际的灰暗的时候，童话能给予我们抵御这个物欲横流的世界一点儿亮色和希望。

没有童话的人生，是黯淡的人生；

没有童话的教育，是失去水分的教育；

没有童心的教师，是教书的机器。

童话是保持教师生命不被光阴锈蚀的清新剂；

童话是保持教师感觉不被生活磨钝的营养液。

童心和爱心，是教师能够在孩子天空中得以飞翔的两只翅膀。童心，使得教师俯下身来，永远是孩子中的一员，让孩子感到你和他们是同一棵树上两片相同的叶子，在风中吹拂着相同的韵律；爱心，使得教师敞开胸来，像是家长，让孩子感到温暖，感到你是一棵大树，把绿阴覆盖在他们的身上。

仅有童心是不够的，因为你只会蹲下来，和孩子一般大小，和孩子没有了距离；仅有爱心也是不够的，因为你总是居高临下把爱的雨露洒给孩子，容易和孩子拉开距离。——距离，是教师的一种艺术。

学生有时候可以教育老师。这是在一种完全平等基础上的对话，是在同一地平线上的起跑，是在同一架钢琴上的四手联奏。

似乎学生除了学习，不该心猿意马想别的，别的都属于非分之想，像羊圈之外的狼，得把它们拒之门外。这是当老师最爱犯的毛病，也是老师的最可爱之处。

希望全班学生的性格都用自己的一个公分母来通分——这也是当老师最爱犯的毛病，同时也是老师的可爱之处。

每一个学生都是一本打开的书。仅仅看封面是不够的，因为很可能看见的是最好看的也是最表面的部分；仅仅看大家都翻过的那几页也是不够的，因为很可能只看见手指翻动书页留下的脏兮兮的痕迹。

要真正认识一个学生，就要打开这本书，从第一页开始看下去，一直仔细看到最后一页。

如果书中有错的字或标点符号，你要帮助他修改过来；

如果书中有精彩的段落，你应该为他高兴并喝彩；

如果书中出现的是断层，需要你替他补充，你要和他一起创造新的内容。

当老师的，要反对那些爱向你打小报告的学生；

当老师的，要警惕那些爱向你送礼品的学生。

——“文化大革命”中，正是这些爱向你打小报告的学生，向别人打起了小报告，揭发你的“罪行”；正是这些给你送礼的学生，把你拉出去批斗。

那些爱打小报告的学生，可能藏着野心；

那些爱送礼品的学生，可能藏着私心。

当老师，和每一个学生应该保持等距离。

对那些你最爱的学生，尤其不要缩短这个距离；

对那些你最不爱的学生，尤其不要拉长这个距离。

当老师的，不要让你的学生过早地成熟。

过早成熟的果子，就会过早落在地上，还没有到季节，就烂掉了。

中学生有时像一只刺猬或豪猪，极愿意把刺不容置疑、理直气壮、尖硬地刺向别人，要求别人理解自己，自己却很少去设身处地地理解别人。

做老师的，不是要把他们身上的这些刺统统拔掉，而是要准许别人的身上也同样可以长刺去刺疼自己。

自己身上可以长刺，也要允许别人的身上长刺。

自己身上不长刺，也不要把别人身上的刺都拔光和自己一个模样。

各式各样的鲜花开花，并不长刺；但它们并没有妨碍仙人掌开花却长着尖尖的刺。

最害怕学生仅仅凭直感，或从先入为主的印象出发，对老师产生误解，和老师的心拉开了距离。这时候，受损失最大的是学生。

在学校，学生和老师共乘一条船，心融和在一起，船会顺风而下，沿途两岸的美好风光，连同清凉的风，温暖的阳光，都会由老师为你尽情指点而兜上你的心头。

当心拉开了距离，船就会逆风而行，颠簸着，摇晃着，弄不好会晕船，还有什么心思欣赏两岸的风光？弄不好，船里会渗水，风也会把桅杆吹断……

能够及时发现学生的这种心理，是老师的特殊的眼光。这样的老师会及时缩短这种距离，挽救学生的损失。

能够及时发现自己这种心理，是学生的自我调解能力。这样的学生会及时弥补损失，重新认识老师和周围的世界。

当惯了老师，都讲究师道尊严，面对学生，很容易觉得自己一贯正确。其实，老师常有马失前蹄的时候。我相信，再高明的老师，也会有闪失的时候。闪失过后，向自己的学生低首认错已是很难；再将这认错的过程化为艺术，则不是每一位老师都能做到的。

但能够将其化为了艺术，便也就化为了老师，也化为了学生一辈子永不褪色的美好回忆。

世界上，再伟大的人物，哪一个也离不开学校和老师。

世界上，没有任何一种职业，可以赶得上教师职业的重要、光荣和伟大。

一辈子，一个学生能够遇到一位或几位优秀的老师，是这个学生的福气。

一个人可以选择爱人，选择工作，甚至选择国籍，却无法选择老师。像无法选择父母一样，一般学生也无法选择老师。

能遇到这样一位或几位优秀的好老师，实在是幸运的。

能够当这样优秀的好老师，实在是幸福的。

优秀的老师，永远让人难忘。他们会跟随你一生。

教师，是永远青春的职业。

教师是风，学生是风中的帆，看得见的是帆在飘动前进，看不见的是吹动帆飘动的风；

教师是泥土，学生是泥土上的树，树在长大长高，花繁叶茂，而泥土永远不会五彩缤纷。

在国外的农村，常见到最漂亮的房子是中小学校；

在国内的农村，常见到最破最旧的房子是中小学校；

在俄罗斯，教师列为各种职业排比中的第一职业；

在我国，教师常被人们认为是“臭老九”。

在日本公共汽车上，即使见到穿师范生服装的学生，人们也给他们让座，以表示尊敬；

在我国公共汽车上，即使是老教师，也难见到有人让座。抢占座位的大多是他们的学生乃至学生的并不年老的家长。

优秀的中学毕业生，越来越不愿意报考师范院校；教师的后备人才越来越缺乏，教师的质量越来越下降；

而学生的家长对孩子的期望值却越来越高，对老师的要求却越来越高。

而家长们越来越不愿意自己的孩子以后当老师。

人们愿望的二律背反，现实生活的本末倒置，教师地位和自身素质的下降，都会埋下种子，在未来的岁月里发芽，结出恶果，让下一代品尝我们这一代制造出的滋味。

任何一个民族的教育变革，都将是民族经济起飞的一只不可缺少的、强有力的翅膀。

教师的手里拥有我们民族的未来。

一个轻视教师职业的民族，未来会受到惩罚。

教育智慧为教育教学实践提供新思维、新角度、新方法，使教育教学更好地向着自由、和谐、开放、创造的境界迈进。

只有教师有了教育智慧，才能进行智慧教育，才能培养智慧的学生。

提升理念，让自己首先变得更智慧。

为智慧的生长而教

成尚荣

一、课堂：从知识走向智慧

知识与智慧的关系极为密切。我国古代，只有“知识”的“知”字，而无“智慧”的“智”字，“知”与“智”为同一字，“知”与“智”是相通的；对“知”的解释是：一个人像飞矢一样去快速地获取知识。但后来的教育实践中，逐渐演变为以知识取代了智慧，“智”被界定为：智即知，智者即无所不知的人。

古代的这种知识观或智慧观深深地影响着我们的教育、教学观“应试教育”。课堂上注重的是知识，而不是智慧；最终获得的只是知识，而不是智慧。因而，今天的教育实质是知识教育，是“塑造知识人”的教育。（鲁洁：《值得反思的教育信条：塑造知识人》）课程给的是知识，教师讲的是知识，作业练的是知识，考试考的是知识，评价学生的主要标准当然还是知识。智慧到哪里去了？不是智慧逃遁了，而是智慧被淹没在知识的大海里，智慧被知识挤压了、吞噬了、赶走了。学生为知识而奋斗、生存，而实质是为考试和分数奋斗、生存，分数攀升了，结果，知识堆砌，而智慧贫乏，教育成了考试的附庸，学生成了分数的奴仆；教师和学生如此的生存何其痛苦，又何其不合理！循着知识教育直走下去，课堂教学改革有何出路？创新人才的培养又何以实现？

其实，智慧与知识有很大的差异性。其一，智慧需要知识，但是知识不等同于智慧，正像华裔数学家丘成桐所指出的那样，我们所追捧的奥赛，赛的是知识，是解题的技巧，而不是智慧，更不是发现和创新。其二，知识可以生成智慧，但是知识生成智慧要有条件。条件一，要看是什么知识。中国传统哲学认为，关于现象背后之根据的特殊知识可以产生智慧，产生大智慧，而关于物体、事件的一般性知识产生智慧则是很困难的；条件二，要看用什么样的方法。用机械训练、灌输的方法，知识产生不了智慧。其三，知识只是追求智慧过程中的产品。“我们可以通过知识而接近智慧，获得智慧。但是……知识只不过是追求智慧过程中的阶段性产品和部分产品，还不是智慧本身。”（胡军：《生活的艺术》）其四，知识是认识“多”，而智慧则是认识“多”中的“一”。用古希腊哲学家赫拉克利特的话说，此“一”为认识那驾驭一切的东西，认识一切是“一”，此“一”指的是全、绝对、普遍、永恒。因此他的命题是：“博学不能使人智慧。”（周国平：《守望的距离》）其五，知识是可以转让的，而智慧是不能转让的。当下不少课堂教学，是在灌输知识，说到底，是在转让知识，而智慧因其不能转让，而被排挤和丢弃。总之，智慧需要知识，但不等同于知识，智慧比知识更重要；课堂教学改革就是要超越知识教育，从知识走向智慧，从培养“知识人”转为培养“智慧者”；用教育哲学指导和提升教育改革，就是要引领教师和学生爱智慧、追求智慧。因为哲学就是爱智慧。

课堂教学从知识走向智慧的意义还不仅仅在于此，更为重要和深远的意义在于，智慧教育关乎创新。知识教育，塑造“知识人”的教育，实行的必然是唯规范教育。不少人错误地认为，只有规范才能获得知识。其主要表现是：教育教学中只有规范要求和训练，而无创新的理念和要求；规范与创新的关系被理解和规定为线性的联系，即规范是创新的基础与前提，规范以后才能去创新，创新被压挤到最后，最终被规范压垮了；规范得过早、过多、过高、过急。我们选择智慧教育，不是反对规范，而是确立教育的基本理念和目的，即开启和丰富学生创造的心智，唤醒和开发学生创造的潜能。智慧与创造是一对孪生兄弟，智慧是创造的内在动因和条件，创造是有智慧的表现和结果。所以，从知识走向智慧的课堂教学，是对教师和学生规范性生存的一种超越，即从规范性存在走向创造性生存，用智慧和创造来充实、支撑、引领师生们的生存。

二、智慧：流变、灵动；可意会又可把握

孔子在论述关于完美生活的两个标准——“智”和“仁”时说：“知者乐水，仁

者乐山。知者动,仁者静。知者乐,仁者寿。"他用极具韵律的文字,形象地告诉我们:智者喜水,是活泼的、快乐的;智慧像水一样,快乐地流动着;智慧这种流变、灵动的特性,再加上人们给它罩上的神秘外衣,往往使智慧变得虚无缥缈,只可意会而不可捉摸,因此,至今智慧都未有统一的定义。其实,智慧定义的这种未完成性和不确定性,正是智慧的魅力所在,也给我们研究智慧留下了空间。

1. 智慧与能力

亚里士多德在《尼各马可伦理学》中认为,智慧是"就那些对人类有益或有害的事情采取行动的真实的、伴随着理性的能力状态"。1912年,美国一些研究者认为,智慧是一种能力,主要是:抽象思考能力,适应环境能力,适应生命新情境的能力,获得知识的能力,从已有的知识和经验中获取教训的能力。亚里士多德和美国研究者对"智慧"解释的核心都是"能力"。把智慧定义为能力,是提示我们智慧并不虚空,而是实实在在的,既可意会又可把握,可从培养能力开始。但是,两者的定义又有差异,亚里士多德更强调智慧是一种能力状态,即智慧这种能力更多的是整合的、综合的状态,是一种整体性的品质。值得注意的是,亚里士多德还强调智慧的方向感,即"对人类有益",必须警惕"奸诈"、"狡猾"冒充智慧。此外,智慧伴随着理性,有理性的支撑,是感性与理性的结合。

2. 智慧与感知、辨别和顿悟

以里弗为代表的研究者认为,智慧是对情境的感知、辨别与顿悟。"拥有实践智慧的人就必须具备实践感知","如果说感知仅仅是感知目前在场的,那辨别力则要求更加精致地抓住情境的特征";实践智慧是一个"动态的、顿悟的、灵活的概念,可以称之为实践顿悟"。里弗等研究者强调,实践智慧是一种感知力、辨别力,更是一种顿悟。所谓顿悟,是指在极短的时间,甚至在一刹那间,对某种事物有了更深刻、更准确、更清晰的领会、理解和把握。我们可以把顿悟解释为一种领会力、理解力,但顿悟更多的是突然间爆发出的一种灵性,它是对感知、辨别和一般领悟力的超越。从这一角度讲,智慧往往是闪现的。但是,"一刹那"、"突然间"的闪现离不开长期的积累,知识、经验及文化的积淀是顿悟的产床。此外,里弗等研究者还特别指出了智慧与情境的关系:智慧在一定的情境中产生,因此,情境的创设对于智慧的生长尤为重要。

3. 智慧与机智

在我们的概念中,机智是智慧的代名词。但是,两者是有区别的,加拿大教育现象学家马克斯·范梅南对此作了研究，指出了机智与智慧的区别：机智是一种行动，是一种全身心投入的实践；智慧则是一种内部的状态。德国教育家赫尔巴特也持有同样的观点："机智是在作瞬间的判断和迅速的决定的过程中自然展现出来的一种行动方式"，"对情境的独特性非常敏感"，它"依赖感性和情感"。这些论述，对我们准确理解智慧很有帮助，我们不妨把机智的敏感、情感、情境等也看作是智慧的要义。特别是范梅南还区分了虚假的机智（带有虚伪和自私的影响）与真正的机智（不炫耀，非常细腻，很难为人察觉），对进一步理解智慧大有裨益。

4. 智慧与魄力、魅力

叶澜在论述智慧型教师特征时认为，智慧型教师"具有把握对象实际面临的情境及时作出决策和选择、调节教育行为的魄力"，"具有使学生积极投入学校生活、热爱学习和创造、愿与他人进行心灵对话的魅力"。的确，一个人作出决策时的魄力，不仅仅是勇气和胆量，而且是机敏和知识、能力整合所表现出的智慧。同样，魅力折射出人的学识、气质、风度，折射出智慧。其实，魄力、魅力是智慧的一种表现。

5. 智慧与大成智慧

钱学森说："人的智慧由两大部分组成：量智和性智，缺一不成智慧。此为'大成智慧学'。"他认为，量智主要是科学技术，一般是从局部到整体，从研究量变到质变。性智更多的是人文科学，从整体感受入手去理解事物，从"质"入手去认识世界。钱学森的大成智慧，实质上强调的是科学技术与文学、艺术等各种文化实践活动的结合，两者应相通；逻辑思维与形象思维的结合，两者应相融；科学需要艺术，艺术也需要科学，两者应整合，建立新的人文主义和新的科学主义。这就是大成智慧，就是智慧。庄子所说的"大智闲闲"可能是这种意思。我们需要具有大智慧的教师和学生。

6. 智慧与德行

苏格拉底说："一切别的事物都系于灵魂，而灵魂本身的东西，如果它们要成为美，就都系于智慧；所以推论下来，智慧就是使人有益的东西。而美德，我们说，也是有益的。这样，我们就得到了结论：美德是智慧。"苏格拉底还从另一个角度提出："智慧即德行。"他的门徒色诺芬有过这样的记载：智慧就是最大的善。

综上所述，我以为智慧的定义还应完善，现在就给智慧下一个统一的定义，既是不可能的，也是不智慧的。但我们可以这么初步概括出智慧的要点：智慧是一种整体品质，它在情境中诞生和表现，以美德和创造为方向，以能力为核心，以敏感和顿悟为特征，以机智为主要表现形式，科学素养与人文素养的结合赋予它底蕴和张力。这样，智慧有虚有实，虚中有实，实中有虚，演绎着人世间一切美妙无比的事物，创造着教育教学动人的诗篇。我们要让校园、让课堂、让教师和学生像沐浴阳光一样沐浴智慧。

三、智慧课堂：为智慧的生成而教

课程改革、教育改革正使课堂发生根本性的变革：从知识课堂走向智慧课堂，为学生智慧的生长而教。

1. 培育和调整智慧的表情

智慧有其鲜明的外部特征：愉快、欢悦、幸福，这是智慧的表情。这种表情实质是人的心态和情绪的反映：充满智慧的人总是愉快的，总是充溢着幸福感，智慧地生活着肯定是幸福的。要让学生智慧起来，首先就要让他们愉快起来、自由起来，只有愉快的心态和自由的氛围才可能有智慧火花的闪现；但是，追求智慧需要付出，付出刻苦，付出辛劳，付出思考的痛苦，付出超越的艰辛……恰恰是刻苦和辛劳孕育了智慧，痛苦和艰辛锻造了智慧。爱因斯坦说："我从来不把安逸和快乐看作是生活目的本身——这种伦理基础，我叫它猪栏的理想。"安逸会使智慧枯萎和衰败，智慧将在懒散、享受中逃逸和消逝，智慧只能与刻苦为友，与奋斗为伴，智慧的愉悦、幸福的表情总显现在刻苦努力后。所以，课堂上既要让学生愉快，又要让学生有刻苦的体验。这样，学生在刻骨铭心的体验中寻找到一份成功的欢悦，在潜心钻研的过程中去打开智慧之门，永远充满信心、充满喜悦、充满欢乐地去学习和创造。

2. 开启和丰富学生的心智

日常生活中，我们常常欣喜地发现某个孩子开智了。开智，指的是心智的觉醒、智慧的萌发。教师的使命，不仅在于让学生学到了多少知识、背诵了多少课文、解答了多少数学题，也不仅在于让学生懂得了多少规则，拾起了地上一张废纸、爱护了一棵小树，更重要的是在于知识和规范行为背后的东西，那就是他的好奇心、想象力、理解力、创造力，是他的心智的觉醒、智慧的生长。试想，课堂上，在教师的指导下，学生的心智之门突然间开启了，智慧之芽萌发了，人类精神中高贵的禀赋也一起闪亮了，这是多么神圣的时刻啊！可惜，有多少次学生心智觉醒的时刻与我们擦肩而过，因而教学常常显得平庸、枯燥。

心智的觉醒比什么都重要、神圣。但是，学生心智的觉醒往往在一刹那间，常常是昙花一现，转瞬即逝。这时，需要教师的智慧。教师的教育智慧，就在于有意识地去开发它，敏锐地发现它，尽可能多地留住它，还要想各种办法去丰富它。心智的唤醒与开发，需要通过生动的情景和宽松的氛围，激发兴趣，激活学生思维，让学生敢想、敢问、敢争论。心智觉醒时刻的发现，在于教师高度的敏锐和机智，在不经意中多一个“心眼”。心智觉醒时刻的把握，在于教师对学生的肯定、鼓励、保护，还有点拨和指导。假如留住了心智觉醒的那一刻，那么它肯定还会在今后人生旅程中不断出现，而心智的不断觉醒，意味着智慧不断地开发和生长。爱护和保护，是心智觉醒的守护神。学生的心智难免稚嫩、柔弱，教师要让它在阅读中、在亲力亲为中、在与人对话中、在思考中，慢慢充实、丰满、成熟，只有心智的丰满才可能有学生智慧火花的迸发和燃烧。如果，我们每一个教师心中总是点亮着那盏智慧之灯，总是明亮着智慧的双眼，学生就会处于开智的兴奋状态，那么，课堂上那神圣崇高的时刻就会一直伴随着你。

3. 培养和打造学生的能力状态

智慧和能力联系在一起，有能力往往是有智慧的表现，因此，智慧的课堂教学应把培养学生的能力作为智慧生长的重要内容、途径和标志。

其一，教育的智慧不仅仅是具体能力的培养，重要的是培养和打造学生的能力状态。所谓能力状态，是指能力的整合，各种能力之间互相依存、互相渗透、互相影响和促进，形成一种合理和良好的能力结构。在这一能力结构中，思维能力是核心，思维伴随着能力的展开，能力形成的过程绝不是技术化的、程序化的过程。但事实上，我们常常让能力远离思维，能力实际上成了一种技能。培育和打造能力状态，要让能力“伴随着理性”，增强思维的挑战性和敏锐感，培养良好的思维品质。此外，这一能力状态必须以创新精神和能力为灵魂，着力培养发现问题、研究问题、解决问题的能力。实践中，要破除创新神秘化，有时创新很简单——只要稍微动一动，往左或往右走一走，关键是我们有没有创新的智慧。

其二，培养和打造能力状态，要落实在学习方式的变革上。我以为，学习方式也是整合和渗透的，不必刻意地去追求某一种学习方式，重要的是把握学习方式的内核——自主。自主的学习才是真正的学习，由自主展开的学习方式才是有效的。此外，学习方式不应是教学过程的一个环节，它应渗透和弥散在过程之中，因文而异，因人而异。说到底，学习方式是学习的实践智慧，指导学生有效学习的教学才是智慧的。

4. 开发和利用"细节资源"

课堂教学在总体设计后，其过程是由一个个细节链接而成的，同时，细节也应在总体设计之内。细节具体而生动地反映着教育理念，真实而形象地体现着教师的智慧，真切而艺术地推动着教学的进程。细节是一种资源，发现和开发、利用细节的过程是智慧生长的过程。细节诞生在教学的方方面面，常常在文本尊重与超越、预设与生成、对话和体验中产生，也在表扬与批评中闪现。英国著名解剖学家麦克劳德小时候，老想看看狗的内脏是什么样的，在好奇心的驱使下，他误杀了校长的宠物，进行了解剖；校长给他的严厉惩罚是：命麦克劳德画两幅画，一幅是人体骨骼图，另一幅是人体血液循环图。就是从校长的惩罚中，麦克劳德搞清了人体结构，更为重要的是培养了善于认错的优良品质和对科学探究的强烈兴趣，校长的惩罚是智慧的。其实，种种细节都是可供体验和享受的。在教学过程的种种细节中，教师敏锐地发现、及时地开发、巧妙地利用，使之成为智慧教育的过程，学生和教师的智慧也会伴之生长。

为学生智慧的生长而教，有许许多多问题值得研究，要运用各种方法去探索，但是，它不仅仅是个技术问题，更重要的首先是个理念问题。技术、工具、手段、方法、途径固然少不了，但理念不解决，智慧就会被淹没在技术和工具之中。提升理念，理念转化为实践，在理念的指导下进行设计，才是课堂教学智慧的选择。

四 师爱：注满教育的力量

优秀教师，或者说好教师的首要一点就是爱教育，爱学生。他对教育的忠诚来源于这种对事业和教育对象的热爱。这种师爱是师德的核心，也是搞好教育工作和教育好学生的巨大力量。

拥有一颗热爱教师职业、热爱每一个学生的心，这是当一个好老师的最基本的条件。只有爱得深，才能教得好！

爱心和童心是师爱的核心。一片诚挚的爱心，能够滋润孩子的童心；一颗纯真的童心能够唤醒孩子的爱心。因为有了爱心和童心，浓浓的师生之情，柔柔的人生之美，架起了师生和谐融洽的桥梁和纽带。这是当一个好老师最基本的条件。

爱心和童心

李镇西

常常有人问我："当一个好老师最基本的条件是什么？"

我总是不假思索地这样回答："拥有一颗爱学生的心！"

已有不少有识之士指出，素质教育的关键在于高素质的教师队伍。不过，按我的理解，这"高素质"的第一条应该是乐于像苏霍姆林斯基那样"把整个心灵献给孩子"。

这当然早已不是什么"新潮观点"。从孔子的"爱之，能勿劳乎？忠之，能勿诲乎"到夏丏尊的"没有爱就没有教育"，从罗素的"凡是教师缺乏爱的地方，无论品格还是智慧都不能充分地或者自由地得到发展"到苏霍姆林斯基的"我把整个心灵献给孩子"……古今中外的教育家们教育思想有所不同，教育风格各有千秋，但有一点是共同的，那就是"爱的教育"。

素质教育，首先是充满感情的教育。

一个真诚的教育者必定是一位真诚的人道主义者。

一个受孩子衷心爱戴的老师，一定是一位最富有人情味的人。

只有童心能够唤醒爱心，只有爱心能够滋润童心。

离开了情感，一切教育都无从谈起。

但这种情感，不是装模作样的"平易近人"，也不是教师对学生居高临下的"感情恩赐"，甚至不是为了达到某种教育目的而采取的"感情投资"（我对这种充满商业气息的说法向来十分反感），而是朋友般平等而真诚的感情。

感情当然不能取代教育，但教育必须充满感情。然而，有时候师生之间相互的感情并不一定有着明显的直接的"教育功利"目的。如果师生间建立起了感情的良性循环——教师经常想:"这么好的学生,我怎么能不想方设法地把他们教好呢?"学生经常想:"这么好的老师,我怎么能不好好听从他的教育呢?"——那么,我们的教育便现出了成功的曙光!

爱学生,就必须善于走进学生的情感世界。而要走进学生的情感世界,就必须首先把自己当做学生的朋友,去感受他们的喜怒哀乐。"每个孩子都引起我的兴趣,总想知道,他的主要精力倾注在什么上面,他最关心和最感兴趣的是什么,他有哪些快乐和痛苦等等。我的小朋友圈子一天天扩大,并且像我以后才意识到的那样,连我不曾教过课的那些孩子也成了我的朋友和受我教育的了。"——当我第一次读到苏霍姆林斯基这段真诚的话时,我竟感动得眼睛都湿润了:一个享誉全球的大教育家竟然有这样一颗爱孩子的童心!还是这位我敬重的教育家,曾在一个春天,和他的学生们共同买了一条小木船,然后划到一个荒无人烟的小岛上去探险。教育家写道:"可能有人会想,作者想借这些事例来炫耀自己特别关心孩子。不对,买船是出于我想给孩子们带来快乐,而孩子们的快乐,对于我就是最大的幸福。"(苏霍姆林斯基:《帕夫雷什中学》)

教师对学生真挚的爱是我们感染学生的情感魅力。有些教师总喜欢在学生面前表现出"高深莫测"、"凛然不可侵犯"的"派头",从中体验着自己的"尊严"。其实,这不是尊严,只是威严。真正的尊严是敬重而非敬畏。师生在人格上应是绝对平等的,教师不应自视比学生"高人一等"。因此,我们对学生的爱,不应是居高临下的"平易近人",而应是发自肺腑的对朋友的爱。这种爱的表达既是无微不至的,又是不由自主的:上课时面对学生的问候,我们不是礼节性地点点头,而是充满真诚感激之情深深地鞠躬;气温骤降,我们感到寒冷时,急切地提醒学生"多穿一件衣服";学生生日到了,班主任笑眯眯地送上一张贺卡;节假日,邀约学生(或被学生邀约)去远足郊游、去登山探险;在课余,与学生一起评论甚至争论一下北约东扩的影响、中东和平的前景或马拉多纳或郝海东……当我们把爱心自然而然地献给学生时,学生会不仅仅把我们当做老师的。这时我们获得的尊严,就不仅仅是教师的尊严,更有朋友的尊严、同志的尊严、兄长的尊严、父亲的尊严。

教师真正的尊严,从某种意义上讲,并不是我们个人的主观感受,而是学生对我们的道德肯定、知识折服和感情依恋。当我们故作尊严,甚至以牺牲学生的尊严来换取自己的尊严时，学生根本不会买我们的账，只会向我们投来冷漠的眼光；当我们“无视”自己的尊严，而努力追求高尚的品德、出色的教育、真诚的感情，并随时注意维护、尊重学生的尊严时，学生会把他们全部的爱心和敬意奉献给我们。这样，我们便把自己尊严的丰碑建在了学生的心中！由此，我们可以得到一个朴素的真理——

教育者的尊严是学生给的！

本来，从某种角度看，我其实是很不适宜于当老师的，因为我性子太急躁，常常忍不住就发火甚至对学生态度粗暴。但是从另外一个角度看，我当老师又有着自己的可能是独特的优势，这就是我很爱孩子，或者说我的性格里面本身就有许多“孩子气”。就教育技巧或者说教育艺术而言，我有许多致命的弱点，因而在我的教育历程中，有过不少至今想起来还令我脸红的失误，但是，只有一点我可以毫无愧色地说：我有一颗童心！

这颗童心，使我深深地爱着我的每一届学生、每一位学生；这颗童心，使我的学生原谅了我对他们有时抑制不住的暴怒；这颗童心，不止一次使我和学生一起欢笑，一起流泪；这颗童心，使我自然而然地走进了学生的情感世界，也让我的学生常常不知不觉地拨动了我的情弦……

爱心和童心，是我教育事业永不言败的最后一道防线。

这是一曲千古绝唱。它向我们诉说神圣的师生情谊。在充斥着铜臭和物欲的社会里，你能把住友谊的风帆吗？

爱的奇迹

[美国]海伦·凯勒

在我记忆中，安妮·曼斯菲尔德·萨利文老师到来的那一天是我一生中最重要的日子。想一想自己的生活在这前后天壤之别般的变化，我心里便惊诧不已。那是1887年3月3日，再过三个月，我就满7周岁了。

在那个不寻常的午后，我站在门廊上，一声不响地等着。从妈妈的手势和屋里匆匆来往的人们那里，我隐约猜到会有不平常的事发生，于是我走到门口，在台阶上等着。午后的阳光穿过覆盖着门廊的团团簇簇的忍冬花，照在我仰起的脸上。我的手指几乎是不自觉地在熟悉的叶子和花上流连，刚刚绽开的花儿在迎接这南国的春天。我不知道未来将会给我带来什么样的奇迹或惊诧。连续几个星期以来，愤怒和苦涩在吞噬着我，其后便是深深的倦怠。

你是否曾有这样的经历：在浓雾弥漫的海上，那迷雾如同有形的白幕包围着你，紧张而焦虑的巨大的航船，借助着测深锤和探深索，摸索着驶向岸边，而你内心狂跳不已，在等待着什么事情发生。我开始接受教育之前，就像那条船，只是没有罗盘和探深索，无从知道自己到底离港口还有多远。“光明，给我光明！”我的心在这样无声地呐喊。就在那一刻，爱的光辉照在了我身上。

我感觉到了越来越近的脚步。我以为是妈妈，就伸出了手。有人抓住了它，把我抱起，紧紧拥在她的怀里。她来向我揭示一切，更重要的是，来爱我。

老师来的第二天早上，她把我领到她的房中，给我一个洋娃娃。这是帕金斯学校的盲孩子们送的，劳拉·布里奇曼为它缝制了衣服，这些是我后来知道的。我拿着它玩了一会儿，这时，萨利文小姐慢慢地在我手上拼出“洋娃娃”这个词。我立刻被这种手指游戏迷住了，并努力地模仿。当我终于成功地把字母准确地拼写出来时，脸上洋溢着童稚的喜悦和骄傲。我跑下楼来到妈妈面前，擎着手，拼写出“洋娃娃”这个词。我当时并不知道我是在写字，甚至不知道有字的存在。我只是像猴子一样模仿，让自己的手指移动。在这以后的日子里，我学会了拼写许多词，但并不理解它们的意思，其中有“针、帽子、杯子”和少数动词，如“坐、站”和“走”。老师和我一起度过了数周之后，我才明白每个事物都有一个名字。

一天，我正在玩新洋娃娃，萨利文小姐把破旧的大洋娃娃也放在我的膝上，拼写出洋娃娃这个词，竭力让我理解“洋娃娃”对两者都适用。那天早些时候，我们曾为“杯”和“水”这两个字苦苦纠缠。萨利文小姐尽力让我明白“杯”是指杯子，“水”是指水，而我总是把两者混淆。绝望之中，她暂时放下了这个题目，待有机会再重新捡起。我对她的反复努力变得很不耐烦，抓起新洋娃娃，摔在地上。当我感觉到摔破的洋娃娃的碎片就在脚下时，我非常开心。在脾气发作之后，我既没有懊悔，也没有歉意。我从未喜欢过洋娃娃。在我生活的寂静和黑暗世界里，既没有强烈的感伤，也没有太多的柔情。我感觉到老师把碎片扫到壁炉边，有了一种满足感，我的不快便消除了。她为我拿来帽子，我知道我要出去到温暖的阳光下。这个想法，如果这种无言的知觉可以称为想法，让我高兴得又蹦又跳。

我们沿着小路向汲水房走去，笼罩着汲水房的忍冬花香吸引了我们。有人在汲水，老师把我的手放在喷水管下。当清凉的水流冲着一只手时，她在我另一只手上写出“水”这个字。开始很慢，后来写得很快。我静静地站着，全神贯注于她手指的动作。突然，我有了一种朦胧的意识，像是记起了早已忘却的东西——一种恢复思维的狂喜，不知怎的，语言的秘密向我揭开了。于是，我明白了水就是在我手上流过的奇妙而清凉的东西。这个生动的字眼唤醒了我的心灵，赋予它光明、希望和欢乐，使它获得了自由！当然，障碍依然存在，但那些障碍总有一天会被清除。

我带着求知的渴望离开汲水房。每个事物都有名字，每个名字都带来一个新想法。当我们回家，我触摸到的每个物体都好像拥有了生命，都在颤抖，那是因为，我是用已经获得的一种新奇的眼光看待一切。刚一进门，我就想起被我摔碎的洋娃娃。我摸索着走到壁炉边，拾起那些碎片。我试图把它们拼合在一起，却无法做到。接着，我眼里涌满泪水，因为我意识到自己做了什么，我第一次感觉到悔恨和悲伤。

那天我学会了许多生字。我不能完全记起是哪些字，但我明白地记得“妈妈”、“爸爸”、“姐妹”、“老师”就在其中——这些字、词使整个世界像花一样为我绽开，“如盛开的毛蕊花”。在那个不平常的日子就要结束时，我躲在小床上，重温那一天带给我的欢乐，很难找出一个比我更幸福的孩子，我第一次渴望着新的一天到来。

附记：海伦·凯勒——美国著名的盲人作家、学者，1880 年 6 月 27 日出生在一个军官家庭。当她降生 18 个月之后，疾病夺去了她的视力和听力，使她与世隔绝。在她最初成长的几年里，正如她自己后来描述的：“粗野且难以驾驭，高兴时便傻笑，不满时则又踢又抓，发出令人窒息的尖叫，简直要刺破耳膜。”

安妮·萨利文(1866～1936)从波士顿的帕金斯盲人学校来到亚拉巴马州的凯勒家，从此改变了海伦的生活。萨利文因眼部感染而成为半盲人，始终未能痊愈。她带着自己的经历、百折不挠的奉献精神和爱，来到海伦身边。通过触摸，她与小女孩展开心灵对话，她教海伦用布莱叶盲文读写。经过艰苦卓绝的努力，海伦奇迹般地学会了英、法、德、拉丁等多种语言。1904 年她以优异成绩毕业于拉德克利夫学院，之后像她的老师一样，为帮助盲人和聋哑人奉献出一生。这两个女人的友谊始终不渝，直到安妮去世。

本文选自海伦自传《生命的故事》，描写了安妮·曼斯菲尔德·萨利文到来的情形。她还先后发表了《我的生活故事》《走出黑暗》等自传体小说，受到了亿万人民的敬仰和爱戴。

我们应当选择适合学生的教育，而不是选择适合教师教育的学生。

多了一种与学生共同的兴趣爱好，你便多了一条通往学生心灵深处的途径。

思 念

于 漪

那是十多年前的事了，办公室里不时出现令人窒息的场景。一位年轻的班主任义愤填膺，高声数落着站在办公桌旁的一名女学生：

“班级够乱的了，你还添乱，把门框当单杠，拉在上面荡来荡去，引得哄堂大笑，你居然，居然……”

“你在教室门上贴‘霍府’，有的男同学已打闹得够厉害了，这一来，更是跌打滚爬……”

“你上课就是不好好听，乱涂乱画，你自以为是，狂妄自大，你看你看，把书卷成什么样子……”

年轻的男教师讲得脸上青筋直暴，而这位女学生却已在不知不觉中转过身子，背对教师，不仅充耳不闻，脸上还流露出几分鄙夷的神情。坐着批改作文的我，总要情不自禁地站起来排解，疏通，平息风波。

这个班级确实够乱的，几乎每天都有“突发”事件。如某某同学打闹，骨折了；某教师气得走出了教室，课无法上；教师自行车轮胎的气给放了……办公室里师生顶撞的事不断发生。面对这样的班级，学校不得不采取措施。于是，调兵遣将，把有的学生调到别的班级。

这位女学生小郝调到我教的班级，这可给我出了个难题。有教师告诫我：“你得小心点，她的调皮捣蛋独树一帜，点子多，破坏性大，谁的话都不听，男同学也远不如她。”这倒是真的，我在参与平息风波时也领教过一二。“什么老师？讲都讲不清楚，还没我懂！”“错了，错了，去读读书吧！”那种瞧不起老师的腔调傲然可掬。

果真不出所料，她调入这个班后，与大家融合不起来。有的同学认为她是“另类”，避而远之。而她总是绷着脸，一声不吭，还不时用冷森森的眼光刺人，甚至带有几分敌意。下课铃一响，她就飞也似地窜出教室。尽管如此，我觉得她身上仍有不少优点。如上课铃响，她就走进教室，从不迟到；课上不与任何同学交谈，有相当的自控能力，与以往“胡闹”时的情况判若两人；上课时听到新奇的知识眼睛会发亮。这名学生对学习是有兴趣的，我初步判断。于是，我努力把课上得情趣生动，在宽松的气氛中，激发大家旺盛的求知欲，增强融洽的黏合剂。

时间是孵化器，一节节生动的语文课“孵化”出了感情。课上，她面部的肌肉放松了，和其他同学一样，有时情不自禁地举手质疑，乃至有板有眼地回答问题。冰雪开始消融，师生情、同窗情滋生，我心中暗自喜欢。

在课堂发言中，她从不人云亦云，总有自己独特的看法，与别人辩论，从不服输，哪怕是错了。怎么进一步接近她，才能拨动她心中隐秘的琴弦，产生共振呢？操之过急不行，空讲道理不行，要从不显眼的细节入手，拉近距离。真巧，一天下课时，她一如既往飞也似地窜出教室，我紧随其后，“叭”，她揣在裤子口袋里的书掉到地上。我赶紧跑上去，捡起来，眼睛一扫，原来是一本介绍国画的书。“比男孩子还调皮捣蛋，怎么会看这类书？”我有点愕然，但立刻控制住自己，没有表露。她看我捡起了书，有点紧张。我笑着对她说：“多好的书啊，把它卷成这个样子，太委屈它了。”我又说：“我家里有不少介绍画画的书，《芥子园画传》对初学国画的人很有帮助。还有些国画、油画、水彩画和连环画，如果你喜欢，休假日可来我家看，对它们发表意见。”我拍拍她的肩膀，她表情放松了，露出些微喜色，点点头，拿着书一溜烟地跑开。

她胆子够大的，一般来说，女同学看到虫子就会惊吓得叫嚷起来，躲避还来不及，她却大大小小各种各样的虫子都敢抓，抓到了有时还要肢解，研究它们的结构。久而久之，她动手的能力强了。了解了这个特点，教课时我就注意发挥她的长处，让她的精力有地方使。有一天，我们学《花儿为什么这样红》。课的起始阶段，采用直观教学方法，让学生懂得花呈现各种颜色的物质基础。我请她用试管做实验，做出花的细胞液里的酸碱反应。她很高兴，全神贯注，先后把不同颜色的花瓣揉碎，再做出各自的酸碱反应。她边演示边说明，关键处还多解释几句，俨然一位小老师的架势。同学们在不知不觉中和她拉近了距离，课后她身边经常还会有三三两两的女同学与她说说笑笑，她一下课就窜出教室的情况已十分少见。

她原本写作能力不强，文章有内容，但表达不清，如何织锦成文尚未入门。我没有急于对她讲述写作技能技巧，而是等待机会，积极引导。她的好奇心远远超过同龄的女同学，对周围事物有程度不同的兴趣，一旦兴趣浓郁，就执著追求，欲罢不能。有一次，生物课上做解剖豚鼠的实验，听说她极为认真。正好我在教几篇说明文，就要求学生写一篇科学实验的短文。她写得真不错，我印发了写得较好的几篇当堂讲评。对她的作文评析得更为细致，表扬该文根据人认识事物的过程和事物本身的规律依次说明，有条不紊；表扬她观察精细，理解正确、深刻；剖析文章之所以写得具体生动，关键在实验做得十分认真仔细，观察、观察、再观察，没有好奇心驱使，没有科学的态度，不可能有如此良好的效果。文章不是无情物，写的人对它有多少情多少意，它就会忠实地表现出来。与此同时，还就文章结构、语言表达作了指导，让大家懂得内容再好，也离不开语言表达，只有认真地推敲语言，积累语言，才能写出佳作。课上，她十分专心，脸都涨红了，有时还不自觉地点点头，嘴角咬着笔杆。此后，她不仅写作认真了，语言上下功夫了，其他方面马虎的情况也大有改进。

有个星期天，她果真来到我家，手里拿了把折扇。进门时还有点拘谨，纸折扇打开，也就打开了话题，无拘无束了。“扇面上的竹子是外祖父画的，字也是外祖父写的，写的是岳飞《池州翠微亭》，外祖父说送给老师。”我向她道了谢，并询问外祖父有多大年纪，他老人家身体情况怎样。话匣子一打开，滔滔滚滚往外流。她告诉我，她外祖父年纪大了，喜爱画画，她经常给老人家磨墨、展纸，看他画竹子、画石头、画山水。“刷，刷，刷，几笔，竹子就出来了，叶是叶，竿是竿，像变魔术似的，好玩。有时，我也画几笔，就是不像。外祖父如画一幅山水，就叫我欣赏，我看啊看，就走了进去，好在哪儿，我也说不出。我肯定说得不在点子上，外祖父常哈哈大笑……”没想到她爱看中国画技法书的谜底原来在这儿。我们便从画画谈到画画人的性格，谈到要学画就得静心，就得沉静；再一起阅读画册，评点赏析，交谈得十分愉快，并相约下次谈论的话题是“书”。

没隔多久，她又来了，而且是有备而来。她迫不及待地诉说着她读过哪些书，中国的、外国的、文学的、科技的，连政治读物也涉猎不少。不仅阅读，而且还摘抄，还写点读后感。我看了看她的阅读笔记本，称赞的语言脱口而出。一名初中学生阅读面如此广，这是我始料未及的，难怪她对老师的教学有种种挑剔，难怪她桀骜不驯，难怪她对有些事、有些问题有自己独特的看法。我赞扬她读那么多书不简单，询问她为何会养成爱读书的好习惯，她一本正经地说："环境造成的嘛！爸爸妈妈在广西搞水电建设，终年忙碌，难得来上海一次，我寄居在外祖父家。外祖父、外祖母年纪大了，他们早早睡觉，我没有人说话，就跟书说话，说着说着，就成了伙伴。"原来如此，怪不得她的裤兜里总有一本书插着，卷着。她还用几分神秘的口气告诉我："我不是上海人，小学里有同学欺负我，我就和他拼，我才不怕呢，谁能狠过谁？"倔强的性格确非天生养成的，有个形成的过程，要掸去性格上的灰尘，当然非一日之功。

这样你来我往，课内课外，我们成了忘年交。在交往中，她长大了，性情改了许多，乱闹乱顶撞的事匿迹，优点显现，同学们刮目相看。有天晚上，她陪着她的母亲来我家看我，并腼腆地对我说："妈妈来谢谢您！"学生的健康成长是对教师的最高奖赏，说实在的，看到她显著进步，我心里乐开了花。

一个学生就是一本丰富的书，一个多彩的世界。学生是活泼泼的生命体，每个人都是独一无二的。要培育他们成长、成人、成才，首先得尊重他们，从思想上、感情上尊重他们的人格，尊重他们的个性。教师要炼就一副敏锐的目光，善于发现每个学生的长处和潜力，着力于"长善救失"，把隐藏的种种潜力变为发展的现实。对学生无须喋喋不休，动辄下禁止令，管头管脚，要深入了解他们的知识世界、生活世界、心灵世界，在关键处引导，坚持正面教育，教育要收到实效，要让学生信服，教师须坚持不懈地自我教育，加强学习，增强文化底蕴，开阔视野。教师教学如果与学生在一个平面上移动，甚至在某些方面不及学生，学生怎么可能尊敬你？教育无选择性，只要是学生，不管怎样的知识基础，不管怎样的个性，教师都有义务也有责任把他们教好。几十年来，我教过各种类型的学生，面对这些丰富的"书"，我一本本认真读，一点点学习、领悟，逐步懂得为师之道，也品尝到其中无穷的乐趣。

而今，她在国外做博士后，已多年不见，但那齐耳短发、冷峻看人的形象常在我脑中浮现，我十分想念她。

每一个孩子都是一轮初升的太阳。让每一个孩子都感到自己的重要，有时候也许就表现在一些小事上。让学生感到自己重要的老师，你也将意识到自己很重要，而且的确可以非同一般。

最好的老师

胡海棠　编译

当汤普生夫人站在五年级学生面前时，她撒了一个谎。像绝大多数老师一样，在第一次面对学生时，总是告诉孩子们，将对他们一视同仁。

但事实上，这是不可能的。比如，汤普生夫人就很不喜欢坐在第一排的那个名叫特德的小男孩。汤普生夫人注意到这个孩子很乖张，与其他孩子合不来；他总是穿着一身脏兮兮的衣服，似乎从未洗过澡。他的学习也很不好……每当汤普生夫人的目光落到特德身上，她就会不由自主皱眉头。

一天，校方要求汤普生夫人必须阅读班上每个孩子的档案。她把特德的那份抽了出来，放在了最后。然而，当她读到这个孩子的评语时，她感到前所未有的震惊。

一年级的老师这样写道："特德是一个聪明的孩子，作业整洁而优美，很有礼貌……总是给大家带来欢乐。"

二年级的老师写道："特德很优秀，同学们都很喜欢他。但这孩子很不幸，他妈妈的病已到了晚期。家庭生活对他而言，将是一场考验。"

三年级的老师写道："妈妈的死给他很大打击。虽然他试着尽最大努力，但他的父亲对这些毫不在意。如果不采取措施，那会毁了他的。"

四年级的老师写道："特德对学习不感兴趣，他孤僻内向，没有朋友，有时还在课堂上睡大觉。"

直到这时，汤普生夫人才意识到问题所在，她为自己感到羞愧。圣诞节来临，孩子们都送来了精致、漂亮的礼品，煞是惹人喜爱。特德也送来一份，不过是用一张包装食品的旧褐色包装纸包裹着的。如果在从前，汤普生夫人会不由自主皱一下眉。而现在，汤普生夫人却感觉心中沉甸甸的。

当汤普生夫人把特德的礼品打开时，她感到一阵心痛。里面是一只缺损了的人造水晶手镯，和一只装着小半瓶香水的玻璃瓶。在孩子们的嘲笑声中，汤普生夫人当即把手镯戴上，惊叹道："多美的手镯呀！"随后，她又把特德送的香水洒在手腕处——汤普生夫人的举动止住了孩子们的笑声，全场鸦雀无声。

那天放学以后，特德一反常态待了很久，仅仅为了和汤普生夫人讲一句话。他说："老师，今天你的样子，和我妈妈一样，她常常像你那样，闻我送给她的香水。"

孩子走了以后，汤普生夫人哭了至少一个小时。从这天开始，汤普生夫人的教师工作多了一项内容，用不同的方式鼓励、诱导孩子们。

汤普生夫人对特德给予特别的关注。现在，只要和她在一起，他的思维好像一下子活跃了起来。她越是鼓励他，他的反应就越敏锐。

学年结束的时候，特德已经成为班上最聪明的孩子中的一员。不过，汤普生夫人"一视同仁"的诺言始终没有兑现——从前，特德是她的"弃儿"，现在则成了她的"宠儿"。一年以后，她在自家的门缝发现了一封信，是特德写的。在信中，特德告诉她，她是他一生中遇到过的最好的老师。

六年过去了，汤普生夫人收到特德的第二封信。他写道，他已经高中毕业，在班上名列第三。转眼又是四年，汤普生夫人再次收到特德的信。特德说日子很艰难，但他顽强地抗争着，很快他就要以最优秀的毕业生身份离开学校。第二个四年过去后，一封信又不期而至。不同的是，这一次特德的署名稍稍长了一点，前面冠以医学博士的字样。虽然特德每次来信的内容不尽相同，但每次他在信中都会对汤普生夫人说同样的一句话：你是我一生中遇到的最好的老师。

故事还没有结束。就在那年春天，汤普生夫人又接到一封来信。特德说他遇上了一个好姑娘，并且快要结婚了。他想知道汤普生夫人愿不愿意在他结婚那天，坐在新郎母亲通常坐的那个位置上。当然，汤普生夫人答应了。

就在那一天，汤普生夫人特意戴上那只缺了几颗石头的人造水晶手镯，喷上那只玻璃瓶里的香水。他们拥抱在一起，特德在汤普生夫人耳边轻轻说道："谢谢，多谢你的信任，汤普生夫人。是你让我意识到自己很重要，并明白自己的确可以非同一般。"

汤普生夫人含着泪花，大声说："你错了，特德。你才是那个教我意识到自己很重要的人。在未遇见你之前，我根本不知道怎样教我的学生。"此刻，暖流淌过每个人的心田。

马老师的紧紧一搂、值日安排的改变，留下的是可以永远珍贵的温馨。当教师，就要有这样一副好心肠。

理解的幸福

叶广芩

1956年，我7岁。

7岁的我感到家里发生了什么大事。

我从外面玩回来，母亲见到我，哭了。母亲说："你父亲死了。"

我一下懵了。我已记不清当时的自己是什么反应，没有哭是肯定的。从那时我才知道，悲痛至极的人是哭不出来的。

父亲突发心脏病，倒在彭城陶瓷研究所他的工作岗位上。

母亲那年47岁。

母亲是个没有主意的家庭妇女，她不识字，她最大的活动范围就是从娘家到婆家，从婆家到娘家。临此大事，她只知道哭。当时母亲身边4个孩子，最大的15岁，最小的3岁。弱息孤儿惟指父亲，今生机已绝，待哺何来！

我怕母亲一时想不开，走绝路，就时刻跟着她，为此甚至夜里不敢熟睡，半夜母亲只要稍有动静，我便哗的一下坐起来。这些，我从没对母亲说起过，母亲至死也不知道，她那些无数凄凉的不眠之夜，有多少是她的女儿暗中和她一起度过的。

人的长大是突然间的事。

经此变故，我稚嫩的肩开始分担家庭的忧愁。

就在这一年，我戴着一身重孝走进了北京方家胡同小学。

这是一所老学校，在有名的国子监南边，著名文学家老舍先生曾经担任过校长。我进学校时，绝不知道什么老舍，我连当时的校长是谁也不知道，我只知道我的班主任马玉琴，是一个梳着短发的美丽女人。在课堂上，她常常给我们讲她的家，讲她的孩子大光、二光，这使她和我们一下拉得很近。

在学校,我整天也不讲一句话,也不跟同学们玩,课间休息的时候就一个人或在教室里默默地坐着,或站在操场旁边望着天边发呆。同学们也不理我,开学两个月了,大家还叫不上我的名字。我最怕同学们谈论有关父亲的话题,只要谁一提到他爸爸如何如何,我的眼圈马上就会红。我的忧郁、孤独、敏感很快引起了马老师的注意。有一天课间操以后,她向我走来,我的不合群在这个班里可能是太明显了。

马老师靠在我的旁边低声问我:“你在给谁戴孝?”

我说:“父亲。”

马老师什么也没说,她把我搂进她的怀里。

我的脸紧紧贴着我的老师,我感觉到了由她身上散发出来的温热和那好闻的气息。我想掉眼泪,但是我不想让别人看见我的泪,我就强忍着,喉咙像堵了一大块棉花,只是抽搐,发哽。

老师什么也没问,老师很体谅我。

一年级期末,我被评上了三好学生。

为了生活,母亲不得不进了家街道小厂糊纸盒,每月可以挣18块钱,这就为我增添了一个任务,即每天下午放学后将3岁的妹妹从幼儿园接回家。有一天临到我做值日,扫完教室天已经很晚了,我匆匆赶到幼儿园,小班教室里已经没人了,我以为是母亲将她接走了,就心安理得地回家了。到家一看,门锁着,母亲加班,我才感觉到了不妙,赶紧转身朝幼儿园跑。从我们家到幼儿园足有公共汽车4站的路程,直跑得我两眼发黑,进了幼儿园差点没一头栽倒在地上。进了小班的门,我才看见坐在门背后的妹妹,她一个人一声不吭地坐在那儿等我,阿姨把她交给了看门的老头,自己下班了,那个老头又把这事忘了。看到孤单的小妹一个人害怕地缩在墙角,我为自己的粗心感到内疚,我说:“你为什么不使劲哭哇?”妹妹噙着眼泪说:“你会来接我的。”

那天我蹲下来,让妹妹趴到我的背上,我要背着她回家,我发誓不让她走一步路,以补偿我的过失。我背着她走过一条又一条胡同,妹妹几次要下来我都不允,这使她感到了较我更甚的不安,她开始讨好我,在我的背上为我唱她那天新学的儿歌,我还记得那儿歌:

洋娃娃和小熊跳舞,
跳呀跳呀一二一。

小熊小熊点点头呀，

小洋娃娃笑嘻嘻。

路灯亮了，天上有寒星在闪烁，胡同里没有一个人，有葱花炝锅的香味飘出。我背着妹妹一步一步地走，我们的影子映在路上，一会儿变长，一会儿变短。两行清冷的泪顺着我的脸颊流下，淌进嘴里，那味道又苦又涩。

妹妹还在奶声奶气地唱：

洋娃娃和小熊跳舞，

跳呀跳呀一二一……

是第几遍的重复了，不知道。

那是为我而唱的，送给我的歌。

这首歌或许现在还在为孩子们所传唱，但我已听不得它，那欢快的旋律让我有种强装欢笑的误解，一听见它，我的心就会缩紧，就会发颤。

以后，到我值日的日子，我都感到紧张和恐惧，生怕把妹妹一个人又留在那空旷的教室。每每还没到下午下课，我就把笤帚抢在手里，拢在脚底下，以便一下课就能及时进入清理工作。有好几次，老师刚说完“下课”，班长的“起立”还没有出口，我的笤帚就已经挥动起来。

这天，做完值日马老师留下了我，问我为什么要这么匆忙。当时我急得直发抖，要哭了，只会说：“晚了，晚了！”老师问什么晚了，我说：“接我妹妹晚了。”马老师说：“是这么回事呀，别着急，我用自行车把你带过去。”

那天，我是坐在马老师的车后座上去幼儿园的。

马老师免去了我放学后的值日，改为负责课间教室的地面清洁。

恩若救急，一芥千金。

我真想对老师从心底说一声谢谢！

是平平淡淡的生活，是太一般的小事，但于我却是一种心的感动，是一曲纯洁的生命乐章，是一片珍贵的温馨。忘不了，怎么能忘呢？

如今，我也到了老师当年的年龄，多少童年的往事都已淡化得如烟如缕，惟有零星碎片在记忆中闪光……

信任,春天里的阳光;保护,沙漠里的绿洲。

一个内心充满爱的善心教师,才能在关键时刻挺身而出,给孩子以信任的阳光,保护的绿洲。

我和橘皮的往事

梁晓声

少年过去了,那张清瘦而严厉的、戴六百度黑边近视镜的女人的脸,仍时时浮现在我眼前,她就是我小学四年级的班主任老师。想起她,也就使我想起了一些关于橘皮的往事……

其实,校办工厂并非是今天的新事物。当年我的小学母校就有校办工厂。不过规模很小罢了。专从民间收集橘皮,烘干了,碾成粉,送到药厂去。所得加工费,用以补充学校的教学经费。

有一天,轮到我和我们班的几名同学,去那小厂房里义务劳动。一名同学问指派我们干活的师傅,橘皮究竟可以治哪几种病?师傅就告诉我们,可以治什么病,尤其对平喘和减缓支气管炎有良效。

我听了暗暗记在心里。我的母亲,每年冬季都被支气管炎所困扰,经常喘作一团,憋红了脸,透不过气来。可是家里穷,母亲舍不得花钱买药,就那么一冬季又一冬季地忍受着,一冬季比一冬季气喘得厉害。看着母亲喘作一团,憋红了脸透不过气来的痛苦样子,我和弟弟妹妹每每心里难受得想哭。我暗想,一麻袋又一麻袋,这么多这么多橘皮,我何不替母亲带回家一点儿呢?

当天,我往兜里偷偷揣了几片干橘皮。

以后,每次义务劳动,我都往兜里偷偷揣几片干橘皮。

母亲喝了一阵子干橘皮泡的水,剧烈喘息的时候,分明地减少了,起码我觉着是那样。我内心里的高兴,真是没法儿形容。母亲自然问过我——从哪儿弄的干橘皮?我撒谎,骗母亲,说是校办工厂的师傅送给的。母亲就抚摸我的头,用微笑表达她对她的一个儿子的孝心所感受到的那一份儿欣慰。那乃是穷孩子们的母亲们普遍的最由衷的也是最大的欣慰啊……

不料想，由于一名同学的告发，我成了一个小偷，一个贼。先是在全班同学眼里成了一个小偷，一个贼，后来是在全校同学眼里成了一个小偷，一个贼。

那是特殊的年代。哪怕小到一块橡皮，半截铅笔，只要一旦和“偷”字连起来，也足以构成一个孩子从此无法洗刷掉的耻辱，也足以使一个孩子从此永无自尊可言。每每的，在大人们互相攻讦之时，你会听到这样的话——“你自小就是贼!”——那贼的罪名，却往往仅由于一块橡皮，半截铅笔。那贼的罪名，甚至足以使一个人背负终生。即使往后别人忘了，不再提起了，在他或她的内心里，也是铭刻下了。这一种刻痕，往往扭曲了一个人的一生。改变了一个人的一生。毁灭了一个人的一生……

在学校的操场上，我被迫当众承认自己偷了几次橘皮，当众承认自己是贼。当众，便是当着全校同学的面啊……

于是我在班级里，不再是任何一个同学的同学，而是一个贼。于是我在学校里，仿佛已经不再是一名学生，而仅仅是，无可争议地是一个贼，一个小偷了。

我觉得，连我上课举手回答问题，老师似乎都佯装不见，目光故意从我身上一扫而过。

我不再有学友了。我处于可怕的孤立之中。我不敢对母亲讲我在学校的遭遇和处境，怕母亲为我而悲伤……

当时我的班主任老师，也就是那一位清瘦而严厉的、戴六百度近视镜的中年女教师，正休产假。

她重新给我们上第一堂课的时候，就觉察出了我的异常处境。

放学后她把我叫到了僻静处，而不是教员室里，问我究竟做了什么不光彩的事?

我哇地哭了……

第二天，她在上课之前说：“首先我要讲讲梁绍生(我当年的本名)和橘皮的事。他不是小偷，不是贼。是我吩嘱他在义务劳动时，别忘了为老师带一点儿橘皮。老师需要橘皮掺进别的中药治病。你们再认为他是小偷，是贼，那么也把老师看成是小偷，是贼吧……”

第三天，当全校同学做课间操时，大喇叭里传出了她的声音。说的是她在课堂上所说的那番话……

从此我又是同学的同学，学校的学生，而不再是小偷不再是贼了。从此我不想死了……

我的班主任老师，她以前对我从不曾偏爱过，以后也不曾。在她眼里，以前和以后，我都只不过是她的四十几名学生中的一个，最普通最寻常的一个……

但是，从此，在我心目中，她不再是一位普通的老师了。尽管依然像以前那么严厉，依然戴六百度的近视镜……

在“文革”中，那时我已是中学生了，没给任何一位老师贴过大字报。我常想，这也许和我永远忘不了我的小学班主任老师有某种关系。没有她，我不太可能成为作家。也许我的人生轨迹将彻底地被扭曲、改变，也许我真的会变成一个贼，以我的堕落报复社会。也许，我早已自杀了……

以后我受过许多险恶的伤害。但她使我永远相信，生活中不只有坏人，像她那样的好人是确实存在的……因此我应永远保持对生活的真诚热爱！

最后一排的位置和白老师的笑容，最好也能深深刻在我们心里，并牢牢记住：关爱每一个学生，把面前的每一个生命和灵魂引向一种新的暖度、亮度和高度。

坐在最后一排

乔　叶

上小学时，我一直是个非常自卑的女孩子。因为丑，因为笨，因为脾气倔强性格孤僻和同学们合不来，因为不会乖言巧语察言观色讨老师欢心。每次调座位，老师都把我安排到最后两排，而其实我个子很矮（班里有条不成文的规定，只有好学生才有资格坐前排，而前排中间的位置则是优等生的专座）。后来，我索性赌气似的主动要求老师把我和最后一排的一位男同学调换一下位置，固定地坐在最后一排去。

“为什么？”老师平淡地问。

“因为我眼睛好，他近视。”

我没告诉老师，其实我是全班同学中视力最差的一个。

坐在最后一排的几乎都是调皮的男同学，我和他们无话可说。想要听课却又看不清讲台上的板书。所以每次上课，只是用眼睛呆滞地盯着黑板，做一些毫无意义的遐想——我从小就是个脑袋里充满怪念头的人。比如说：梅花为什么叫梅花？梅花为什么开在冬天？我能不能变成一朵梅花？我若是梅花会是白梅还是红梅？……

这样滥竽充数地混了半个学期。班主任调走了。接任的是个年轻的女教师。她红衬衣白裙子，齐耳短发，模样甜甜的。不像个老师，倒很像我的表姐。当然远没有想起表姐那么亲切。

“我叫白明，倒着读就是‘明白’，也就是说对每个同学的情况我都能知道得明明白白。”她微笑着自我介绍。

我不屑地瞧着她。她真有那么大神通？她会知道我是近视眼吗？她会知道我不想坐最后一排却又倔着性子坐最后一排吗？她会知道……

没想到过了几天，她竟真的注意到了我。

那天语文自习课上，同学们都在做练习册，我也摊开练习册假装做起来。其实我除了做些造句、看图作文之类适合我胡乱发挥的题目外，其他的根本懒得做。正噙着笔胡思乱想，一只手伸过来抽走了我的练习册，我一惊，这才发现白老师已经站在了我身后。

"小脑瓜想什么呢？"她亲切地弹了弹我的脑壳。从未享受过如此"礼遇"的我禁不住心头一暖，但还是老老实实地趴在桌上，胆怯地听着她翻阅练习册的声音。

过了世界上最漫长也最短暂的几分钟。我畏惧地等待着习惯性的雷霆暴怒，却惊奇地听见她轻柔的笑声。

"这些句子都是你自己做的吗？"

"嗯。"

"非常好，很有想象力。'花骨朵儿们在树枝上聚精会神地倾听春天'，多有灵性啊。可你为什么不说'倾听春天的脚步'呢？"

"有时候春天来是没有脚步声的，是披着绿纱乘着风来的。"第一次受到如此嘉奖，我顿时大胆起来。

她没有说话，轻轻地拍了拍我的头，走上了讲台，以我的练习册为范本讲起了造句。那半个小时的时光是我上学以来第一次感觉快乐和幸福的时刻。我想我当时肯定有些晕眩和迷醉了。直到下课后同学们纷纷向我借练习册时，我才如梦初醒，惊慌失措地把练习册塞进书包里。——要是让同学们看见那上面大片大片的空白区，我该多丢人哪。

这天夜里，我把没做的题全部认认真真地补上了，通宵未眠。

以后的日子里，白老师特别注意查阅我的练习册和作业本，关切地询问我其他课的成绩，还抽空给我讲一些浅显的文学知识。每当她带着清香的气息在我身后停下又带着那清香的气息悠悠离去时，每当她弯下腰挨近我低低地和我说这说那时，我都感到从未有过的紧张、激动、惭愧和快乐。我这才发现，我以往的愤愤不平和自暴自弃是多么无知而愚蠢。我的虚荣和脆弱让我受到的伤害是罪有应得，因为我从来就没有累积起受人尊重和宠爱的财富与可以引以为荣的值得骄傲的资本！——我这样的学生，其实只配坐最后一排。

在我笨拙勤恳的努力下,我的各科成绩竟然很快进步起来。可由于眼睛近视看不清板书,便也给学习造成了一些不大不小的障碍。但我没有告诉白老师。我问自己:你有什么资格向老师提要求?

一天,她来到班里旁听数学课,因为没有课本,便和我坐在一起合看。等到做课堂练习时,她照例看着我做题。

"这是7,不是1。……这是8,不是3……"她轻声纠正着:"怎么抄错这么多?你近视?"

我没有说话,眼泪竟大滴大滴落下来。

日子慢慢地过去,终于有一天,白老师宣布进行语文测试,并郑重声明"前五名有奖"。一向对考试毫不在意的我也禁不住跃跃欲试,积极地忙碌起来。——就是不能得奖,最起码也要考得比以前好点儿啊。

公布成绩那一天终于来了。白老师评完卷纸,最后才公布分数:"第一名:乔小叶……"

天哪,我是第一名!

我被震住了。

"这次考试,同学们的成绩普遍不错,有个别同学进步很大,比如乔小叶。她坐在最后一排,眼睛还近视,可她不怕困难努力进取,终于取得了优异的成绩。我不但要奖给她前五名应得的奖品,还要再给她一份特别的奖励。张玉娟、姜春霞、陈庆龙、李明玉……你们几个站起来换一下座位,乔小叶!"

我站起来。

"这是你的位置。"她指着第一排中间的座位:"你今后就坐在这里。"

我懵懵懂懂地在那里坐下来。

"希望同学们向乔小叶学习。要知道,这世界上有最后一排的座位,但不会有永远坐在最后一排的人。"

我的热泪汹涌而出。

这件事已经过去许多年了,这许多年里我淡忘了很多人和事,但那最后一排的位置和白老师的笑容至今仍历历在目,刻骨铭心。我知道我永远也不会忘记她,不会忘记这样一个把我的生命和灵魂引向另一种暖度、亮度与高度的人。

花园里的花，有喜欢早早开放、博人一声喝彩的，也有静静等待自己春天的野白合。

别人的焦急有时只是一种伤害……

师爱，必须尊重学生的差异性。多一把衡量的尺子，就会多一些等待的耐心，多出一批好学生。

花开自有时

徐 敏

那时的我是因为年轻而倔强的。

在一个最年轻、最没有经历、自己还是个大孩子的教师心里，孩子们应该是没有什么分别的！他们每天和同样的教师一起，上同样的课，看同样的书，就该懂同样的知识。

花开自有时。我允许不同的孩子学着相同的知识，但是却不知道也该容许他们有自己不同的速度，尽自己能力来学到不同的深度！

我的倔强、严厉成了一把刀，虽然我知道就这样简简单单切下去会很疼，但还是狠狠心这样去做了。于是每堂课都似乎是那把刀的延续，一刀刀切下去，孩子们就越变越齐整了。

恰好我的第一批学生里竟有个她。用那时的心情，那时的说法，就是那个笨笨的她。但现在我知道那不是恰好，而是必然。因为我伸出手，看到自己的手指也不是一样长的，可惜，当时我不懂。

我固执地坚持，别人懂的你也该懂，别人今天完成的作业，你不能把它带回家过夜……于是每次别人放学，她却似乎是刚开始一天的学业。一个星期的五天里，几乎总有三天是我在黑暗中把她送回家的（她是个外地的借读生，爸爸妈妈没时间接她，由她自己走回家去）。日子久了，这似乎成了习惯。但她从没怨过我什么。刚出校门的教师总是温和而细心的，所以，她甚至是喜欢被我留在身边的。

可是，等啊等，等啊等，她却始终坚持自己的“红色失败”。

她一次次的失败刺痛了我，也耗尽了我师范五年积累起来的所有耐心和坚持。我怀疑自己做学生时曾听到的那些感人的故事；怀疑那在学校礼堂作报告的教师所说的她们坚持努力所获得的成功；怀疑那只要付出就一定会有所收获之类的鼓舞人心的话了！我信仰了五年的“真理”，难道竟那么不堪一击吗？

当理想这样一种几乎是完美的东西被自己亲手一层层无奈地剥去外壳露出它原本其实并不是很美的身子的时候，我终于暗暗地落下泪来：就短短一个学期的时间，就一个笨笨的小女孩就可以让自己的坚持动摇起来！

也许是为自己的无能感到可耻，我对她慢慢不再耐心温和了，会很大声地甚至粗暴地说话。

清楚地记得那次的事。

是冬天了，很冷的一个傍晚，爸爸上班去了，妈妈病了，等我回家做晚饭。匆匆看了她捏在手心里的卷子，满眼的红叉预示了今晚还有多少对她而言是大山的难题要去攻克！我没来由地恼了起来！

嘴角牵动了一下却始终没有说出什么，因为我清楚她不是个不努力的女孩！所以我们又开始了日复一日的录音磁带般的倒带重复……

终于在为一道并不算最难的题目重复了不下七次的讲解后，我想到了自己生病还饿着的母亲，于是怒火冲了上来！我愤愤地又讲了一遍，也许愤怒中的人是想不出什么聪明的好法子的，我越讲她似乎越糊涂，眼里只有一如既往的茫然。我终于火冒三丈，气得说不出什么话来。是我自己太没有能力讲清楚还是她真的太没有灵气了？我已经不想去分辨什么了！那一刻我真想告诉她，你回去吧。可是我马上告诉自己不行，明天已没有时间了，是期末考试啊！

我于是逼自己说，那我们再试最后一遍吧，老师知道你再用心些一定能懂的！其实，这话连自己都说得没有一点力量。说它只是为了安慰她而已，同时给自己些坚持的理由！可她真的还是没懂！那一刻的失败让我失去所有的克制，于是想想过去的每一个傍晚的努力，想想明天还是一样很糟的考试结果，想想我今天牺牲了的母亲的晚饭，想想自己的理想竟那么快被击得粉身碎骨了，想想……一下子我再也承受不了那么多酸楚，一把攥起她那划满大叉的、写着刺眼23分的试卷，恨恨地攥紧在手心里，用尽了全身所有的力量撕得粉碎，撕成了一片片纸花，边撕泪也边滚滚涌了出来，就像是自己亲手把自己所有简单美好的理想和愿望全埋葬一样！

然后，我把自己最后的那点力气用在了伤害那孩子身上。我把那些碎片向空中狠狠扬去，似乎那就是她，我再也不想它们回来了！“回去吧，我再也不想浪费时间了！”说完，我无力地瘫坐在自己的椅子上……

立刻，我就后悔了。她的泪，第一次流，却流得比我还多得多。我知道她和我一样，是个倔强的女孩！虽然她只一年级，但她却要比其他的孩子多懂得很多事，多出许多感情来。因为她从外地一路漂泊过来，有很多事、很多不一样的眼神她都经历和承受过，而其他孩子却没有！

那晚我怅怅地把她送了回去。

一个人吹着寒风回家，我又落了一次泪。我想明天考完了试，该把她叫来，说些什么，自己的行为也是没有什么错的。

可是，后来我才知道，有些错误竟很难有挽回的机会。

那天刚交完试卷，他爸爸就把她带走了！

而那时我正一个人躲在办公室里用心补那张因为我而破了、碎了的试卷！我原来想自己细心地补好了还她，也许只有这样她才不会失去些什么！

可是，当我微微笑着拿着似乎和以前一样完好的试卷走进教室时，她的座位竟是空的。

孩子们告诉我，她爸爸带她去看病了，她感冒了，挺重！

我的心沉了一下。

整个下午我第一次那么焦急地等待下班。终于铃声响了！从前每次都是最后一个走的我，今天竟第一个冲出校门！

我想她一定怨我了，她还是第一年上学，而且在陌生的城市。她的第一个老师竟对她发那么大的火，说那么重的话，那么狠地伤了她的心。

本来30分钟的路，只20分钟就到了，我敲那扇熟悉的门，没有人开。再敲的时候，只有闷闷的回响，就像心上的门关上了，不愿再开的样子。

我的心又沉了沉。

敲得太久了，隔壁出来个懒懒的人：“干什么呀？上午就回老家了！”

……

似乎什么东西在飞远……越飞越远了，不知还能回得来吗？

那个傍晚，竟奇怪地下起了雨。是啊，好怪。就像有些感触来时也很怪：我忽然对自己说歉意是不需要准备的，因为有时你准备了也还是送不出去！也许最聪明的人是永远不会向别人道歉的，因为他们懂得怎样让自己不去伤害到别人。

领成绩单时，她的座位还是空空的，但成绩单却第一次是用黑笔写上了数字的。

寒假里有春节，过完了年，孩子们又大了一岁，他们回到了课堂，似乎也比以前更懂事。

我也又过了一年，也又大了一岁，似乎也比以前要懂事了。至少我懂了那个早该懂的，但自己却懂得太晚的道理：

花园里的花，有喜欢早早开放、博人一声喝彩的，也有静静等待自己春天的野百合。

别人的焦急有时只是一种伤害……

这以后我懂得不再去强求弱小的蔷薇花也像华贵的牡丹那般去怒放，也是这以后，我的花园里似乎有了更多平和的景致。

……

有时我还是会去那扇一直是紧关着的门前转悠，期待着那个一直没有似乎也是不会发生的奇迹发生……

任何一个孩子，都是一棵幼苗，他们的成长需要阳光、雨露和呵护，过多的风霜与修剪，会迟滞他们的成长和成材。

但愿我们的老师记住这个故事，永远不说当年那位老师说过的那些话，永远不做当年那位老师做的那些事。因为那样会伤害一个孩子一辈子，你也会被学生记恨一辈子。

老师，原来我一直没有原谅你

杨　子

离开您的教室，六年后，我以最快的速度，成为了您的同行，站在与我的母校相邻的小学校的讲台上。那年，我18岁，您也不过40岁左右吧。

认识您的时候我读小学五年级，您是语文老师兼班主任。那时我还不到12岁，营养不良，面黄肌瘦，穿着姐姐穿过的宽大衣衫，毛愣愣的脑后，总支棱着两条歪歪扭扭的辫子。辫子大多数时候是我自己编的。有次运气不好，费好大的劲才编成，急急忙忙往村头的学校飞奔，刚到校门口，铃声响了，一只辫子受惊吓似的散开了。我急中生智，一手攥着辫子一手提着书包继续飞奔。还有几步就到教室了，一抬头看见您就要先我而进教室了，也许您不相信，其实我是个很遵守纪律的学生，我想只要跑在您前面，就还不算迟到，于是以百米冲刺的速度擦过您身边，进了教室。可是还没等我坐下，一声棒喝，您把我从座位上提到半空，涨红了脸，劈头盖脸一顿臭骂，说我披头散发，是吃山里野粮食吃大的；骂够了，您不让我坐，让我站到教室外面去。我捏着辫子，低着头往教室外面走。所有的教室都在上课，校园里显得格外安静、空旷，我捏着辫子站在五年级教室门口，想不出山里头的野粮食什么样子，觉得自己很像青青的麦苗地里长出的一株野草，突兀，丑陋。头绳在路上跑丢了，那半天我一直用手捏着辫梢，弓着腰，驼着背，拧着身子，抓住脑后短短的辫子。一手抓辫子，一手擦眼泪，放学了，我的罚站自然结束。我红肿着眼睛回家，手酸痛得抓不住筷子，更怕母亲、姐姐们看到我的狼狈，于是推说头疼不吃饭。可是念小学三年级的妹妹还是看到了我在教室外站了一个上午的“辉煌事迹”，并添油加醋地汇报给了全家。以后，这件事在很长一段时间里成了妹妹攻击我的重要武器，有这么一个把柄捏在她手里，妹妹仿佛忽然之间长大了似的，经常随意指使、调遣我。我当然不从，于是战争经常升级，闹到后来，母亲还是归罪于我，因为我是姐姐，得让着妹妹。小小的我，修养很差，不懂得忍耐是一种美德，反而要找一个愤怒的发泄口，于是，我记住了对您的仇恨。

您一定不知道自那次罚站以后我的生活有了多大的改变。如果您知道了，一定会进行补救吧。我总想原谅您，总尽力说服自己这只不过是误会。可是，接二连三的误会，使我很难原谅您。

那次罚站以后，我改变了许多。我学会了撒泼。在一次又一次撒泼后，母亲终于捉起剪刀剪掉了我的长发。我是我们村里女孩子中第一个剪“寸头”的，长发没了，烦恼却不少，我的同学开始叫我“假小子”，最初是因为发型，后来是形神兼顾。同学们叫我“假小子”，您似乎觉得还不准确。但作为老师不能随便给学生取绰号，您大约是知道的，所以，当我和另一女同学起了争执，您在把我驱逐出教室的时候，进行了解说：不男不女，“二阴子”样儿……然后您开始上课，对我和那位女同学的嘴皮官司置若罔闻。本来我胜券在握，您却不屑于过问，还给了我这么一个侮辱性的绰号——其实，我也是小心眼，放在现在，“二阴子”不过就是性别错位，说大点是时髦的同性恋，如果手术了就是令人刮目相看的变性人。可在20年前的乡村，“二阴子”是特别损人的词语。

有时我想，您一定信奉严师出高徒的古训，是为了磨砺我的意志才这么做的。但结果因为我的年幼无知，不能理解您苛刻背后的良苦用心，您的阴损让我难以释怀，从而影响了我人生之路的抉择。现在想来，您没有理由恨我，在您接我们班时，我是班里成绩数一数二的学生，您很有可能寄我以厚望，只是为了锤打我，激励我，才采取极端的做法。只是您判错了我的材质，我不是篮球型的，越是用力拍打弹得越高。小时候的我，也许更接近于一棵幼苗，需要雨露、阳光和呵护，过多的风霜与修剪，会迟滞我的成长和成材。

您在全班同学面前摔掉我的作文本，说我“抄作文都抄不正确，错别字满篇”，那作文其实是我自己写的，如果您稍微问问我的前任老师，应该会知道我作文还得过奖。可是您这样骂我，我就再也不肯认真写作文了。因为我的字写得不好，您第五次撕掉我的作业本，当别的同学吃完午饭返校时，我的第六次作业交了上来，比前五次都潦草，您看也不看就收下了，我竟然感到胜利的喜悦。从那以后，我的字迹越来越乱，错别字满篇，您再也没管过。

那一年时间极其漫长，但毕业升学考试还是如期而至。为了评比，学校准备进行预选，淘汰几个不可能考上中学的学生，以此提高升学率。我在您的淘汰名单之中，但是在父亲与数学老师的请求下，您勉强同意了让我参加升学考试。在十里外的县城中学屋檐下，您一个一个给我们盯数学答案，笨拙、认真，我忽然觉得不恨您了。不是因为我的数学几乎全对，只是觉得那会儿您最像个老师。

可是我的好感维持不到一个星期。升学成绩出来后，我的同学一半落榜，而我在没落榜的那一半里，并且名次还靠前。您给前来看分数的同学说，我怎么能考上，我是怎么混上去的？也许，您只是为给那些没考上的同学宽心，可您也许没料到，您的话在学生心中，也许是金玉良言。于是我又背着“混”上去的名声进了中学。我真的恨您了，上了中学，我从班主任口中得知，如果学习足够好，三年后就可以考中等师范，再三年就可以做一名小学老师。于是初中三年我刻苦学习，成了四五百人的竞争中寥若晨星的胜出者。于是我终于成了您的同行。

可是，在做了您 20 年的同行后，当您衰老得再也不能走上讲台时，我忽然感觉到自己的悲哀。最初的心愿我已经成倍实现了：我成了一名优秀教师。我的学生走向五湖四海，年前节后不时有来自远方的问候，这也许是一个老师最大的快慰。但我还是不能释怀。20 多年后，当我在平凡的讲台上站得有些倦怠了的时候，当我当年的同学在大城市干得风生水起的时候，我才明白，我一直就没能原谅您，因为您轻易地指定了我的人生轨迹。但愿我在当老师的时候，永远不说你当年对我说的那些话，永远不做你当年对我做的那些事，因为那样会伤害一个孩子一辈子。

“爱”是一个博大如海的字。“爱”是一种无形而巨大的教育力量。

管理教育学生，一流的教师用心灵，二流的教师用眼神，三流的教师用语言，不合格的教师用惩罚。

心灵总是用心灵作出回应，爱的回答是更诚挚的爱。

给予爱者是强者

李倚天

一

他只在这里教过一个月的课。

他给这个班的学生只批阅过一次作文。作文的题目是“动”或“静”。

一个女学生选了“动”，用500字写了一篇《小猴照镜子》。第3天，作文本发下来，他的评语却写了700字：“……我真心爱上了这只调皮的小猴。在你风趣的描述里，在那一连串的滑稽动作里，我看到了一个对世界充满好奇、活泼的小生命……读着读着，我想到了春风，想到了阳光，想到了沾满露珠的草叶……可惜这些年来，一次也没进过动物园。如果能有半天空闲，我就到金牛公园去，去寻找你的那只照镜子的小猴……”

他沉浸在喜悦里，坦诚地表达着自己。笔尖，将他的爱带进了字里行间。

这位女学生读着这篇评语，发现自己并不真正了解自己的作文，像有人在她的心灵上突然推开了一扇窗户，第一次，她窥见了那片奇妙的“文学”天地……一个美好的愿望在她的心头萌动了……

或许，他根本不会想到，在那个普通的夜晚，他在灯下写的这短短的700字，竟引发和决定了一个孩子一生的追求。

这件事过去两年了，他已经淡忘了吧？但这女孩子却没忘，她在“追求”的路上也跋涉了两年。

终于,她的一篇习作得了奖,并在《中学时代》杂志上发表了。她把自己得到的第一本杂志寄给了他。在扉页的空白处,她写道:

在我的心灵的草坪上
长着一朵小花
当它绽开第一片花瓣时
想到第一滴露水

或许有一天
那里会长出参天的树
是那滴露珠
使它伸出了第一丝根须

二

下了一夜的大雪。第二天早上,早自习的时间到了。

一个教室里,班主任点着人数:缺 18 个。他愤愤然拿来一把锁,“咔嚓”将教室门锁上了。这样,18 个眉毛和头发上挂着霜的学生,在门外站了 40 分钟。

“一个个给我说清楚,还打算不打算上课?!”

没有回答。其实有的,他听不到,那就是 18 声在心里的“哼”!

另一个教室。班主任站在门口。他准备了 4 个暖瓶,命令每个进来的学生先喝上几口热姜水。其实,他的嗓子也沙哑着。其实,他空劳一场,因为每个学生喝下去的几口水,又偷偷地顺着眼角流出来……

第二节是他的课。当他要将课本放到讲桌上时,手停住了。那上面,摆着各种治疗感冒的药。他望着台下,一张张脸都低着,60 个“若无其事”。他背转身,摘下眼镜,说道:“镜片上全是水汽了……”其实呢,他眼里也充满“水汽”了。其实他不知道,他身后,60 张脸早已扬起来了,绽出 60 个甜甜的笑……

有人问:“在学生那里,为什么他的话那样‘管用’?”

还有人问:“为什么这个班的孩子最‘争气’?”

三

下晚自习后，一个老师一个学生，推着自行车，已经走了很长一段路了。脚下的雪，发出“咯吱、咯吱”的响声。

晚自习时，学生向老师请教一道数学题，老师分步作了详解。后来，想到还有两种简便解法，便在路上追上了学生。

他们并不同路。讲完后，老师转身跨上了车子。学生又突然喊了声：“老师……”老师停下来，等待学生提的问题。但学生却说了声：“您走好……”

他要说的，并不是这3个字。是什么呢……一时间，他找不到确切的词句。老师的身影远了，更远了，消失在雪中了，他才在心中喊道：“老师，敬爱的老师……”是的，这是最恰当的话语了，任何修饰都是多余的。

他一遍遍这样在心中叫着。他想，他会永远这样念下去的，到他的头发变得像老师的那样斑白的时候，到他做了爸爸、爷爷，给他儿子、孙子讲故事的时候……

四

爸爸训斥他时常说：“将来，谁若不懂外语，不弄通其中主要的一种，那他就等于大半个文盲！”他的英语学得不好，成绩一次不如一次。

期末考试前，他感到压力很大，一个人到楼前的操场上溜达。在墙根的雪堆上，他捡起了一团废弃的蜡纸。他喜欢那油墨味。那上面打着英文字母。仔细辨认，正是他们年级的英语试卷。他的心狂跳着，匆匆将它藏进口袋。

几天过去了。

英语考试前一天的下午，他走进了办公室，将蜡纸和已做好的答卷交给了老师。然后，要求老师给另出试题。

他说：“上次考试，我成绩很差，心里烦得要命，中午也没回家吃饭，一个人躲在班里看武侠小说。后来您进来了，我赶紧用英语课本把小说盖上。您并没查看我到底在读什么，只是信任地点点头，示意我不要动，继续看书，然后为我捅旺了炉子。您离开教室时，回头对我笑了笑。您可能不记得了……”他停住了，低下了头，偌大一个“小伙子”却像有什么话羞于开口。“但您那笑，我一辈子也忘不了！那是……我小时候常常在奶奶脸上看到的……那一天，真恨自己！不久开了家长会。爸爸开完会回家，走进我的屋子，在我头上轻轻抚摸了一下。这是……多少年没有的了。他说：‘我听老师讲了。任何时候开始都好，都不晚。但以后中午要按时吃饭……’我……如果那样做，还对得起谁呢？会后悔一辈子的……”

老师听着，同时在思索，假如当时自己去查看他在读什么呢？假如自己夺过了那本武侠小说，愤怒地摔到桌上……假如，他受到的不是抚摸，而是更严厉的训斥……

是的，板着的面孔是苍白的，最无力的声音是呵斥。爱是火，它能化开冰雪，在被温暖的心里唤起美好的情操……

五

给人以爱是幸福的。给人爱者内心最充实。

爱如空气，人人需要；爱如阳光，谁沐浴着它，都会感到温暖。

“爱”是一个博大如海的字，它的蕴含是无尽的，它包容着理解、友情、帮助、宽容、激励、信念、欢乐、眼泪……而爱的回答是更诚挚的爱。

我愿每个教室都充满爱。

给予爱者是强者！

五 读书：蕴蓄立身的底气

我们教书的人，多读书，时刻不停地读书，这才是我们的本分，也是常识性的真理。可惜的是，有相当一部分教师，除了教材和教辅之外，其他的书基本不读，这是反常的现象。所以我主张：教师要在读书中生存，要处在真正的「读书状态」之中。这就需要我们时刻保持读书求知的兴趣。

——商敬友

"做一辈子老师"必须"一辈子学做老师",一辈子不停顿地学习。

而阅读是人一生中最重要的学习方式。没有阅读,学习就无从谈起。

组织教师读书,夯实教师做人的精神底子,是提高教师素质最好的办法。

教师,为什么要读书
——学习苏霍姆林斯基教育思想札记

高万祥

实施素质教育,首先必须提高教师素质。教师的素质如何才能提高,教师的观念如何才能转变,或者说,和时代相通的先进教育理念、民主平等的师生观念从哪里来?校长对学校的领导就是教育思想的领导,这种领导又如何实现?我认为,组织教师读书是最好的办法。阅读教育专著名著是一线教师接受继续教育的最便捷的方式,是帮助教师提高的有效途径,也是学校名师培养工作的基础工程。

作为一个校长,作为一个语文特级教师,我觉得自己有责任帮助教师读书提高,也更应该带头学习,以做一个学者型教师和校长的自身形象去影响带动大家。多年来,为把学校办成一个学习的团体,我倡导学习苏霍姆林斯基,实践苏霍姆林斯基,从读教育名著开始,制订一生的读书计划,实现我们的教育理想。

一、对于教师而言,书籍是学校中的学校

我常常觉得,教师很可能一辈子平庸,但你若能努力追求,就能成为一个优秀教师或教学专家甚至是出色的教育家。成功并不像人们想象的那么难。魏书生初中毕业,但成就了很大的事业。培养魏书生的是书籍。我和魏书生有很多交往。我很佩服他那种融会贯通左右逢源的境界,能够达到这种境界的人,肯定是一个真正的读书人。我曾问过他,你早先在农村的时候,有没有想到会

有今日的成就与辉煌。魏书生很认真地回答我，应该是想到的。李镇西，一个颇有成就的教师，当我问及他为什么有这样的成就时，他回答我，可能是比别人早读了一些书，多读了一些书。我觉得，李镇西之所以能够成功，很大程度上就在于他认真学习和实践了苏霍姆林斯基与陶行知的教育思想。

我们不妨看一看苏霍姆林斯基自己的叙述："我私人的图书馆里，在几间房子和走廊里，从地板直到天花板都摆上了书架……有成千上万册图书……我每天不读上几页，有时不读上几行，我是无法活下去的……"

苏氏认为，集体的智力财富之源首先在于教师的个人阅读。真正的教师一定是读书的爱好者。他说："一所学校可能什么都齐全，但如果没有为了人的全面发展和丰富精神生活而必备的书，或者如果大家不喜爱书籍，对书籍冷淡，那么，就不能称其为学校。一所学校也可能缺少很多东西，可能在许多方面都很简陋贫乏，但只要有书，有能为我们经常敞开世界之窗的书，那么，这就足以称得上是学校了。"

难能可贵的是，苏霍姆林斯基通过广泛阅读，拓宽了知识视野，把专业知识转化为专业能力，充实了自己的教育思想，成就了自己的伟大事业。他一生共完成了《把整个心灵献给孩子》《和青年校长的谈话》《公民的诞生》《帕夫雷什中学》《给教师的一百条建议》和《怎样培育真正的人》等 40 多本理论著作。此外，还发表了 600 多篇论文和 1 200 多篇儿童读物。1977 年苏联有关部门把他的教育著作汇编成《苏霍姆林斯基教育文集》出版。目前全世界已用 30 多种文字翻译出版了他的教育著作。他的教育著作既有理论，又有实际，被人们誉为"活的教育学"、"学校生活的百科全书"。

成功并不像你想象的那么难，只要你对教育工作感兴趣，只要你能够坚持读书学习，勤奋实践，成功的大门一定会向你敞开。我送大家两句话，一句是"多一些书卷气，少一些烟酒味"。第二句是"一个真正的人应当在灵魂深处有一份精神宝藏，这就是他通宵达旦地读过一二百本书"。

书籍是学校中的学校，对一个教师而言，读书就是最好的备课。

读书，每天不间断地读书，跟书籍结下终生的友谊，就是一种真正的备课。苏氏认为读书不是为了应付明天的课，而是出自内心的需要和对知识的渴求。如果你想有更多的空闲时间，不至于把备课变成单调乏味的死抠教科书，那你就要读学术著作。应当在你所教的那门科学领域里，使学校教科书里包含的那点科学基础知识，对你来说只不过是入门的常识。在你的科学知识的大海里，你所教给学生的教科书里的那点基础知识，应当是沧海之一粟。苏霍姆林斯基建议教师要建立起自己的藏书，使之成为自己的老师，每天去向它们请教。那么，“每过一年，你的科学知识都变得更丰富”。工作若干年以后，“教科书在你眼里看来就浅易得像识字课本一样了”（《给教师的一百条建议》）。正是在这个意义上，我们说，教师的每一节课都是用终生的时间来准备的。

我认为，对于教育工作者而言，读书还有更重要的一点意义是，不读书的教师会沦为简单的劳动力。而一个简单的劳动力想要得到人们的尊重则是很难的。两千年来，我国社会最崇拜的人是教师，比如孔子，孔子是名教师，更是教育家、思想家。他的那种高山仰止景行行止的大家风范，千载而下，皆令人叹服。而当代教师的地位为什么低下？不可回避的就是“经师”和“人师”的区别问题。只有真正的“人师”才是神圣的。真正的教师应该是不可替代的。

一位外国学者在他的《教育目的》一书里说：“理想的消失是人类努力失败的可悲证明。在古代学校里，哲学家们渴望传授的是智慧，而在现代学校，我们降低了目标，教授的是学科。从神圣的智慧——这是古人向往的目标，沦落到学校教材知识——这是现代人追求的目标，标志了多少世纪以来教育上的一种失败。”作为教师，请扪心自问：我有没有沦为一个“简单劳动力”？

二、读书，提升教育的理想和信念

读书可以提升教育的理想和信念。苏霍姆林斯基说：“学校应当成为书籍的王国。”“要天天看书，终生以书籍为友，这是一天也不断流的潺潺小溪，它充实着思想的江河。”爱好读书应该是教师的职业素养和习惯。如同军人喜爱武器、孩子喜爱玩具一样，教师的第一至爱应该是书籍，只读教材和教参两本书的教师无论如何不能称之为优秀教师。然而，读教育名著，与大师对话，和名校交流，拜专家为师，以学者为友，学什么？我对老师们说，我们固然要学大师们的理论精髓和实践经验，但更重要的是学习他们不迷信权威的创新精神，学习他们不懈追求探索的人生境界和献身事业的人格力量。只有这样，我们才能把学习内容转化积淀为自己的综合素养和创造能力，才能提升自己和事业的境界。几年来，我校一直组织教师认真阅读文化教育名著。《帕夫雷什中学》《怎样培育真正的人》《给教师的一百条建议》(苏霍姆林斯基),《爱心与教育》《走进心灵》(李镇西),《班主任工作漫谈》(魏书生),《发现母亲》(王东华),《仁爱一生》(特雷莎修女)等都是人手一册,人人必读。学校曾在寒假前布置了教师假期读书任务,春节后上班的第一天即组织检测考试。试题列举如下:

一、根据苏霍姆林斯基《给教师的一百条建议》一书填空。

1. ________应当成为吸引学生爱好的最重要的发源地,如果学生________那他就连教科书也读不好。

2. 阅读________,才能使教科书里包含的那点科学基础知识,对教师来说只不过是入门的常识。

3. 如果学生有了一门喜爱的学科,那么你不必为他没有在各科上都取得"五分"而不安。应当使人更为担心的,倒是________,多年的经验使我确信,这种学生是不懂得脑力劳动欢乐的平庸之辈。

4. 儿童在入学时都带有渴求知识的火花,但是在有的人身上,这点火花很快就熄灭了,而产生了教学上最凶恶最可怕的敌人:________。情感是学习的最大动力。为了使学生有强烈的学习兴趣,就必须使他们有丰富多彩、引人入胜的智力生活。因此,教学要联系实际,引进________,而不能把学生的思维套进黑板和课本的框框里,不要让教室的四堵墙把学生和气象万千的世界隔绝开来,因为在世界的奥秘中包含着思维和创造的取之不竭的源泉。

5. 教育的重要任务就是渐渐养成学生从事紧张的创造性脑力劳动的习惯。在掌握知识的过程中,要同时培养脑力劳动的素养和自我纪律。教育者的作用是跟受教育者的________有机融合在一起的。________的培养,就是从自己向自己提出目标、集中智慧的努力思考以及进行自我监督开始的。教育的意义在于使学生在脑力劳动中感到什么叫困难。

6. 学校里不应当有任何一个________的学生,即对任何事都不感兴趣,没有任何东西能使他激动和向往。我们必须给所有的学生都找到最爱做的事。

7. 请任何时候都不要忘记,我们面对的是极易受到伤害的极其脆弱的心灵,学校的学习不是毫无热情地把知识从一个头脑里装进另一个头脑里,而是师生之间每时每刻都在进行的________。如果认为我们的学生都是能够顽强地克服困难的英雄，那就未免想得太天真而且错误了。教师不应该是一个冷酷无情的监工。

一位老师说，我们的校长像一位严厉的父亲，硬逼着他的儿女读书进步成才。

实践中我体会到，广大教师这种因读书而提升的核心内容是教育的爱心、教育的理想信念和社会良知与社会责任心，这是一个“真正的教师”不可或缺的精神底子。

教育就是爱，爱就是教育。爱心是人类的一种高级情感，但是又和人类的理智、道德、审美、人格相互关联。“爱心育人”不仅是一般的职业素养和职业要求，更是教育人道主义的体现。教育是培养生命的事业，世界上还有比生命更重要的吗？作为教师，最可贵的是能够保持高尚的人道主义情怀。在过去的年代，物质生活的贫乏，爱心缺少营养难以生长；应试教学扭曲了爱的教育，更不要说在“阶级斗争为纲”的时代人们的潜意识里只有斗争没有爱心了。令人欣喜的是，现在我们可以大声高喊：教育的爱心便是一种教育的圣心。

“大多数身体有缺陷，很多有慢性皮肤病，使他们步履不便，或是头上长癞疮，或是衣衫褴褛，满身是虱子；很多人骨瘦如柴，形容枯槁，目光无力；有的是不知羞耻，惯于伪善和欺骗；另一些儿童为不幸所折磨，变成猜疑、胆怯的人，完全缺乏感情。”面对这些孤儿、弃儿、病儿、弱儿，裴斯泰洛齐和他们“一同哭泣，一同欢笑……”“他们生病时，我在他们身边；他们健康时，我也在他们身边；他们睡觉时，我还在他们身边。我最后一个睡觉，第一个起床，在寝室里，我们一起祈祷……直到他们熟睡为止。”被孩子们称为“慈父”的裴斯泰洛齐说，我的目的在于使他们过着共同的新生活，产生新的力量，在孩子们中间唤醒他们的兄弟般的情谊，使他们成为热情的公正的亲切的人。他用自己的行动谱写了“爱的教育”的人类奇迹，他是我心目中的“爱心之父”。从他身上，从苏霍姆林斯基身上，从陶行知身上，我得到一个启迪：作为教师，爱心比什么都重要！

苏霍姆林斯基指出：“教育中的皮带和拳头……这是我们教育工作者的羞愧与耻辱……教师在学生手册里写上：‘你们的儿子不想学习，请采取措施。’这实质上就是教师经常把一根鞭子放在学生的书包里，而父亲就用这根鞭子来抽打自己的儿子。试想一下这样的情景：一个复杂的外科手术正在进行之中，技术高超的外科医生正俯身在露出的伤口上动手术。突然，一个腰里别着斧头的屠夫闯进了手术室，他拔出斧头就朝伤口砍去。那么，这把脏斧头，就等于是教育中的皮带和拳头。”（《公民的诞生》）如果你认真阅读过如此精彩生动的论述，教育中的“皮带和拳头”是不会出现在我们的教室和校园的。

多年来，我把“爱心育人，爱满校园”作为学校管理和教师队伍建设最重要的奠基工程来抓。我提出，爱心育人应该包括爱心、诚心、细心、耐心、恒心这五个方面的育人准则。我深信，拥有爱心，是一个教师走向成熟和成功的事业“护照”，一支拥有爱心的教师队伍是学校最可宝贵的财富。

三、教师的阅读爱好决定一所学校的学风和校风

在眼下的中国教育领域，一个不容忽视的现实问题是，当代中学生不读书。教育就是培养良好的习惯，而其中最重要的习惯应该是读书的习惯。学会读书，爱好阅读，是“学会学习”的最主要内容。不难想象，一个学生在离开学校后如果厌恶读书的话，那实在是可悲的。而要让阅读成为学生的自觉习惯和精神需要，最重要的是教师。

教师的读书风气能影响和带动学生的爱好和社会的风尚。“如果你的学生感到你的思想在不断地丰富着，如果学生深信你今天所讲的不是重复昨天讲过的话，那么，阅读就会成为你的学生的精神需要。”（苏霍姆林斯基）当书籍成为教师的第一至爱的时候，喜爱读书便会成为学生的第一爱好。从一定意义上说，教师的读书爱好，决定着一所学校的校风。当前，高考制度的改革正昭示着素质教育的美好前景，近年来的高考作文题无不显示出这一特点：跳出题海、跳进书海是一种必然的发展趋势。把学校办成书籍的王国，师生们的生活必将更加美好，学校必将更加美好。

苏霍姆林斯基在他的伟大著作中还精辟地揭示出一个读书的真理：学生智力的发展取决于阅读能力。“30 年的经验使我深信，学生的智力发展取决于良好的阅读能力。”“如果阅读对于学生成为通往知识世界的一个最重要的窗口，那就没有必要花费许多时间给学生补课了。”他认为，学习发生困难和形成差生的一个重要原因是一天到晚死啃教科书，“拼命使用他的记忆机器”。正因为“学

生除了教科书以外什么都不阅读，那他就连教科书也读不好”。如果我们真的想减轻学生的脑力劳动，那就要“让他们走到学校图书馆的书架跟前去，让书籍从沉睡的巨人变成青年时代的挚友”！（《给教师的一百条建议》）

阅读优秀书籍是最好的自我教育和自我完善，这是苏霍姆林斯基为我们提供的又一重要教诲。他说：“我坚定地相信，少年的自我教育是从读一本好书开始的。”“自己对自己谈话，诉诸自己的良心，这才是真正的自我教育。只有那些从人类的道德财富中给自己找到榜样的人，只有那些希望从这些财富中为自己的心灵吸取最宝贵的东西的人，才能达到思想和生活的崇高境界。我以为，只有当每一个青年都找到一本在他的一生中留下很深的痕迹的书时，才算达到了教育目的。”“书籍对少年来说，并不是真理的仓库，而是内心体验的源泉。”（《给教师的一百条建议》）在他看来，一个人在少年时代和青少年时期读过哪些书，会影响甚至决定人的一生。

请看看我们身边的学生，我敢断言，那些学习落后、讨厌上学，那些不思进取、不肯用功，那些品性不好、行为不良的，尽管生活背景各不相同，个性、缺点各不相同，但有一点是共同的，这就是没有阅读的爱好和习惯。

多年来，我校认真抓好教师的读书和学生的阅读这两件大事，提出让图书馆成为全体学生的“精神王国”，让一份优秀报刊伴随学生成才，让阅览室成为教师最向往的地方。我坚信，做一个“学习型”的教师是教师成长成才、成名成家的必由之路，把学校办成学习的团体，是办学成功的必由之路！

四、为新世纪培育“读书人口”

提倡教师读书并带动学生阅读，还有一个重要的社会意义，这就是为新世纪培育“读书人口”。我认为，没有学习化的社会就没有现代化的社会。

苏霍姆林斯基十分深刻又富于诗意地指出，一个不读书的社会就是一个牢狱，一个不读书的人就如生活在这种牢狱之中。“如果一个人在青少年时代不想求知，那就是最可怕的不幸，——也是家庭的不幸，学校的不幸，社会的不幸！一个人不想求知，他就好比用一道无形的铁栅栏把自己跟广阔的天地隔离开来，然而谁知后来这道无形的铁栅栏也许会变成真正的牢狱呢！”（《给教师的一百条建议》）

苏氏认为，读书能帮助人实现终身学习。“但学校毕业后的教育主要是自我教育。只有当一个人在上学年代里就爱上书籍，学会从书籍里认识周围世界和认识自己的时候，他在毕业后的自我教育才有可能。如果在学校年代里没有打下这个自我教育的基础，如果一个人在走出校门后不知阅读为何物，或者只局限于看那些侦探小说，那么他的精神世界就是粗鲁的，他就会到那种毫无人性的地方去寻找刺激性的享受。”(《给教师的一百条建议》)我想，任何一个有社会责任感的教育工作者，都应该用自己的良知去思考：为了培养完整的人，培养终身可持续发展的人，为了我们民族的兴盛不衰，我组织学生读书了吗？

纵观全世界，凡喜欢读书的民族，往往都是十分优秀的民族。在犹太民族，小孩稍微懂事时，母亲会在《圣经》上滴一点蜂蜜，让孩子去吻，让孩子在心灵上知道书本是甜蜜的。在那种书香社会里，我们知道，它至少诞生了像马克思、爱因斯坦、弗洛伊德这样一些人类的天才。俄罗斯每 20 人拥有一套《普希金全集》；韩国以书柜代替酒柜，着力建设书香社会；美国的大学入学人数在中国的“十五”期间可以达到占总人口数的 80%的比例……我们呢？

有人说，当前中国社会有三大污染——权力污染、信用污染、环境污染。其中信用污染的源头便是没有读书风气而导致了国民素质下降。在一个没有信用的社会中生存，生活变得越来越沉重，每一个成员都在承受着没有信用的痛苦。而且，市场经济应该是一种“信用经济”，它的社会基础便是诚信为本的社会风尚。还有众所周知的一点便是，实现社会现代化的前提和基础便是人的现代化，没有读书的社会氛围和风尚，没有学习化的社会，现代化社会又从何谈起。

有识之士担忧，现在的教育，也许永远出不了民族文化大师。如果这种担心和假设成立的话，那是多么可悲和可怕啊！在第二次世界大战时，有一个记者问英国首相邱吉尔先生：“莎士比亚与印度哪个更重要？”邱吉尔首相回答他说，宁可失去 50 个印度，也不能失去一个莎士比亚。一个民族之所以伟大，是因为有它的文化，有它古老的智慧和杰出的人才。

我一直有一种担忧，当代中国教育，能担当如此的社会和历史重任吗？

不过，我想，当我们真正意识到“为新世纪培育读书人口”这一教育的社会责任的时候，我们的基础教育面貌就一定会发生根本性的变化。

在本文行将结束的时候，还想和读者朋友谈一谈读书的时间问题。有的人总说没有时间读书，其实我认为关键是想不想读。请想一想，你的晚上呢？双休日呢？节假日呢？有人说，看一个人是不是有志向有出息，或者说，人和人的区别主要看两点——一是看他交怎样的朋友，二是看他的业余时间怎样安排，怎样度过。

还要耐得寂寞耐得繁华。现代生活，外面的世界真热闹！有诱惑力的东西太多了。要读书就要学会坐冷板凳。只身一人，孤灯一盏，寒窗苦读，是要有一点精神和追求的。我建议大家向武侠大师金庸学一学。当年，金庸在香港办报，身为报社大老板，每天亲自写千字的(连载)小说千字的评论，并且一写就是20年，写出了令我们叹为观止的成就！

这是一种寂寞的力量，这是一个读书人的力量，这更是教师和教育应有的力量。

读一本书就获得一分自由，读的书越多，获得的自由度就越大。

不读书愚而可哀；只读书迂而可惜；读而后作，作而出新，是大智慧。

书与人的随想

梁 衡

在所有关于书的格言中，我最喜欢赫尔岑的这句话："书是行将就木的老人对刚刚开始生活的年轻人的忠告。……种族、人群、国家消失了，但书却留存下去。"

人类社会是一个连续发展的过程，我们常将它们比作历史长河，而每个人都是途中搭行一段的乘客。每当我们上船之时，前人就将他们的一切发现和创造，浓缩在书本中，作为欢迎我们的礼物，同时也是交班的嘱托。由于有了这根接力魔棒，所以人类几十万年的历史，某一学科积几千年而有的成果，我们便可以在短时间内将其掌握，而腾出足够的时间去进行新的创造。书籍是我们视接千载、心通四海的桥梁，是每个人来到这个世界上首先要拿到的通行证。历史愈久，文明积累愈多，人和书的关系就愈紧密相连。

现实生活中我们常常会发现一个新世界，比如海洋、太空、微生物等等。凡新世界都会给我们带来无穷的乐趣。但真正大的世界是书籍，它是平行于物质世界的另一个精神世界。有位养生家说过这样一句话："健康是幸福，无病最自由。"这是讲作为物质的人。正常人刚生下来没有任何疾病，一张白纸，生机盎然，傲对来世。以后风寒相侵，细菌感染，七情六欲，就灾病渐起，有一种病就减少一分活动的自由。作为精神的人正好与此相反。他刚一降生时，对这个世界一无所知，迷蒙蒙，怯生生，茫然对来世。于是就识字读书，读一本书就获得一分自由，读的书越多，获得的自由度就越大。所以一个学者到了晚年，哪怕他是疾病缠身，身体的自由度已极小极小，精神的自由度却可达到最大最大，甚至在去世之后他所创造的精神世界仍然存在。哥白尼一生研究日心说，备受教会迫害，到晚年困顿于城堡中，双目失明，举步维艰，但他终于完成了划时代巨著《天体运行》。到去世前一刻，他摸了摸这本刚出版的新书欣然离开了人世。这时他在天文世界里已获得了最大自由，而且还使后人也不断分享他的自由。

中国古代有人之初性恶性善之争。我却说，人之初性本愚，只是后来靠读书才解疑释惑，慢慢开启智慧。凡书籍所记录、所研究的范围，所涉及的东西，他都可以到达，都可以拥有。不读书的人无法理解读书人的幸福，就像足不出户者无法理解环球旅行者或者登月人的心情。既然书总结了人类的一切财富，总结了做人的经验，那么读书就决定了一个人的视野、知识、才能、气质。当然读书之后还要实践，但这里又用到了高尔基的那句话："书籍是人类进步的阶梯。"如果你脚下不踏一梯，你的实践又能走出多远呢？那就只能像一只不停刨洞的土拨鼠，终其一生也不过是吃穿二字。你可以自得其乐，但实际上已比别人少享受了半个世界。

一个人只有当他借助书籍进入精神世界，洞察万物时，他才算跳出了现实的局限，才有了时代和历史的意义。古语言：读书知理。谁掌握了真理谁就掌握了世界。所以读书人最勇敢，常一介书生敢当天下。像毛泽东当年不就是以一青年知识分子而独上井冈，面对腥风血雨坚信能再造一个新中国，他懂得阶级分析、阶级斗争这个理。像马寅初那样，敢以一朽老翁面对汹汹批判，而坚持到胜利。他懂得人口科学这个理。他知道即使身不在而理亦存，其身早已置之度外。读书又给人最大的智慧。爱因斯坦在伽利略、牛顿之书的基础上，发现相对论，物理世界一下子进入一个新纪元。马克思穷读了他之前的所有经济学著作，发现了剩余价值规律，指出资本主义必然灭亡，一下子开辟了社会主义革命的新纪元。他们掌握了事物之理，看世界就如庖丁观牛，"以神遇而不以目视"，这是常人之所难及。所以从一定意义上讲读书造人。你要成为某方面有用的人，就得攻读某方面的书，你要有发现和创造就得先读过前人积累的书。毛泽东讲，从孔夫子到孙中山都要给以总结，历史也就真的产生了毛泽东、邓小平这样的巨人。这就是为什么一个民族的甚至世界的伟人，必定是一个知识分子，一个读书人，一个读书最多的人。

我们作为一个历史长河中的旅人，上船时既得到过前人书的赠礼，就该想到也要为下班乘客留一点东西。如果说读书是一个人有没有求知欲的标志，那么写作就是一个人有没有创造力和责任感的标志。读书是吸收，是继承；写作是创造，是超越。当一个人读懂了世界，吸足了知识，并经过了实践的发展之后才可能写出属于他自己而又对世界有用的东西，这就叫贡献。这样他才真正完成了继承与超越的交替，才算尽到历史的责任。写作是检验一个人的学识才智的最简单方法，写书不是抄书，你得把前人之书糅进自己的实践，得出新的思想，如鲁迅之谓吃进草，挤出牛奶。这是一种创造，如同科学技术的发现与发明，要智慧和勇气。小智勇小文章，大智勇大文章。唐太宗称以铜为镜、以史为镜、以人为镜，其实文章也是一面大镜子，验之于作者可知驽骏。古往今来，凡其人庸庸，其言云云，其政平平者，必无文章。古人云立德立言，人必得有新言汇入历史长河而后才得历史的承认。无论马、恩、毛、邓，还是李、杜、韩、柳，功在当世之德，更在传世之文，他们有思想的大发现大发明。我们不妨把每个人留给这个世界的文章或著作算作他搭乘历史之舟的船票，既然顶了读书人的名，最好就不要做逃票人。这船票自然也轻重不同，含金量不等，像《资本论》或者《红楼梦》，那是怎样一张沉甸甸的票据啊。书的分量，其实也是人的分量。

不读书愚而可哀；只读书迂而可惜；读而后有作，作而出新，是大智慧。

教师应当有丰厚的文化底蕴，好教师总是真正有人文素养的人，他不会违背以人为本的终极关怀。惟此，才能带给学生广博的文化浸染，才能让学生在广阔的精神空间自由驰骋。

无论你教什么功课，任什么职，搞教育的都要读一点文学、哲学、史学，把提高人文素养作为进业修身的必修课。

百年思索

龙应台

在台湾，我大概一年只做一次演讲。今天之所以愿意来跟法学院的同学谈谈人文素养的必要，主要是由于看到台湾“解严”以来变成如此政治掩盖一切的一个社会，而我又当然不能不注意到，台湾进入21世纪的政治人物里有相当高的比例来自这个法学院。各方面的候选人也好，民意代表也好，不知道有多少是来自台大政治系、法律系，再不然就是农经系，是不是？

但是今天的题目不是“政治人物”——而是“政治人”——要有什么样的人文素养。为什么不是“政治人物”呢？因为对今天已经是40岁以上的人要求他们有人文素养，是太晚了一点，今天面对的你们大概20岁；在25年之后，你们很可能在极大程度上影响社会。但是昨天我听到另一个说法。我的一个好朋友说：“你确实应该去台大法学院讲人文素养，因为这个地方出产最多危害社会的人。”

25年之后，当你们之中的诸君变成社会的领导人时，我已72岁，我还要被你们领导，受你们影响。所以“先下手为强”，今天先来影响你们。

我们为什么要关心今天的“政治人”，明天的政治人物？因为他掌有权力，他将决定一个社会的走向，所以我们这些可能被他决定大半命运的人，最殷切的期望就是，你这个权力在手的人，拜托，请务必培养价值判断的能力。你必须知道什么叫做“价值”，你必须知道如何做“判断”。

我今天完全不想涉及任何的现实政治，让我们远离政治一天。今天所要跟你们共同思索的是:我们如何对一个现象形成判断,尤其是在一个众说纷纭、真假不分的时代里。25年之后,你们之中的某个人也许必须决定:你是不是应该强迫像钱穆这样的国学大师搬出他住了很久的素书楼;你也许要决定,在五四105周年的那一天,你要做什么样的谈话来回顾历史?25年之后,你也许要决定,到底日本跟中国的关系,战争的罪责和现代化的矛盾,应该怎么样去看?中国文化在世界的历史发展上,又处在什么地位?甚至于,西方跟东方的文明,他们之间全新的交错点应该在哪里?25年之后,你们要面对这些我们没有解决的旧问题,加上我们现在也许无法设想的新的问题,而且你们要带着这个社会走向新的方向。我希望我们今天的共同思索是一个走向未来的小小预备。

人文是什么呢?我们可以暂时接受一个非常粗略的分法,就是"文""史""哲",三个大方向。先谈谈文学,指的是最广义的文学,包括文学、艺术、美学,广义的美学。

文学——白杨树的湖中倒影

为什么需要文学?了解文学、接近文学,对我们形成价值判断有什么关系?如果说,文学有一百种所谓"功能"而我必须选择一种最重要的,我的答案是:德文有一个很精确的说法,macht sichtbar,意思是"使看不见的东西被看见"。在我自己的体认中,这就是文学跟艺术的最重要、最实质、最核心的一个作用。我不知道你们这一代人熟不熟悉鲁迅的小说?他的作品对我们这一代人是禁书。没有读过鲁迅的请举一下手!(约有一半人举手)鲁迅的短篇《药》,讲的是一户人家的孩子生了痨病。民间的迷信是,馒头沾了鲜血给孩子吃,他的病就会好。《祝福》里的祥林嫂,祥林嫂是一个唠唠叨叨的近乎疯狂的女人,因为她的孩子给狼叼走了。

让我们假想,如果你我是生活在鲁迅所描写的那个村子里头的人,那么我们看见的,理解的,会是什么呢?祥林嫂,不过就是一个让我们视而不见或者绕道而行的疯子。而在《药》里,我们本身可能就是那一大早去买馒头,等看人砍头的父亲或母亲,就等着要把那个馒头泡在血里,来养自己的孩子。再不然,我们就是那小村子里头最大的知识分子,一个口齿不清的秀才,大不了对农民的迷信表达一点不满。但是透过作家的眼光,我们和村子里的人生就有了艺术的距离。在《药》里头，你不仅只看见愚昧，你同时也看见愚昧后面人的生存状态，看见人的生存状态中不可动摇的无可奈何与悲伤。在《祝福》里头，你不仅只看见贫穷粗鄙，你同时看见贫穷下面“人”作为一种原型最值得尊敬的痛苦。文学，使你“看见”。

我想作家也分成三种吧！坏的作家暴露自己的愚昧，好的作家使你看见愚昧，伟大的作家使你看见愚昧的同时认出自己的原型而涌出最深刻的悲悯。这是三个不同层次。

文学与艺术使我们看见现实背面更贴近生存本质的一种现实，在这种现实里，除了理性的深刻以外，还有直觉的对“美”的顿悟。美，也是更贴近生存本质的一种现实。

谁……能够完整地背出一阕词？讲我最喜欢的词人苏东坡好了。谁今天晚上愿意为我们朗诵《江城子》？（骚动、犹豫，一男学生腼腆地站起来，开始背诵）

十年生死两茫茫，不思量，自难忘。
千里孤坟，无处话凄凉。
纵使相逢应不识，尘满面，鬓如霜。
夜来幽梦忽还乡，小轩窗，正梳妆。
相顾无言，惟有泪千行。料得年年断肠处……

（学生忘词，支吾片刻，一位白发老先生朗声接下：“明月夜，短松岗。”热烈掌声）

你说这短短七十个字，它带给我们什么？它对我们的价值判断有什么作用？你说没有，也不过就是在夜深人静的时候，那欲言又止的文字，文字里幽渺的意象，意象所激起的朦胧的感觉，使你停下来叹一口气，使你突然看向窗外倏然灭掉的路灯，使你久久地坐在黑暗里，让孤独笼罩，与隐藏最深的自己素面相对。

但是它的作用是什么呢？如果鲁迅的小说使你看见了现实背后的纵深，那么，一阕动人、深刻的词，我想，它提供了一种“空”的可能，“空”相对于“实”。空，是另一种现实。我们平常看不见的、更贴近存在本质的现实。

假想有一个湖，湖里当然有水，湖岸上有一排白杨树，这一排白杨树当然是实体的世界，你可以用手去摸，感觉到它树干的凹凸的质地。这就是我们平常的理性的现实的世界，但事实上有另外一个世界，我们不称它为“实”，甚至不注意到它的存在。水边的白杨树，不可能没有倒影，只要白杨树长在水边就有倒影。而这个倒影，你摸不到它的树干，而且它那么虚幻无常：风吹起的时候，或者今天有云，下小雨；或者满月的月光浮动；或者水波如镜面，而使得白杨树的倒影永远以不同的形状、不同的深浅、不同的质感出现，它是破碎的，它是回旋的，它是若有若无的。但是你说，到底岸上的白杨树才是惟一的现实？还是水里的白杨树，才是惟一的现实？然而在生活里，我们通常只活在一个现实里头，就是岸上的白杨树那个层面，手可以摸到、眼睛可以看到的层面，而往往忽略了水里头那个"空"的，那个随时千变万化的，那个与我们的心灵直接观照的倒影的层面。

文学，只不过就是提醒我们：除了岸上的白杨树外，有另外一个世界可能更真实存在，就是湖水里头那白杨树的倒影。

哲学——迷宫中望见星空

哲学是什么？我们为什么需要哲学？

欧洲有一种迷宫，是用树篱围成的，非常复杂。你进去了就走不出来。不久前，我还带着我的两个孩子在巴黎迪士尼乐园里走那么一个迷宫。进去之后，足足有半个小时出不来，但是两个孩子倒是有一种奇怪的动物本能，不知怎么的就出去了，站在高处看着妈妈在里头转，就是转不出去。

我们每个人的人生处境，当然是一个迷宫，充满了迷惘和彷徨，没有人可以告诉你出路何在。我们所处的社会，尤其是"解严"后的台湾，价值颠倒混乱，何尝不是处在一个历史的迷宫里，每一条路都不知最后通向哪里。

就我个人体认而言，哲学就是，我在绿色的迷宫里找不到出路的时候，夜晚降临，星星出来了，我从迷宫里抬头往上看，可以看到满天的星斗；哲学，就是对于星斗的认识。如果你认识了星座，你就有可能走出迷宫，不为眼前障碍所惑，哲学就是你望着星空所发出来的天问。

今天晚上，我们就来读几行《天问》吧。

> 天何所沓？十二焉分？日月安属？列星安陈？
> 何阖而晦？何开而明？角宿未旦，曜灵安藏？

两千多年以前，屈原站在他绿色的迷宫里，仰望满天星斗，脱口而出这样的问题。他问的是，天为什么和地上下相合？12个时辰怎样历志？日月附着在什么地方？28个星宿根据什么排列？为什么天门关闭，为夜吗？为什么天门张开，为昼吗？角宿值夜，天还没有亮，太阳在什么地方隐藏？

基本上，这是一个三岁的孩子，眼睛张开第一次发现这个世界上有天上这闪亮的碎石子的时候所发出来的疑问，非常原始；因为原始，所以深刻而巨大，所以人对这样的问题，无可回避。

掌有权力的人，和我们一样在迷宫里头行走，但是权力很容易使他以为自己有能力选择自己的路，而且还要带领群众往前走，而事实上，他可能既不知道他站在什么方位，也不知道这个方位在大格局里有什么意义；他既不清楚来时走的是哪条路，也搞不明白前面的路往哪里去；他既未发觉自己深处迷宫中，更没发觉，头上就有纵横的星图。这样的人，要来领导我们的社会，实在令人害怕。其实，所谓走出思想的迷宫，走出历史的迷宫，在西方的历史里头，已经有特定的名词，譬如说，“启蒙”，18世纪的启蒙。所谓启蒙，不过就是在绿色的迷宫里头，发觉星空的存在，发出天问，思索出路，走出去。对于我，这就是启蒙。

所以，如果说文学使我们看见水里白杨树倒影，那么哲学，使我们能借着星光的照亮，摸索着走出迷宫。

史学——沙漠玫瑰的开放

我把史学放在最后。历史对于价值判断的影响，好像非常清楚。鉴往知来，认识过去才能预测未来，这话都已经说烂了。我不太用成语，所以试试另外一个说法。

一个朋友从以色列来，给我带了一朵沙漠玫瑰。沙漠里没有玫瑰，但是这个植物的名字叫做沙漠玫瑰。拿在手里，是一蓬干草，真正的枯萎干的，死掉的草，这样一把，很难看。但是他要我看说明书。说明书告诉我，这个沙漠玫瑰其实是一种地衣，针叶型，有点像松枝的形状。你把它整个泡在水里，第八天它会完全复活；把水拿掉的话，它又会渐渐干掉，枯干如沙。把它再藏个一年两年，然后，哪一天再泡在水里，它又会复活。这就是沙漠玫瑰。

好，我就把这团枯干的草，用一个大玻璃碗盛着，注满了清水，放在那儿。从那一天开始，我跟我的两个宝贝儿子，就每天去探看沙漠玫瑰怎么样了。第一天去看它，没有动静，还是一把枯草浸在水里头。第二天去看的时候发现，它有一个中心，这个中心已经从里头往外头，稍稍舒展松了，而且有一点绿的感觉，还不是颜色。第三天再去看，那个绿的模糊的感觉已经实实在在是一种绿的颜色，松枝的绿色，散发出潮湿青苔的气味，虽然边缘还是干死的。它把自己张开，已经让我们看出了它真有玫瑰形的图案。每一天，它核心的绿意就往外扩展一寸。我们每天给它加清水，到了有一天，那个绿色已经渐渐延伸到它所有的手指，层层舒展开来。

第八天，当我们去看沙漠玫瑰的时候，刚好我们一位邻居也在，他就跟着我们一起到厨房里去看。这一天，展现在我们眼前的是完整的、丰润饱满、复活了的沙漠玫瑰！我们三个疯狂大叫出声，因为太快乐了，我们看到一朵尽情开放的浓绿的沙漠玫瑰。这个邻居在旁边很奇怪地说，这一把杂草，你们干嘛呀？我愣住了。

是啊，在他的眼中，它不是玫瑰，它是地衣啊！你说，地衣再美，美到哪里去呢？他看到的就是一把挺难看、气味潮湿的低等植物，搁在一个大碗里；也就是说，他看到的是现象的本身定在那一个时刻，是孤立的，而我们所看到的是现象和现象背后一点一滴的线索，辗转曲折、千丝万缕的来历。

于是，这个东西在我们的价值判断里，它的美是惊天动地的，它的复活过程就是宇宙洪荒初始的惊骇演出。我们能够对它欣赏，只有一个原因：我们知道它的起点在哪里。知不知道这个起点，就形成我们和邻居之间价值判断的南辕北辙。

不必说鉴往知来，我只想告诉你沙漠玫瑰的故事罢了。对于任何东西、现象、问题、人、事件，如果不认识它的过去，你如何理解它的现在到底代表什么意义？不理解它的现在，又何从判断它的未来？不认识过去，不理解现在，不能判断未来，你又有什么资格来做我们的“领导人”？

对于历史我是一个非常愚笨的、非常晚熟的学生。40岁之后，才发觉自己的不足。写“野火”的时候我只看孤立的现象，就是说，沙漠玫瑰放在这里，很丑，我要改变你，因为我要一朵真正芬芳的玫瑰。40岁之后，发现了历史，知道了沙漠玫瑰一路是怎么过来的，我的兴趣不再是直接的批评，而在于：你给我一个东西、一个事件、一个现象，我希望知道这个事件在更大的坐标里头，横的跟纵的，它到底是在哪一个位置上？在我不知道这个横的跟纵的坐标之前，对不起，我不敢对这个事情批判。

了解这一点之后，对于这个社会的教育系统和传播媒体所给你的许许多多所谓的知识，你发现，恐怕有百分之六十都是半真半假的东西。比如说，我们从小就认为所谓西方文化就是开放的、民主的、讲究个人价值、反抗权威的文化，都说西方是自由主义的文化。用自己的脑子去研究一下欧洲史以后，你就大吃一惊：哪有这回事啊？西方文艺复兴之前是一回事，文艺复兴之后是另一回事；启蒙主义之前是一回事，启蒙主义之后又是另一回事。然后你也相信过，什么叫中国，什么叫中国国情，就是专制，两千年的专制。你用自己的脑子研究一下中国历史就发现，咦，这也是一个半真半假的陈述。中国是专制的吗？朱元璋之前的中国跟朱元璋之后的中国不是一回事的；雍正乾隆之前的中国，跟雍正乾隆之后的中国又不是一回事的，那么你说“中国两千年专制”指的是哪一段呢？这样的一个斩钉截铁的陈述有什么意义呢？自己进入历史之后，你纳闷：为什么这个社会给了你那么多半真半假的“真理”，而且不告诉你他们是半真半假的东西？

对历史的探索势必要迫使你回头去重读原典，用你现在比较成熟的、参考系比较广阔的眼光。重读原典使我对自己变得苛刻起来。有一个大陆作家在欧洲某一个国家的餐厅吃饭，一群朋友高高兴兴地吃饭，喝了酒，拍拍屁股就走了。离开餐馆很远了，服务生追出来说：“对不起，你们忘了付账。”作家就写了一篇文章大大地赞美欧洲人民族性多么的淳厚，没有人怀疑他们是故意白吃的。要是在咱们中国的话，吃饭忘了付钱人家可能要拿着菜刀出来追你的。我写了篇文章带点反驳的意思，就是说，对不起，这可不是民族性、道德水平或文化差异的问题。这恐怕根本还是一个经济问题。比如说如果作家去的欧洲正好是二次大战后粮食严重不足的德国，德国侍者恐怕也要拿着菜刀追出来的。这不是一个道德的问题，而是一个发展阶段的问题，或者说，是一个体制结构的问题。

写了那篇文章之后，我洋洋得意觉得自己很有见解。好了，有一天重读原典的时候，翻到一个畅销作家两千多年前写的文章，让我差点从椅子上一跤摔下来。我发现，我的“了不起”的见解，人家两千年前就写过了，而且写得比我还好。这个人是谁呢？（投影打出《五蠹篇》）

韩非子要解释的是：我们中国人老是赞美尧舜禅让是一个多么道德高尚的

事情,但是尧舜"王天下"的时候,他们住的是茅屋,他们穿的是粗布衣服,他们吃的东西也很差,也就是说,他们的享受跟最低级的人的享受是差不多的。然后禹当国王的时候他的劳苦跟"臣虏之劳"也差不多。所以尧舜禹做政治领导人的时候,他们的待遇跟享受和最底层的老百姓差别不大,"以是言之",那个时候他们很容易禅让,只不过是因为他们能享受的东西很少,放弃了也没有什么了不起。

但是"今之县令",在今天的体制里,仅只是一个县令,跟老百姓比起来,他享受的权力非常大。用20世纪的语言来说,他有种种"官本位"所赋予的特权,他有终身俸、住房优惠、出国考察金、医疗保险……因为权力带来的利益太大了,而且整个家族都能享受这个好处,谁肯让呢?"轻辞古之天子,难去今之县令者",原因,不是道德,不是文化,不是民族性,是什么呢?"薄厚之实异也",实际利益,经济问题,体制结构,造成今天完全不一样的行为。

看了韩非子的《五蠹篇》之后,我在想,算了,两千年之后你还在写一样的东西,而且自以为见解独到。你,太可笑,太不懂自己的位置了。

这种衡量自己的"苛刻",我认为其实应该是一个基本条件。我们不可能知道所有前人走过的路,但是对于过去的路有所认识,至少是一个追求。讲到这里我想起艾略特很有名的一篇文学评论,谈个人才气与传统,强调的也是:每一个个人创作成就必须放在文学谱系里去评断才有意义。谱系,就是历史。然而这个标准对20世纪的中国人毋宁是困难的,因为长期政治动荡与分裂造成文化的严重断层,我们离我们的原典,我们的谱系,我们的历史,非常、非常遥远。

文学、哲学跟史学。文学让你看见水里白杨树的倒影;哲学使你从思想的迷宫里认识星星,从而有了走出迷宫的可能;那么历史就是让你知道,沙漠玫瑰有它的特定起点,没有一个现象是孤立存在的。

会弹钢琴的刽子手

素养跟知识有没有差别?当然有,而且有着极其关键的差别。我们不要忘记,纳粹头子很多会弹钢琴,有哲学博士学位。这些政治人物难道不是很有人文素养吗?我认为,他们所拥有的是人文知识,不是人文素养。知识是外在于你的东西,是材料,是工具,是可以量化的"知道";必须让知识进入人的认知本体，渗透他的生活与行为，才能称之为素养。人文素养是在涉猎了文、史、哲学之后，更进一步认识到，这些人文“学”到最后都有一个终极的关怀，对“人”的关怀。脱离了对“人”的关怀，你只能有人文知识，不能有人文素养。

素养和知识的差别，容许我窃取王阳明的语言来解释。学生问他为什么许多人知道孝悌的道理，却做出邪恶的事情。王阳明说：“此已被私欲隔断，不是知行的本体了。未有知而不行者；知而不行，只是未知。”在我个人的解读里，王阳明所指知而不行的“未知”就是“知识”的层次，而素养，就是“知行的本体”。王阳明用来解释“知行的本体”的四个字很能表达我对“人文素养”的认识：真诚恻怛。

对人文素养最可怕的讽刺莫过于：在集中营里，纳粹要犹太音乐家们拉着小提琴送他们的同胞进入毒气房。一个会写诗、懂古典音乐、有哲学博士学位的人，不见得不会妄自尊大、草菅人命。但是一个真正认识人文价值而“真诚恻怛”的人，也就是一个真正有人文素养的人，我相信，他不会违背以人为本的终极关怀。

在我们的历史里，不论是过去还是眼前，不以人为本的政治人物可太多了啊。

一切价值的重估

我们今天所碰到的好像是一个“什么都可以”的时代。从一元价值的时代，进入一个价值多元的时代。但是，事实上，什么都可以，很可能也就意味着什么都不可以：你有知道的权利，我就失去了隐密的权利；你有掠夺的自由，我就失去了不被掠夺的自由。解放不一定意味着真正的自由，而是一种变相的捆绑。而价值的多元是不是代表因此不需要固守价值？我想当然不是的。

我们所面临的绝对不是一个价值放弃的问题，而是一个“一切价值都必须重估”的巨大考验；一切价值的重估，正好是尼采的一个书名，表示在他的时代有他的困惑。重估价值是多么艰难的任务，必须是一个成熟的社会，或者说，社会里头的人有能力思考、有能力做成熟的价值判断，才有可能担负这个任务。

于是又回到今天谈话的起点。你如果看不见白杨树水中的倒影，不知道星空在哪里，同时没看过沙漠玫瑰，而你是政治系毕业的；25 年之后，你不知道文学是什么，哲学是什么，史学是什么，或者说，更糟的，你会写诗、会弹钢琴、有哲学博士学位同时却又迷信自己、崇拜权力，那么拜托，你不要从政吧！我想我们这个社会，需要的是“真诚恻怛”的政治家，但是它却充满了利欲熏心和粗暴恶俗的政客。政治家跟政客之间有一个非常非常重大的差别，这个差别，我个人认为，就是人文素养的有与无。

25年之后，我们再来这里见面吧。那个时候我坐在台下，视茫茫，发苍苍，齿牙动摇；意兴风发的“总统”候选人坐在台上。我希望听到的是你们尽其所能读了原典之后对世界有什么自己的心得，希望看见你们如何气魄开阔、眼光远大地把我们这个社会带出历史的迷宫——虽然我们永远在一个更大的迷宫里——并且认出下一个世纪星空的位置。

这是一场非常“前现代”的谈话，但是我想，在我们还没有属于自己的“现代”之前，暂时还不必赶凑别人的热闹谈“后现代”吧！自己的道路，自己走，一步一个脚印。

立身必先立学。只有立好了学，立精了学，方能在纷繁复杂的社会中立稳身，并在生活、事业等诸方面永远立于不败之地。

青年教师立身絮语

柏子伟

有书这样记载——

金字塔是古代埃及特有的一种方锥形大型建筑。因其造型颇似汉字中的“金”字，故名“金字塔”。

金字塔是古埃及奴隶制时代帝王的陵墓，现存的金字塔以非洲古王国第四王朝“法老”胡夫的金字塔最为高大雄壮。其塔建于公元前26世纪，塔基呈正方形，每边长约232米，塔高约146米，用230余万块巨石砌叠而成。其塔历经了30载而竣工。

——屈指一算，胡夫金字塔问世至今约4 000多年的漫长历史了。千百年来，此塔任风击雨袭，弹火浩劫，至今依然巍巍耸立在非洲大陆的尼罗河畔！掩卷惊叹之余，深究其原因，不能不归功于它有着坚实而宽厚的基础以及其科学的结构。

从古埃及金字塔那魁伟的英姿和它那坚实而宽厚的基础联想开去，作为一个身肩重任，功底尚浅，还比较年轻的人民教师，我曾沸腾，也一度迷惘、深思——感谢金字塔给我沉甸甸的启迪。教师只有以坚实而博厚的知识作为基础，才能教好书，为社会主义建设培养出高质量的人才；只有以良好的师德作奠基，才能育好人，为社会主义建设培养出开拓型的合格人才。教师就是靠渊博的知识和良好的师德顶天立地的！古今中外一切留丹心于史册的著名的教育家都无一例外。

一位著名教育家曾经说过：“教师是孩子们心目中最完善的偶像。”青年教师涉世未深，阅历尚浅，为人传道授业解惑，首当博览群书。只有以博厚的知识和丰厚的教养武装好自己，燃烧自己，才能为人楷模，塑造学生的灵魂。

没有渊博的学识，是不受社会和学生的欢迎的。教师的真正价值在于对学生的贡献。热爱教育事业，教师责无旁贷；博览群书，献身信念，是我们青年教师义不容辞的责任。

“不耻位之不尊，而耻德之不崇；不忧禄之不夥，而忧智之不博。”

这是我国东汉时杰出的科学家张衡的一句传世名言。我将它楷书挂在卧室的墙壁上，一字一句读给天真好奇的女儿听，要她天天背诵，待长大后还要领会它，并“择其善者而从之”。

我年少时非常喜爱读书，但由于家里穷而买不起课本以外的任何一本课外书籍。尽管我每次考试都以 90 分以上的优秀成绩捧着试卷给父母，乞求父母为我买一册哪怕最便宜的课外书籍，但父母每次都无奈地打开见底的油、盐罐给我看，眼里盈满酸楚和爱怜的泪，牛头不对马嘴地对我说：“过些年不会这样难了，你把老师给的课本读烂，不受我们一样的罪就行了。”幸好我的同桌课外书籍甚富，使我读了许多家人买不起的书。其中，有两个发人深思的小故事至今还深深地烙印在我的脑海里，它不随光阴的流逝而抹去痕迹，反而更加分明，教我深思，教我奋进。

那两个故事是这样记载的——

我国伟大的文学家鲁迅先生十分重视抄书。他抄过许多书，单从 1913 年 3 月 5 日至 3 月 27 日，他就抄完了约 10 万字的《后汉书》；为了讲授《中国小说史》，他摘录的卡片竟达 6 000 余张！久而久之，由于他勤抄书、勤读书，所抄录和所读过的文章时时都能倒背如流。他在勤抄中深思他人文章的布局谋篇，在勤读中领悟他人构思文章的独具匠心。不断坚持，奠定了他坚实的创作基础，所以能落笔成文，一生写出了许许多多脍炙人口的作品。

我国当代女作家茹志鹃家中挂着一帖条幅，上面写着如鹰凌空的两个大字：煮书。有人百思不得其解而谦问。茹志鹃说：“书，光看是不行的，看个故事情节，等于囫囵吞枣。应该读，读就仔细多了，然而读还不够，进而要‘煮’。‘煮’是何等的烂熟，透彻，不是一遍两遍可成的。”她读书竟达到了“煮”的程度，因而写出了许多优秀的文章。

这两个小故事，曾给了我 29 岁的人生许多颖悟。这一切都在用铁的事实证明：任何学问，任何知识，任何成绩的取得，都离不开博览群书。只有博览群书，博采众长，在勤读中思考，在思考中勤读，才能扎稳脚跟，进而更好地为自己坚定的信念奋斗。

吕叔湘先生是我国著名的语言学家，他曾颇有见地地指出读书人应该读三类书：一，有关自己专业的书——这是立身之本，这类书无论在什么时候、什么条件下都得读好；二，与专业有关的其他门类的书——多读这类书，对于开拓思路、增长见识有好处；三，作为一个现代中国人，要了解自己的民族，自己民族悠久的思想、文化、科学史；了解自己所处的时代，所处的环境，以及在这种时代、环境里萌生的各种新技术、新思想、新文化、新任务，须读好有关这类书。

教书育人者，首先应该是一个读书人。教育的未来属于青年教师，面对竞争的世界和世界的竞争，没有坚实而宽厚的科学知识作基础，青年教师时时有被时代鞭挞和淘汰的危险。记住："金字塔"是用书"煮"出来的；"金字塔"是用智慧"垒"起来的！为告诫自己，激励自己，谨于此絮语，亦同贻共和国年轻而又朝气蓬勃的一代同龄人——人类灵魂的工程师。

读好书，交高人，乃人生两大幸事。

要读到好书，要在茫茫书海中“精其选”；能够读到“用书而不为书所用”，就要“明其理”，也等于交高人了。

精其选，明其理

冯友兰

我7岁上学就读书，一直读到现在，基本上没有间断，不能说对于读书没有一点经验。我所读的书，大概都是文、史、哲方面的，特别是哲。我的经验总结起来有四点：一、精其选；二、解其言；三、知其意；四、明其理。

先说第一点。古今中外，积累起来的书真是多极了，浩如烟海。但是，书虽多，有永久价值的还是少数。可以把书分为三类，第一类是要精读的，第二类是可以泛读的，第三类是只供翻阅的。所谓精读，是说要认真地读，扎扎实实地一个字一个字地读。所谓泛读，是说可以粗枝大叶地读，只要知道它大概说的是什么就行了。所谓翻阅，是说不要一个字一个字地读，不要一句话一句话地读，也不要一页一页地读。就像看报纸一样，随手一翻，看看大字标题，觉得有兴趣的地方就大略看看，没有兴趣的地方就随手翻过。听说在中国刚有报纸的时候，有些人捧着报纸，就像念五经四书一样，一字一字地高声朗诵。照这个办法，一天的报纸，念一年也念不完。大多数的书，其实就像报纸上的新闻一样，只是昙花一现而已。所以，书虽多，真正值得精读的并不多。

那么，怎样知道哪些书是值得精读的呢？这个问题不必发愁。自古以来，已经有一位最公正的评选家，有许多推荐者向它推荐好书。这个选家就是时间，这些推荐者就是群众。历来的群众，把他们认为有价值的书推荐给时间。时间照着他们的推荐，把那些没有永久价值的书都刷下去了，把那些有永久价值的书保留下来。从古以来的好书，都是经过群众的推荐，经过时间的选择，流传下来的。我们看见这类书，大部分都是有价值的，心里觉得奇怪，怎么古人写的东西都是有价值的？其实他们所作的东西，也有许多没有价值的，不过这些没有价值的东西，没有为历代群众所推荐，在时间的考验下落了选，被刷下去了。现在我们所称谓的“经典著作”或“古典著作”的书都是经过时间考验流传下来的。这一类的书都是应该精读的。当然，随着时间的推移和历史的发展，这些书当中还要有些被刷下去，但直到现在为止，它们都是榜上有名。

我们心里先有了这个数，就可以随着自己的专业选定一些需要的精读的书。这就要一本一本地读，在一段时间内只能读一本书，一本书读完了才能读第二本。读的时候先要解其言，这就是说，首先要懂得它的文字，它的文字就是它的语言。语言有中外之分，也有古今之别。就中国的汉语笼统地说，有现代汉语，有古代汉语，古代汉语统称为古文。详细地说，古文之中又有时代的不同，有先秦的古文，有两汉的古文，有魏晋的古文，有唐宋的古文。中国汉族的古书，都是用这些不同的古文写的。我们看不懂古人用古文写的书，古人也不会看懂我们现在的《人民日报》。这叫语言文字关。攻不破这道关，就看不见这道关里边是什么情况，不知道关里边是些什么东西，只在关外指手画脚，那是不行的。我所说的解其言，就是要攻破这一道语言文字关。当然，要攻这道关，要先作许多准备，用许多工具，如字典和词典等工具书。

中国有句老话说是“书不尽言，言不尽意”，意思是说，一部书上所写的总要简单一些，不能像他所要说的话那样啰嗦。这个缺点倒有办法克服。可是“言不尽意”那种困难，就没有法子克服了。因为语言总离不了概念，概念对于具体事物来说，总不会完全合适，不过是一个大概轮廓而已。比如一个人说“他牙痛”，“牙”是一个概念，“痛”是一个概念，“牙痛”又是一个概念。其实他不仅止于“牙痛”而已。那个“痛”，有一种特别的痛法，有一定的大小范围，有一定的深度。这都是很复杂的情况，不是仅仅“牙痛”两个字所能说清楚的，无论怎样啰嗦他也说不出来，言不尽意的困难就在于此。所以读书时即使书中的字都认得了，话全懂了，还未必能知道作书人的意思。从前人说，读书要注意字里行间，又说读诗要得其“弦外音，味外味”，这都是说要在文字以外体会它的精神实质。这就是知其意。司马迁说过：“好学深思心知其意。”“意”是离不开语言文字的，但有些是语言文字所不能完全表达出来的。语言文字是帮助了解书的意思的拐棍儿。既然知道了那个意思，最好扔了拐棍儿。这就是古人所说的“得意忘言”。在人与人的关系中，过河拆桥是不道德的事；但在读书中，就是要过河拆桥。

上面所说的“书不尽言”、“言不尽意”之后，还可以再加一句“意不尽理”。“理”是客观的道理；“意”是著书的人的主观的认识和判断，也就是客观的道理在他的主观上的反映。“理”和“意”既然有主观客观之分，“意”和“理”就不能完全相合。人总是人，不是全知全能。他的主观上的反映、体会和判断，同客观的道理总要有一定的差距，有或大或小的错误。所以读书只“得其意”还不行，还要“明其理”，才不至于为前人的“意”所误。如果“明其理”了，我就有我自己的“意”。我的“意”当然也是主观的，也可能不完全合乎客观的“理”。但我可以把我的“意”和前人的“意”互相比较，互相补充，互相纠正。这就可能有一个比较正确的“意”。这个“意”是我的，我就可以用它处理事务，解决问题。好像我用我自己的腿走路，只要我心里一想走，腿就自然而然地走了。读书到这个程度就算是能够现学现用，把书读活了。会读书的人能把死书读活，不会读书的人能把活书读死。把死书读活，就能使书为我所用；把活书读死，就是使我为书所用。能够用书而不为书所用，读书就算读到家了。

读书的“姿态”决定着读书是否受益和受益的多少。

站着读，就要对所读之书要有自己的思考，要有自己的思想。否则，多读书不一定多受益了。

站着读还是跪着读

陈四益

我最怕读“圣人”写的书，就像我最怕同“圣人”或准“圣人”谈话一样。

老友晤对，促膝谈心，是很惬意的事，可以倾听，可以受教，可以辩难，可以反诘，哪怕争得脸红脖子粗，都无碍于友情，因为相互之间是平等的。同“圣人”或准“圣人”谈话就不一样了。他是“圣人”，什么都对，句句是真理。你呢，只有唯唯诺诺，洗耳恭听，还要时不时地恭维几句，从心理上就有一种压迫感。何况，既然真理都在他手里，你就再没有思考的余地。剃头挑子，一头热乎，这样的谈话，实在没趣。

读书，也如谈话，是一种心灵的交流。在大学学习时，一位老师对我说，读古人的书，同古人交朋友，是最没有危险的，因为古人不会同你争辩，不会告密，不会搬弄是非。我想，这话自有他的一份经验，一份道理。但是，也并不尽然。如果你读的是“圣人”之书呢？那就同样会有一种压迫感。因为社会已经将他封为“圣人”，将他的话奉为圭臬。你理解的要照办，不理解的也要照办，否则就是“非圣”，“非圣”就要杀头。这样的书读起来岂不扫兴。魏晋时代的嵇康，因为一句“非汤武而薄周孔”，让人抓住了辫子，丢掉了脑袋；明代的李卓吾，因为不赞成“以孔子之是非为是非”，终于被加上“敢倡乱道，诬世惑民”的罪名，迫害致死，都是现成的例子。所以，相沿成习的办法是，对“圣人”之书，跪着读。跪着读，当然保险，但也就此禁锢了思想。中国历来多陋儒、多腐儒，盖缘于此。

然而，也有例外，虽是凤毛麟角，却闪耀着不灭的光辉。汉代的王充，便是杰出的一个。单看他《论衡》中《问孔》《刺孟》的篇名，就叫人提神。

“世儒学者，好信师而是古，以为贤圣所言皆无非，专精讲习，不知难问。夫贤圣下笔造文，用意详审，尚未可谓尽得实，况仓卒吐言，安能皆是？”

“追难孔子，何伤于义”；“伐孔子之说，何逆于理？”

这几句理直气壮的话，令人神往。当然，王充生活的时代，孔学还没有被神化得那么至高无上，所以他也还没有因此掉脑袋。到了后世，能够含含糊糊地说“于不疑处有疑，方是进矣”之类的话，也就很不容易了。更多的人，只能打着“圣人”的旗号，塞入自家的货色，大抵是跪着造反。

不但孔、孟这些钦定“圣人”，谁也不敢雌黄月旦，流风所被，就是一些行业圣人，也往往令人噤若寒蝉。

譬如杜甫，确实写了许多好诗，但任何一个诗人，哪怕是极伟大的诗人，也难免会有败笔。但是，一旦杜甫被称做“诗圣”，他也便沾上了点圣人气。说到杜诗，大抵很少敢有不敬之辞。

不过，也有例外。

手头有一部《杜工部集》，是粤东翰墨园光绪年间刊印的五家评本。印工虽也精致，但并不是什么古本、善本。所谓“五家”，是指王弇洲、王遵岩、王阮亭、宋牧仲、邵子湘。各家评语，分别以紫、蓝、朱、黄、绿几种颜色套印。它的好处，在于评点诸家，有站着读的勇气，没有只磕头不说话的陋腐气，不时会有“不成句”，“亦无意味”，“不见佳”，“亦不好”，“不足诵也”之类的评语跃出。

杜甫有一首《徐卿二子歌》，是夸奖那位做官的徐先生的两个儿子的。诗中说，“君不见，徐卿二子生绝奇，感应吉梦相追随。孔子释氏亲抱送，并是天上麒麟儿……吾知徐公百不忧，积善衮衮生公侯。丈夫生儿有如此，二雏者异时名位岂肯卑微休。”

夸奖人家的儿子到如此肉麻的地步，真让人想不到出于“诗圣”之手。我不由想起鲁迅的《立论》。杜大诗人同鲁迅笔下那些许诺人家孩子会发财、会做大官的庸夫俗子有何二致？对于杜甫这首诗，邵子湘的评语是“如此诗乃不免俗耳”。王弇洲的评语是“少地步”——吹捧过头了。

能够坦率地指出杜甫庸俗的一面，真也难为他们了。

我丝毫不想贬低杜诗的成就，但过去时代的伟大人物，常常既有其伟大崇高的一面，又有其庸俗浅陋的一面。只有顾及全人，才能有正确的认识。而要顾及全人，跪着读是不行的。

杜甫的另一首诗《杜鹃》，起首便是“西川有杜鹃，东川无杜鹃。涪万无杜鹃，云安有杜鹃。”五家的评语各呈所见，煞是好看。

邵子湘说：“古拙。乐府有此法，不害大家。”诚然，乐府确有此法。“鱼戏莲叶东，鱼戏莲叶西，鱼戏莲叶南，鱼戏莲叶北”即为此类。

宋牧仲的评语却是“然诗实不佳”。

王遵岩也有相类的看法：“断不可为训。”

王阮亭则从另一角度说：“兴观群怨，读此恍然有得。”

歧见迭出，各出手眼，正是站着读的好处。后人读着这些见仁见智的评语，实在比千篇一律的颂扬要有味得多，因为它能启人心智。

今天读书，当然有更好的条件。因为读书而产生不同的见解，因为不同的见解而被杀头的事，大约不致再有了吧。但是，跪着读的心态似未能扫除。自己喜欢跪着读，也不许别人站着读的人的事也并未绝迹。这也是叫人很觉扫兴的事。

花钱买书不是支出，而是一种长期的投资。（高希均语）不仅要买现在喜欢的现在要读的书，还应该多买一些现在不需要但将来需要读的书来。

让书籍成为随时在你身旁的顾问，成为人生不可分离的伴侣和导师吧！

买书杂记

陈雨石

我喜欢买书。

长期以来，我是当教书先生的，即使现在不再上讲台了，但所干的行当仍然与教师有联系。在我看来，作为一个教育工作者，是应该嗜书如命的。前些时，到几位教师朋友家转了转，发现家庭的摆设、家具都更新了，在生活上是赶上时代新潮流了。可是，有一事却使我惊讶、叹息：书，太少了，太少了。夫妻俩都是教书的，就横在桌上那么几本书，连个书橱都没有，太寒碜了，太寒酸了，——这当然是读书人的书生气，在商贾眼中看来，那是另一回事。

于是，我就竭诚地劝朋友买书，并且历数买书之于治学之好处，可说是美事一桩。买了书，可反复诵读，一美也；手头有书，可随时翻检，二美也；书是自己的，可打杠杠，可书眉批，可在字里行间写札记，三美也。并告诸友人，我自己就是这样干的。有人说我写文章出手快，写得多，以前教书时，也时而能博得学生掌声，这多少得益于买书。听罢我这一席满是书生意气的话语，友人笑了。这笑是认同，抑或哂弃，不得而知。

我的确买了不少书。"文化大革命"中，遭了不小的窘困，一气一怒之下，把书全卖了。连旧版的《辞海》《辞源》，连《唐宋八大家》《饮冰室文集》，都送进了废品回收站。想来着实使人伤心。可是，浩劫过后积习难改，又买起书来了。那时我教的是历史。按马克思的说法："我只知道有一门科学，那就是历史科学。"意思是，历史就是一切。我觉得要当好一个历史教师，就非得什么书都有，什么书都买不可。后来教政治，一上手，我才知道学问也不少，单是教好一本薄薄的《辩证唯物主义常识》，也谈何容易。于是我就买书，买了读，读了讲。效果呢？当然是好的。因为学生有个比较，他们感到这位先生讲得要比别人多那么一点。今天买一点，明天买一点，积之十年，也有了数千册。对像我这样的穷书生来说，也近于洋洋乎了。

有书而不买，失之交臂，有时是会造成终生之憾的。这话一点也不夸大。记得几年前在一个书展上，见到一套《鲁迅全集》，价钱很便宜，只50元。可是，很不巧，身边只有40来元，慌忙四顾，一无熟人。我虽有不少鲁迅作品的单行本，但精装本的《全集》还是想买的，那是够气派的。我差不多用哀求的口吻对营业员说，能否先付40元，回答是不行；能否押下工作证之类，回答也是不行。我只得匆匆赶回家，但到得书店，书却已售完。此事至今忆来，心中还觉怏怏不欢。还有，一次到"上海书店"去，只见书架上十分威武地站着一套40册的《汉语大辞典》，是台湾版的，据说当时是最权威也是最全的一套。一问，200元。那时是20世纪80年代初，我在那里徘徊又徘徊，买与不买，思之再三，最后还是不买。作为一介书生，当时囊中羞涩，要在生活费中挤出如此一笔"巨款"，难矣哉！此事虽已过去十载，但每一思及，总引为人生一大憾事。现在不知是否还有此书，如有，怕非得上千元了吧！

在我的书架上占有一席之地的是辞书。辞书是不出门的先生。有时一个问题闹不清，东奔西走地请教他人，也累，还是去翻翻辞书吧，简便多了。因此，我喜欢收集各类辞书。大英百科全书，苏联百科全书，中国的百科全书，也买了些，其他如地理的，天文的，物理的，生物的，成语的，外来词的，都买。数一数，大约有百来部。那次搞历代贡品，那部生物学辞典可真起了作用。辞书占据了我书架上的"黄金地段"。有时坐拥"书城"，面对环抱的辞书，真有点陶陶然，悠悠然呢！

早就想有一部二十四史。但下不了决心。这次算是铁了心了。买！一问，640元，还可以，以我现今的经济承受力还行。那么一大堆书，怎么运呢？有朋友说，帮我用人力车拉，我想，那样劳神别人也不好。后来还是出了40元让人给我送到家了。一共700元还不到，一部二十四史就属于我了。那么一长排一长排地站在书架上，就是看看，也是高兴的。

当然也有难处。我的居室实在也太局促了些。说是"室雅无须大"，但从鄙人的体会看，能大还是大一点好。人家居屋宽敞的，将书都排列在那里，既好看，又便于阅读，而我不能。二十四史上了架，就得将其他书挤下来，花了一天时间，把并非十分必要的书理了出来，忍痛割爱，一共60斤书被送进了旧书店，而其他的呢？也只能“退避三舍”了，进入了床下、橱下、桌下。这些“三下”之书，实在是委屈了它们，如果说以书为友、以书为师的话，那真正是有悖于友道师道了。书若有知，怕是会抗议的。但空间是那么的有限，有什么办法呢，实在也顾不得许多了。

我想起了郑逸梅先生。郑先生也是满地是书，谑称之为“斯文扫地”。晚生如我辈，那是有过之而无不及的。

现在，在20多平方米这个家中蜗居着的我，还有两个儿子，都是买书的大户，大有书满为患之势了。对此，我至今不悔。有好书，我还是要买的，直到撑破天花板为止。然而，我相信天无绝人之路，过些时(多少时间，不得而知)，人的空间生活条件是会得到解放的，那时，我的书们也会得到解放的。

文豪高尔基有言：“青年们，爱书吧！”套用一句：教书的先生们，买书吧！惟以此言，与正执着教鞭的朋友们共勉。

西方有位哲人说："当我有钱时，先买书，再买食物。"读书人再穷的时候，也要花钱买书；再忙的时候，也要抽空读书。

爱书才想藏书，藏书有利于读书，读书是为了用书。每天用书的教师，怎么能吝啬买书、没有藏书呢？

藏书，蕴的是为师的底气

郭志明

某地评选"十大藏书家"，教师占了五席，这消息着实让人欣喜。喜读书，爱藏书，这是知识分子的禀性，也是教师这一职业的特殊标志之一。藏书之于教育工作的意义，随你怎样描述都是不为过分的。

教书的没藏书，那是万万教不好书的。过去说，要给学生一杯水，你自己必得有一桶水；现在说，要给学生一桶水，自己必须是一条河，一条淙淙流淌不息的河。自己不读书，肚里空空如也，怎么能够给学生丰富而广博的知识，弄不好连教科书上的内容都难以理解透、参悟透，那样去教书，自然是"以其昏昏"，难以"使人昭昭"了。再说，教师教书，不只是让学生掌握课本上的知识，更主要的是要激发学生阅读、探究的兴趣，引导学生形成良好的读书习惯和方法，而要达此境界，教师必须"身先士卒"，以自己勤读书、爱思考的行动去影响和感染孩子。试想，家无藏书，自然无书可读，甚至是不爱读书，他的兴趣爱好可能就在喝酒打牌等方面，如果这样，又会给学生施以什么样的影响？更为重要的是，当今社会处于知识爆炸时代，新观念、新知识、新方法层出不穷，成为"学习型人才"是时代发展的必然要求，你没藏书自然是因为不想买书，不想买书其实是不愿读书，多读书才能跟上时代节拍，少读书就要与时代产生距离，不读书自然更要被社会甩下，更不用谈能够胜任"为师"的角色。古人云"腹有诗书气自华"，教师要有藏书，其实蕴的是为师的底气。

苏霍姆林斯基曾要求教师带学生走进自己的藏书室，让学生一览为师者的藏书领地，这既是想让学生跃入书籍海洋，更是想让教师真正成为知识的拥有者和创造者；著名教育家朱永新认为，教育的本质是读书，他的"新教育实验"，其"六大行动"首要的是"营造书香校园"，要师生把教、学的过程变成读书的过程，而教师首先必然是书满架，籍满堂。对照名家要求，我们有些教师是应该"汗颜"的。没有藏书之爱，平时读的只有教科书、教学参考书、学生练习册，那怎能胜任教师之职，又怎能成为优秀的、受学生欢迎的老师呢？为此，我们应该强化"藏书"的意识，从自己所从事的事业藏起，所谓"术业有专攻"，并由此渐渐拓展，延伸到与专业相关的领域，直至科学与人文的博大空间。这里有这样一种循环关系，爱书才想到藏书，藏书则利于读书，读书为了用书。假如我们每一位教育工作者都有一个足以向他的学生炫耀的藏书室，那教师的整体素质将达到一个怎样的水平，他的学生受其熏陶，又将会出现一种怎样的阅读氛围，那真是令人想想而其乐陶陶的。

当然，藏书绝非目的，如果像清代袁枚的《黄生借书说》里所叙的藏书后"高束焉，庋藏焉"，还要重蹈某些古人"书非借不能读也"的覆辙，那绝非我们要求教师注重藏书的初衷。作为教师，他应该尽其所能，以藏书为自己的精神财富，读书、用书，并藉此实现"求知、立德、开智、审美的多重功能"（中国阅读学研究会副会长兼秘书长甘其勋语），不断完善自己，升华自我，从而提升教育品位、优化教育行为、强化教育效果。从这个意义上说，我们主张教师要有丰富的藏书主要是希望在教师中形成一种浓郁的读书氛围，并进而以这种行为影响我们的学生，营造书香校园，藉此培育"读书人口"，营造"书香社会"，为民族的发展积蓄后劲。

中国阅读学研究会副会长、南京大学徐雁教授一直致力于推动社会阅读，致力于"培养读者爱书的情怀，来增益他们对图书的爱好，从而把自己陶冶成为一个真正的中国读书人。"（《华夏书香丛书》序）是啊，如果大家都能将读书作为一种习惯，那整个社会就洋溢着浓浓的读书氛围，一旦这样的氛围形成，那我们的社会文明程度就会大大提高。而教师，则应在这当中成为引领者、带头人。从这个角度讲，我们希望教师藏书，更希望教师有一种良好的读书态度。据说在美国，美国人没有专门的书房，不一定要找宁静的环境，却随时随地地读书，闹市中，一块小草地，草地上有一两张椅子，椅子上坐着的，就是美国的读书人。而日本，为方便乘地铁的人读书，专门设计一种小 32 开版、四五十页的系列小书，上车开始看，下车正好看完。德国呢，这个热爱读书的国度，许多人如厕时有看书的习惯，有心人就把一些小说、故事、知识印在卫生纸上。假如我们当教师的能够并不把读书看得很隆重，而看得很平凡，有空便读书，能读书处就读书，从而家有书千卷，胸有书万卷，那于己于学生于周围于社会，自然其益莫大焉。

当然，我们鼓吹阅读，因为我们坚信“知识就是力量”，但同时，我们更崇尚不仅在读书中获得知识，更在读书中获得智慧，智慧的力量更强大。

教师要养成阅读习惯，还要培养好孩子的阅读习惯。这既是一门科学，就需要我们认真去实践，用心去研究，不断去改进和提高。

养成阅读习惯是一门科学

鄔书林

图书是人类智慧的结晶。阅读习惯的养成，于己是个人修身益智的终生大事；对于一个国家、一个民族，则是关系国家前途、民族命运的国家大事。良好的阅读习惯，不是顺其自然就可形成的，必须作为一门科学来培育。

阅读古今中外都受尊重

古今中外，凡是经济发展、社会文明的国家和民族，往往都有崇尚读书的优良传统。

中华民族之所以成为礼仪之邦、文明古国，一个重要的原因在于我们是一个热爱学习、勤奋读书的民族。中国历来有“盛世修典”的传统，不仅有专门刻书、卖书的书坊、书肆，更有专门讲书、读书的书院，“洛阳纸贵”生动记载了西晋好书畅销的盛况。在中国，“读书人”从来都是受人尊敬的，过去中国人把有学问的读书人称为“先生”。中国人民在几千年的文明追求中积累了很多读书格言，留下很多刻苦读书的故事，如“读万卷书，行万里路”、“囊萤映雪”、“凿壁偷光”、“韦编三绝”等。正是这些读书格言、读书故事，激励着一代又一代中国人以读书为荣，以读书为乐。

曾经饱受苦难的犹太民族，之所以今天能够崛起于沙漠之上、屹立于世界民族之林，同样与其民族优秀的阅读传统不无关系。据统计，1901 年～1995 年，在 645 位诺贝尔奖获得者中，犹太人有 121 位，获奖人数高居世界各民族之首。马克思、弗洛伊德、爱因斯坦、门德尔松、萨缪尔森等，更是人们耳熟能详的犹太裔思想家、科学家、艺术家和经济学家。究其原因，酷爱读书是其不可忽视的因素。据联合国教科文组织调查，以色列人均拥有图书馆的数量居世界之首，平均每 4 500 人就拥有一所图书馆。另有统计，犹太人人均占有的图书量、每年读书的时间和数量，都超过世界上其他国家。德国同样是一个酷爱读书的国家。德国一户普通家庭每月用于购书的支出达到 50 欧元以上，占业余爱好总支出的 10%上下。德国有句谚语说，“一个家庭没有书籍，就等于一间房子没有窗户。”

阅读是事关个人和社会的大事

阅读可以丰富一个人的有限人生，阅读可以涵养一个民族的精神气质，阅读可以铸就一个国家的文化根基。

欧阳修说：“立身以立学为先，立学以读书为本。”人的一生是有限的，直接向别人学习的经验也是有限的，但是通过读书间接向别人学习则是趋于无穷的。读古人之书好比与先贤对话，读今人之书好比与智者交谈。阅读一本书，可以打开一个崭新的世界，可以深入一个人的内心，可以站在世界的制高点。读书给了我们观察世界的高度，让我们视野开阔；读书给了我们认识社会的深度，让我们思想深刻；读书给了我们改造世界的利器，让我们丰富人生。生活中因为读了一本书，而使人的思想观念乃至前途命运发生根本改变的故事比比皆是。一些影响深远的名著往往成为改变社会甚至影响历史进程的思想先导。“腹有诗书气自华”，唯有读书可以让我们从容应对快速变化时代的挑战，增进人类的智慧，焕发创造的活力，实现人生的价值。

高尔基说：“书籍是人类进步的阶梯”。尽管阅读是一项非常个性化的体验，但是一旦无数个性化的体验集合成为一个民族的内涵，这个民族就会因此而拥有深厚的文化底蕴。一个人如果从小养成良好的阅读习惯，一生都会受用无穷；一个民族养成阅读的习惯，这个民族就会充满智慧和希望。国民素质的提高必须倡导读书，科学知识的普及必须倡导读书，文明理念的传播必须倡导读书，人们内心的和谐必须倡导读书，真理的追求更离不开读书。国民阅读能力和阅读水平的高低，在很大程度上反映着国民素质的高低，决定着一个民族的基本素质、创造能力和发展潜力，直接关系到国家软实力和综合国力的强弱。一个国家的国民阅读水平，往往标志着一个国家社会发展的文明程度。

养成阅读习惯是一门科学

知识既不能遗传，也不能赠与，更不能复制和购买，只能靠自己一点点努力去学习、去读书。作为一种伴随深入思考的文化活动，阅读习惯并不是自然而然就能养成，需要有意识的培育才能实现。

养成阅读习惯是一门科学，需要国家、社会团体、家庭和个人共同努力，形成合力。根据近年来对国外全民阅读情况的考察和研究，至少有三个方面的经验值得借鉴。

首先，阅读习惯的养成，依赖于热爱阅读的社会氛围。为了培养孩子读书的习惯，犹太人的家庭长期流传着这样的传统：当小孩稍微懂事时，母亲就会翻开《圣经》，滴一点蜂蜜在上面，让小孩去舔带着蜂蜜的图书。其用意不言自明，让孩子从小就知道读书是一件甜蜜的事情。西班牙之所以首倡设立“世界读书日”，不仅仅是因为这一天是作家塞万提斯的辞世纪念日，更重要的是当地居民多年来在这天有赠送玫瑰和图书给亲友的习俗。

在北欧国家挪威，为了让广大青少年在12岁～15岁期间依然保持对图书的兴趣，顺利度过青春期，政府官员和社会名人经常深入到学校，组织中学生举行隆重的阅读仪式。同样具有阅读传统的匈牙利，有个不成文的规定，公共汽车经过隧道等黑暗的地方时，一定要打开车内的灯，以方便乘客读书。

其次，阅读习惯的养成，必须制定推动全民阅读的政策措施。美国为了激起国民阅读的更大热情，近年来陆续推出一系列阅读计划。1997年克林顿政府提出“美国阅读挑战计划”，2001年布什政府提出“不让一个孩子落后”法案，布什总统在2001年“9·11”事件发生当天正在佛罗里达州的一所小学给小学生读《我的宠物山羊》。2006年11月，在时任总统普京的支持下，俄罗斯出版与大众传媒署与俄罗斯图书联盟共同制定并发布《国家支持与发展阅读纲要》。2008年1月，英国首相布朗会同部分儿童作家，共同启动“2008全国读书年”活动，并投入3 700万英镑用于全年的阅读推广活动。在德国，共有200多个促进阅读的社团组织，其中成立于1988年的德国促进阅读基金会，其历任名誉主席都由德国总统担任。东欧国家保加利亚，近百年前就形成立法，规定每30户居民的村子都要建立“人民阅读室”。在埃及，1991年开始推出“全民阅读计划”，并成立了以穆巴拉克夫人为主席的全民阅读计划最高委员会，1994年又开始实施“家庭图书馆”大型文化工程。

第三，阅读习惯的养成，必须从孩子抓起。德国的一项研究表明，一个人在13岁最迟15岁前如果养不成阅读的习惯和对书的感情，那么他今后的一生中，将很难再从阅读中找到乐趣，阅读的大门可能会永远对他关闭。德国促进阅读基金会理事长海因里希·克雷比施说，“给孩子读书和讲故事，是最不复杂、也是最合算的对未来的投资。”德国出版商适应不同年龄阶段的“阅读阶梯”，出版了形式各样的图书，有的书与儿童的玩具并无区别，使孩子从小就培养对图书的亲近和兴趣。2006年6月24日，作为庆祝英国女王伊丽莎白二世80岁生日的活动之一，白金汉宫邀请了2 000多名儿童举办了一次阅读聚会，儿童们和他们最喜爱的故事里的角色们共同参加了一个特别的茶话会。

巴尔扎克作品中有一句话："问号是开启学问的钥匙。"宋朝陆九渊也有一句话："为学患无疑，疑则有进。"教师应该拿起这把带弯钩的问号钥匙，在读书时不疑处生疑，启动疑中求进的思想主动性，获得思考，受到感悟，启迪智慧，并得到乐趣。

读书须教有疑

解玺璋

读书是要有一点怀疑精神的。孟子说过："尽信书，则不如无书。"孟子的话，就是告诫我们不要迷信书本，对于书中所言，不仅不要轻信，还要多问几个为什么，进行一番仔细的甄别和思考。戴震是清代的大学者，据说他 10 岁时，老师教他读《大学章句》，读到一个地方，他问老师，怎么知道这是孔子所说而曾子转述的？又怎么知道这是曾子的意思而被其门人记录下来的呢？老师说，前辈大师朱熹在注释中就是这样讲的。戴震又问，朱熹是什么时候的人啊？老师说，南宋时的人。戴震再问，孔子、曾子是什么时候的人呢？老师说，东周时的人。戴震继续问，东周距南宋有多久了？老师说，差不多两千年了吧。戴震于是说，那么，朱熹是怎么知道的呢？老师无言以对。

中国老百姓心地善良，最容易轻信；而历朝历代所推行的愚民政策，也养成了我们轻信的习惯。现在有些粉丝似的读者，不允许别人有挑剔的眼光。他们的逻辑就是，你说某某书有问题，你就该自己写一本试试。这种盲目的崇拜，正是人性被异化、被遮蔽的结果。人性本善，这个善，并不单指善良，还有人的知性。而追根究底的怀疑精神正是知性的一种表现。要想成就一个人和一番事业，这点慧根是不能少的。陈寅恪在王国维沉湖之后为其撰写的碑铭中，把它概括为"独立之精神，自由之思想"，这是发挥到极致的一种说法。戴震则指出："学者当不以人蔽己，不以己自蔽。"他的意思是说，读书人头脑要清醒，别让人家忽悠你，也别自己蒙自己。这也恰如梁启超在《清代学术概论》中所言："盖无论何人之言，决不肯漫然置信，必求其所以然之故。"他还说，戴震能成为一代宗师，皆因他在童年时期就表现出这样一种本能。

其实，梁启超对于所读之书也是不肯轻信的。他作《王安石(荆公)传》，为了弄清楚王安石新政的真相，穷究其原因，不仅反复研读王临川全集，还参阅了宋人文集笔记凡数十种，与《宋史》所记互相参证。他发现，《宋史》记载的王安石变法，有许多不实之词，“重以入主出奴，谩辞溢恶，虚构事实，所在矛盾”。这是因为，《宋史》完成于南渡以后的史官之手，元人又因而袭之，其中多为反对党对王安石的诋毁和污蔑，“其为意气偏激，固无待言”。梁启超则“一一详辨之”，所资之参考书竟不下百种。可见，读书不盲从，不轻信，也是有一定难度的。初做学问，或容易被别人所蒙蔽，待稍微读了几本书之后，又容易被自己所蒙蔽。既不“以人蔽己”，又不“以己自蔽”，则怀疑的精神固然重要，而质疑的能力就更显得重要。戴震总结为“学有三难”，哪三难？淹博难，识断难，精审难。这就是说，即使你有怀疑的精神，即使你不想盲从和轻信，但如果你过不了“淹博”、“识断”、“精审”这三关，还是免不了被蒙蔽。

戴震这么说，自是他切身所体会的。而这些体会，“实从甘苦阅历得来”，又不是凭空可以想象的。事实上，要将这“三难”变成三不难，殊非易事。历史上许多大学者或大师，也只能三取其一，或三取其二。这是因为，时至今日，书籍早已浩如烟海，其中真伪正误，则殊不知凡几。梁启超 1921 年在天津南开大学讲授《中国历史研究法》，其中讲到如何鉴别伪书、伪事，前后就列举了近 20 条。他还现身说法，讲到“有事虽非伪而言之过当者”，就举了自己所著《戊戌政变记》一书为例，他说：“吾二十年前所著《戊戌政变记》，后之作清史者记戊戌事，谁不认为可贵之史料？然谓所记悉为信史，吾已不敢自承。何则？感情作用所支配，不免将真迹放大也。”梁氏在这本书中究竟“放大”了哪些“真迹”，以致所记不敢承认为“信史”，他没有说，但他的意思，我想，是要我们再读此书的时候，一定要带着疑问的目光，把那些“放大”的“真迹”还原为真相。

但也不是为了怀疑而怀疑，“怀疑之结果，而新理解出焉”(梁启超语)，并非历史虚无主义。或如朱熹所说：“读书无疑者，须教有疑，有疑者却要无疑，到这里方是长进。”这正是读书的辩证法。

教师是教书之人，养成读书癖好而最好达到近乎痴的状态。痴者，入境、入心、入迷也。

仅此还远远不够。应当要有自己的读书趣味，还有较高的读书品位。

教师成了真正的读者，使读书的种子在心中生根，还播撒出去，让学生也成为真正的读者，终身阅读，受益一生。

做一个真正的读者

周国平

读者是一个美好的身份。每个人在一生中会有各种其他的身份，例如学生、教师、作家、工程师、企业家等，但是，如果不同时也是一个读者，这个人就肯定存在着某种缺陷。一个不是读者的学生，不管他考试成绩多么优秀，本质上不是一个优秀的人才。一个不是读者的作家，我们有理由怀疑他作为作家的资格。在很大程度上，人类精神文明的成果是以书籍的形式保存的，而读书就是享用这些成果并把它们据为己有的过程。质言之，做一个读者，就是加入到人类精神文明的传统中去，做一个文明人。在某种意义上，一个民族的精神素质取决于人口中高趣味读者的比例。相反，对于不是读者的人来说，凝聚在书籍中的人类精神财富等于不存在，他们不去享用和占有这笔宝贵的财富，一个人唯有在成了读者以后才会知道，这是多么巨大的损失。历史上有许多伟大的人物，在他们众所周知的声誉背后，往往有一个人所不知的身份，便是终身读者，即一辈子爱读书的人。

然而，一个人并不是随便读点什么就可以称作读者的。在我看来，一个真正的读者应该具备以下特征：

第一，养成了读书的癖好。也就是说，读书成了生活的必需，真正感到不可缺少，几天不读书就寝食不安，自惭形秽。如果你必须强迫自己才能读几页书，你就还不能算是一个真正的读者。当然，这种情形决非刻意为之，而是自然而然的，是品尝到了阅读的快乐之后的必然结果。事实上，每个人天性中都蕴涵着好奇心和求知欲，因而都有可能依靠自己去发现和领略阅读的快乐。遗憾的是，当今功利至上的教育体制正在无情地扼杀人性中这种最宝贵的特质。在这种情形下，我只能向有识见的教师和家长反复呼吁，请你们尽最大可能保护孩子的好奇心，能保护多少是多少，能抢救一个是一个。我还要提醒那些聪明的孩子，在达到一定年龄之后，你们要善于向现行教育争自由，学会自我保护和自救。

第二，形成了自己的读书趣味。世上书籍如汪洋大海，再热衷的书迷也不可能穷尽，只能尝其一瓢，区别在于尝哪一瓢。读书是一件非常私人的事情，喜欢读什么书，不论范围是宽是窄，都应该有自己的选择，体现自己的个性和兴趣。其实，形成个人趣味与养成读书癖好是不可分的，正因为找到了和预感到了书中知己，才会锲而不舍，欲罢不能。没有自己的趣味，仅凭道听途说东瞧瞧，西翻翻，连兴趣也谈不上，遑论癖好。针对当今图书市场的现状，我要特别强调，千万不要追随媒体的宣传只读一些畅销书和时尚书，倘若那样，你绝对成不了真正的读者，永远只是文化市场上的消费大众而已。须知时尚和文明完全是两回事，一个受时尚支配的人仅仅生活在事物的表面，貌似前卫，本质上却是一个野蛮人，唯有扎根于人类精神文明土壤中的人才是真正的文明人。

第三，有较高的读书品位。一个真正的读者具备基本的判断力和鉴赏力，仿佛拥有一种内在的嗅觉，能够嗅出一本书的优劣，本能地拒斥劣书，倾心好书。这种能力部分地来自阅读的经验，但更多地源自一个人灵魂的品质。当然，灵魂的品质是可以不断提高的，读好书也是提高的途径，二者之间有一种良性循环的关系。重要的是一开始就给自己确立一个标准，每读一本书，一定要在精神上有收获，能够进一步开启你的心智。只要坚持这个标准，灵魂的品质和对书的判断力就自然会同步得到提高。一旦你的灵魂足够丰富和深刻，你就会发现，你已经上升到了一种高度，不再能容忍那些贫乏和浅薄的书了。

能否成为一个真正的读者，青少年时期是关键。经验证明，一个人在这个时期倘若没有养成读好书的习惯，以后再要培养就比较难了；倘若养成了，则必定终身受用。青少年对未来有种种美好的理想，我对你们的祝愿是，在你们的人生蓝图中千万不要遗漏了这一种理想，就是立志做一个真正的读者，一个终身读者。

读书应当成为每一个教师的习惯，甚至是信仰，更应是教师重要的生活状态。教师只有常浸书中，才能常思悟道，才能以身传道，让心灵之泉永远滋润，让精神世界永远丰满。

读书，为工作加油，为生活增色，为生命添彩！

教师：在读书中生存

商友敬

1922年8月6日，梁启超在南京东南大学(即今日南京大学)为暑期学校学员作演讲，题目是《学问之趣味》。他说："我是个主张趣味主义的人，倘若用化学划分'梁启超'这件东西，把里头所含一种元素名为'趣味'的抽出来，只怕所剩下仅有个零了。我以为凡人必须常常生活于趣味之中，生活才有价值；若哭丧着脸挨过几十年，那么，生活便成沙漠，要他何用？"当然，趣味有高低之分，梁启超本人认为最高的趣味是"学问之趣味"，而"学问之趣味"又表现在下面四个方面：一是"无所为(wèi)"，就是视读书治学问不是手段，本身就是目的，正如孩子的游戏一般，"为游戏而游戏，游戏便有趣；为体操分数而游戏，游戏便无趣"；二是"不息"，也就是"有瘾"，把读书治学当作自己的本能；三是"深入的研究"，他说："你只要肯一层一层地往里面追，我保你一定被他引到'欲罢不能'的地步"；四是"找朋友"，"趣味比方电，越摩擦越出"。——梁启超的这一番话离今天已有80年，还是新鲜、活泼、有趣味，也是我所崇信的。

最近我读了一本好书《阅读史》，是加拿大学者阿尔维托·曼古埃尔写的，篇幅不短，有三四十万字，商务印书馆出版。他虽然说的是西方人几千年来读书的历史，但其中经常穿插着自己阅读的经验与感受，所以读来并不枯燥。洋溢在字里行间的，也是一种阅读的趣味，他实在是在用自己的趣味来引发读者的趣味。可惜的是他对东方尤其是中国人的阅读历史缺乏了解，这也难怪，但我读了之后，觉得道理是相通的。

曼古埃尔在《学习阅读》一章中说："在文字社会中，学习阅读算是一道入会仪式，一个告别依赖与不成熟沟通的通关仪式。学习阅读的小孩借由书本之途径得以参与集体的记忆，熟稔此一社会的共同过去——每一次阅读，他/她或多或少都会对此共同过去获得新知。”（见该书第89页）——这个说法很在理，其实我们每一个识字的人，都是通过书本进入知识社会的大门的。只是有的人进大门就停步不前了，有的人入门之后还想深入其堂奥；有的人进入某一房间角落找到了位置就不想动了，有的人到处游览，趣味盎然。我以为，既然进了这一知识的大门，还是到处看看为好，不然的话，枉然来此人世一遭，太可惜了。

至于我们教师，也就是先行进入知识社会大门的人，由于来得早，当然也就有了引导后来者的责任。但是今日绝大多数的教师，犹如各个旅游景点的专职导游，每天接待、引领一批批游客，在自己设定的路线上走动，每到一处就背诵一大段别人为他写下的解说词，滔滔不绝、口若悬河，可是说来说去总是这么几句话，连自己都听厌了，最后把客人送出大门，算是尽了一天的责任。而教师比“专职景点导游”还多了一道苦差事，就是最后要应付学生的考试，也就是“游客”在听完“专职导游”的讲解后，到大门口还要经过一次“考试”才能“出关”。

这就是说：在入了知识大门之后，教师也好，学生也好，大家都按例行公事的办法：读、抄、默、背、做题目，然后考试合格，“放出去”，各寻生路。他们再也不能兴趣盎然地读书、思考、对话、探索、研究、深入到知识的堂奥之中，有新的发现和新的创造。大家都成不了“读书人”，更不用说是“学者”了，因为兴趣索然了。

要改变这种状态，就我们教师而言，就是要首先进入“读书状态”。还是这位曼古埃尔先生，在他的《阅读史》中引用了法国大作家福楼拜的一句名言：“阅读是为了活着。”其实这句话反过来说也行：“活着是为了阅读。”几年前，我到北京去拜访九十高龄的张中行先生。他说：“我每天早上醒来，发现自己还活着，那就起来读读书写写文章；第二天早上发现自己还活着，还是读读书写写文章。”这种生活态度真令人钦慕，但我们并不是做不到，当然我们的书读得没有他那么多、那么透，文章更是写得没有他那么好。

我们教书的人，多读书，时刻不停地读书，这才是我们的本分，也是常识性的真理。可惜的是，有相当一部分教师，除了教材和教辅材料之外，其他的书基本不读，这是反常的现象。所以我主张：教师要在读书中生存，要处在真正的“读书状态”之中。这就需要我们时刻保持读书求知的兴趣。从搜求信息者的角度来看，知识只是别人提供的无穷信息；从谋求利润的商人的立场来看，知识只是能够直接或间接获取利润的货色；从传道士的眼光看来，知识或者是使人驯化的法宝，或者是使人“堕落”的“业障”……真正的读书人当然会超越这些片面的认识和误区，走上追求真知的大道，吸引我们的只是知识本身的力量，推动我们的只是求知的趣味，其中的关键就在于要有独立的人格和自由的思想。——这才是区别真读书人和假读书人的惟一标准。

六 研究：扬起飞翔的风帆

教育、教学与科学研究相结合，是教师改变自己职业生存状况、加快专业发展的必由之路；科学研究与教育、教学实践相结合，可以帮助教师在劳动中获得理性的升华和情感上的愉悦，提升自己的精神境界和思维品位，从而改变自己的生活方式，体会到自己劳动的价值与意义。

『只要行动，就有收获；只有坚持，才有奇迹。』让科研成为教师发展的不竭动力吧！

——王剑制

六　研究[illegible]

教师的劳动，是一种开发人的智力资源的创造性劳动，必须带有研究的因素，须臾离不开教育教学研究。

要改善教学生活，改进教育教学，就要让思想成为行动，让行动结合思想。

用教育科研改善教学生活

陈大伟

在重庆，有一位校长问我："你能不能用自己的话给我们说一说教育科研到底是什么？"我说："在我心里，教育科研就是运用思想和行动结合的力量，让自己的生活变得更加舒适和美好。"

目的：为了教育生活舒适

曾经读到一位朋友这样的文字："很想做一个和颜悦色的老师，很想柔声细语和学生讲话。可是不行，为什么你要让我变得像河东狮一样野蛮，像八婆一样多嘴。为什么你们不能乖乖的？为什么要明知故犯？为什么要把我的话当耳边风？为什么我认认真真地在讲，而你却心不在焉，等下儿又问我刚讲过的东西？为什么会这样？……"我给她留言："我们是不是可以转化一种提问方式，把'你为什么要把我的话当耳边风'变成'我讲的话他为什么会当耳边风'，然后想一想，变一变？"

作为教师，学生总把自己的话当成耳边风，这会使我们感到不舒服，情况严重时还会让我们感到痛苦。与"你为什么要把我的话当耳边风"的抱怨（抱怨学生不听话，抱怨没有适合自己教育的学生，抱怨自己运气不好）比较，"我讲的话他为什么会当耳边风"的提问，无疑是给自己提供了一条通过研究问题来改变现状的思路。当"我讲的话他为什么会当耳边风"成为研究问题的时候，我们需要研究和发现"我讲什么，他才不会当成耳边风"、"我要怎么讲他才爱听"等问题。这样的研究指向自身，也将改变和提高自身。当有了适合学生的教育以后，我们就可能受到学生的爱戴和欢迎，课堂教学就可能出现新的面貌，教育生活也就可能逐步变得舒适和愉快。

研究总要指向问题的，这里的问题应该是切己的，是关乎自己的教育生活的。它有可能是现实中遇到了困难，自己感到不满意；也有可能是出于追求理想教育生活的目标，渴望通过研究改变现有教育生活状态和方式。做这样的研究，能立项当然很好，不能通过有关机构的立项，我就为我自己立项。

方法：思想和行动结合

教师的研究首先意味着思想成为行动。与其他很多仅仅在教育理论上卓有建树的专家不同，苏霍姆林斯基还是一位伟大的教育实践家。长期而深入的教育实践使苏霍姆林斯基认识到，“教育……这个过程的特点是，各种现象具有深刻的个体性：某一条教育真理，在第一种情况下是正确的，在第二种情况下是无用的，而在第三种情况下就是荒谬的了”。与“教师成为研究者”的希望和要求比较，我更倾向于“教师即研究者”的角色理解和角色定位：教师总是需要认识眼前的具体“情况”，总是需要根据认识到的具体“情况”进行行为选择和价值判断……这样的过程意味着教师不能简单接受和消费他人的思想成果，而是要让思想成为行动。

思想带来行动的变化，与思想结合的行动是有创造、有期望的行动。

有一次，我看到一位老师很高兴地早早准备进教室，我想分享她的快乐：“有什么喜事，把你乐成这样？”她对我说：“陈老师，我今天要上《陶罐和铁罐》。本课的教学重点是通过对话，体会陶罐和铁罐的‘性格’。过去教过几次，但一直没有找到突破口。今天早上，我再翻一翻课文，发现了这么两句对话。一句是铁罐的：‘你敢碰我吗？陶罐子！’另外一句是陶罐的回答：‘不敢，铁罐兄弟。’一个对话，两处不同，一是称谓不同，二是标点不同。称谓上，‘陶罐子’和‘铁罐兄弟’的态度不同；标点上，感叹号和句号的语气不同。今天，我想试一试从这两个不同点上，引导学生分析这一对话，并通过对话练习，体会陶罐和铁罐的‘性格’，不知道会有什么效果……”

这位老师在对教材的研究中有了新的认识，新的认识带来了新的教学思考和规划，这种规划是对以往行动方式的改造和超越。新的规划意味着新的创造，新的创造带来了新的希望，新的希望使她对未来的教学生活充满期盼。

对未来有期盼的生活是值得追求的幸福的教育生活。也只有在这种意义上，我们才能更好地理解和实践苏霍姆林斯基的建议："如果你想让教师的劳动给教师带来乐趣，使天天上课不至于变成一种单调乏味的义务，那你就应当引导每一位教师走上从事一些研究这条幸福的道路上来。"

基于研究搞教育，教育才有品位；带着理念进课堂，教学才有风格。我们要把工作当学习，在学习中工作；把教育当作科研，在科研中教育。

从自身实际出发，为改进教育服务，从行动研究入手，让实践得到提高，这是教师搞科研的扎实的起点。

行动研究：教师教育科研的定位

郑金洲

什么样的研究才是中小学教师所需要的研究？什么样的研究才是属于或者说适宜于中小学教师的研究？对这一问题的回答，直接涉及中小学教师教育科研的指向，关涉中小学教师教育科研的功能和定位。在实践中，对这一问题的回答不同，采用的研究方式以及研究所能达到的效果常常大相径庭。

我曾有幸接触过四位不同的中小学教师的科研论作，大体体现了四种不同的研究取向。第一位教师在中学工作，积十年之功，撰写了一部《素质教育原理》，在与我的联系和沟通中，谈到自己的这部著作有着十大理论突破，如对素质教育与全面发展教育关系的认识、素质教育含义的分析、素质教育的历史发展轨迹等，可以说在这部近20万字的著述中探讨了素质教育的一系列理论问题。第二位教师撰写的是一篇学习方法方面的论文，他首先详尽论述了美国心理学家加涅的学习理论，介绍加涅的学习理论是如何博采行为主义、格式塔心理学、人本主义与控制论等众家之长，从各流派中汲取所需要的成分，并把它们融合进自己的理论中去的，以及加涅的基本学习主张；然后再叙述自己在此基础上形成的关于学生学习的基本观点，在课堂教学过程中引导学生掌握的学习方法。洋洋洒洒，不下万言。第三位教师写的是一篇名为《把握时代精神，开展主体教育》的文章。文章谈到自己在教学工作中的一些“有益的尝试”：弘扬人的主体性，唤起人的主体意识；改革优化课程体系；改进教学组织形式；改进教学方法与模式等。第四位教师积累了大量的教学反思笔记，汇总了一系列教育教学案例，并且在此基础上形成了自己对教育教学实践的感悟、领悟。在实践中，她始终在思考着如何使自己的教育教学变得更贴近学生需求，更接近新课程改革的要求。在一堂听说训练课《做书签》后，她记录下自己这样的反思：从这堂课暴露出来的问题看，其他一些方法可能会更好地达到教学的预期要求。比如："让先做好书签的同学和尚未做好的同学进行组合，组成学习小组，互相帮助。这样既能让动作慢的一些同学也能体验到做书签的整个过程，又能节省不少时间，使后来'说'的环节开展得更充分，更好地完成本节课说话训练的任务，同时也能培养学生间的合作精神……"类似的反思与案例不一而足。

第一位教师的研究一定程度上是基础研究，目的在于探索新知识、发现新规律、说明新关系。这种研究似乎更多地属于专业研究者的"专利"，虽然中小学教师也可介入这种研究之中，但常常会因为占有资料、研究时间、思维能力等方面的限制而事倍功半。并且这种研究是外在于中小学教师的，中小学教师做这种研究需要"另起炉灶"，与自己的日常教学实践并不见得有什么必然的联系。从这位教师提供的这本著作来看，他自认为是理论突破的内容，其实很大程度上在学术界已经耳熟能详了；他自认为是新颖的创造，但很大程度上在学术界已经成为老生常谈了。

第二位教师的研究大体上属于应用研究。应用研究旨在将基础研究的成果应用于教育实践，其实这预先隐藏着一个假设，即基础研究的成果都是有效的，都可以付诸实施的。如此一来，不管有意识与否，赋予了基础研究以绝对的权威。同时，在应用研究中，专业研究者与中小学教师是相互分离的，分属于不同的领域，有着明确的分工。专业研究者专事研究，中小学教师则负责将研究成果付诸实行。也许双方都不是有意识地区分上下尊卑，但事实上，中小学教师的行动，特别是改进教育教学工作的措施，为专业研究者一厢情愿的决定。专业研究者无意识地凌驾于中小学教师之上。

第三位教师的研究似乎看上去是经验总结与概括，但又不具备经验总结那种针对性强、经验介绍详尽、问题具体明确等特点，所以只能说是一种"抽象的"经验总结。这种研究没有了第一位教师那种就理论而理论的玄妙说理，没有了第二位教师那种依循既定理论给理论做实践注脚，但是也没有形成对自身实践的独到透视，还是停留在一般的、抽象的层面上分析问题，缺乏具体问题的关照、具体情境的省察、具体实践的反思，从总体上仍旧是"用自己的嘴巴说别人的语言"。

相比之下，第四位教师的研究更为可取，很大程度上是教师应该在实践中采用的研究类型。她把自己的教育教学活动作为研究对象，持续不断地对教育和教学行为进行反思，从而汇总着自己的教育智慧，提升着自己的教育教学水平。这种研究至少在两个方面与前三者不同：第一，研究的问题是产生于实际的工作情境之中的，并且研究的进程是从实际情境出发，根据实际情境的需要，随时检讨，不断修正的。第二，研究是教师对自身实践所进行的有意识的、系统的、持续不断的探究反思，它在突出教师实践的“研究”特征的同时，也突出了教师作为研究者的角色。研究过程中自始至终都贯穿着对教师自我反思的要求。这种自我反思，对于教师个人而言，是一种学习过程，对于教育实践而言，是找到针对即时情境问题的解决方案的有效途径。

第四位教师所做的研究，也就是中小学需要大力推进和开展的行动研究了。总体而言，这种研究有着区别于其他研究的一些特点：

其一，以提高行动质量、解决实际问题为首要目标。

行动研究关注的不是学科中的“纯理论研究者认定的‘理论’问题”，而是中小学教师们日常遇到和亟待解决的实践问题。所以行动研究不囿于某一学科的主张或某一种理论知识，而是主动容纳和利用各种有利于解决实际问题，提高行动质量的经验、知识、方法、技术和理论，特别重视实际工作者对实践问题的认识、感受和经验。这正如西方一些学者所指出的，“行动研究的目的在于透过科学方法的应用，以解决课堂内的问题。它关注的是特定情境中特定的问题，不重视研究结果是否可以类推到其他不同情境；也不强调研究变量的控制及操作的问题。行动研究主要在于解决特定问题，不论研究场所是否在一个教室还是多个教室，教师始终是行动研究的主要研究者。行动研究的价值虽然对推动科学进步助益不大，但是其解决问题的以及应用的即时性，对于解决教育实际问题提供了一种有效而科学的方法”。

行动研究把解决问题放在第一位，并不等于行动研究无助于也不关心“一般知识”和“理论”的发现、产生。它只是更强调从具体、特殊到一般和普遍；更强调已有的理论和知识体现在从抽象到具体的过程中；更强调渗透在行动计划的经验和理论都须受实践的检验、修正、补充甚至证伪；更强调知识和理论说到底还是来源于实践，并在实践中体现其有效性和真理性。

其二，以研究过程与行动过程的结合为主要表现形式。

长期以来，由于社会分工的影响，教育科学研究已渐渐蜕变为一群特定的人所从事的特定的事情，一种与实际生活毫不相干的“学术游戏”，教育科学研究与实际生活脱离，研究者与实际工作者脱离，已经成为教育研究中的一大痼疾。行动研究则通过要求实际工作者系统地反思或与他人共同研究自己的工作过程、环境和问题，通过要求专业研究者深入现场，直接参与从计划到评价实际工作的过程，与实际工作者一起研究他们面临的问题，使实际工作过程本身变成一个研究过程，使研究过程又变成一个理智的工作过程。这样，行动研究就在解决问题的过程中，为研究者和实践者共同参与研究和工作，为研究者和实际工作者的结合提供了结合点，或者说一个共同活动的行动“场地”。这种研究活动间的结合和合作，一方面指中小学教师可以从专业研究者那里获得必要的研究技能，改变对教育教学的职业感情；另一方面专业研究者既可从真实的教育情境中获得第一手教学改革信息，又可以通过合作而使自己的理论研究成果更容易为中小学教师接受，较快地应用于教育改革实践。

其三，以教师对自己从事的实际工作进行持续反思为基本手段。

从行动研究的立场来看，中小学教师作为研究者参与研究是完全可能的，因为教师在教育教学实践当中，有明确的实践目的、责任，能够体察实践活动的背景以及有关现象的种种变化，能够通过实践检验理论、方案、计划的有效性和现实性。他们对实际问题具有“局外人”——专业研究人员——难以替代的认识作用。并且，教育活动目的的达成程度、实际工作的效率虽然不完全取决于教师对教学计划方案、环境和行动的理解，但是总也离不开他们对教学实践及其蕴含问题的理解。教师参与研究、从事研究，以教育教学实践中的问题作为研究的出发点，实践者同时也是研究者，研究结论同时也是下一步所要采取的实践措施，由于在这个过程中研究主体与实践主体紧密联系乃至同一，研究与实践也就达到了新的高度的统一。行动研究使教师的研究比日常行为具有更严格的程序，从而使教师的行动建立在一个合理的基础上，确保实践得到提高。

教育叙事，叙写我们经历的教育生活故事，对自身教育生活进行反思。这样的日常研究，并不是高深莫测的事情，是人人可以为之的研究。只要用心和坚持，你就有可能成为一名专家型的教师。

教育叙事与教师成长

刘铁芳

当我们越来越多地沉溺于琐碎而庸常的教育生活之中，当我们发现自己的教育生活状态有些疲劳而单调与乏味之时，我们作为教师个体的生命状态是低迷的，低质量的。如果我们不能从作为生涯历程的教育生活中找到生命的意义之感觉，那么，我们的日常教育生活就可能成为我们生命之中不能不承受的一种沉重的压力和负担。“闲暇出智慧”，这时候，我们需要适当地从庸常化的教育生活中找到闲暇的心灵空间，让我们有可能以他者的姿态来反思、回味我们自己的教育生活经历，让我们可能从日常教育生活的习惯中超越出来，提升我们作为教师存在的生活意义与生命质量。教育叙事也许就可能是一扇打开我们的心灵通向教育生活的意义世界的门扉。

我们每天都在经历着一个一个的教育事件，我们的教育生活就是由一个一个的教育事件累积而成。正是那些活生生的教育生活故事，有意无意地影响着学生，也影响着我们自身在教育生活中的生存状态。那些被我们关注到了的，以及那些有意无意地被我们忽视的故事，都可能成为对教师和学生的成长与发展卓有意义的教育生活故事。教育叙事，就是讲述我们的教育生活的故事，讲述那或隐或显地蕴涵着教育意义的故事，那些影响着学生和我们自身生命成长的细微脉络就可能在故事叙述的过程中清晰地展现出来，同时也展开我们的教育生活如何发展与改善的可能路径。正因为如此，以讲故事的形式出现的教育叙事，因为其对复杂教育生活中的细微脉络的揭示而区别于一般性的故事讲叙，而使之成为我们对自身教育生活的反思性实践，并成为增长我们的实践性知识、提升这种实践性知识的品格的重要形式。我们讲故事的过程就是不断地回溯、观照、发现我们过去、现在，以至未来的教育生活路径的过程。

叶澜先生曾提出，教师的教育科研能力主要是指研究学生及教育实践的能力，教师的研究大量是结合自己的实践工作与对象开展的，因此，教师的研究能力也是高质量教育生活和教师自身专业能力不断发展的必要条件。“教师的研究能力，首先表现为对自己的教育实践和周围发生的教育现象的反思能力，善于从中发现问题、发现新现象的意义，对日常工作保持一份敏感和探索的习惯，不断地改进自己的工作并形成理性的认识。从这个意义上，教育研究成了教师作为专业人员的一种专业生活的方式，他自己创造着自己的专业生活质量，这是教师在专业工作中自主性和自主能力的最高表现形式。教师研究能力的进一步发展则是对新的教育问题、思想、方法等多方面的探索和创造能力，运用多方面的经验和知识、综合地创造性地形成解决新问题方案的能力，这使教师的工作更富有创造性和内在魅力。同时，教师创造意识和能力的形成，在教育实践中的成功，会使他十分看重对学生创造意识和能力的培养，无疑，这是未来教育十分期望实现的价值。”（叶澜：《新世纪教师专业素养初探》，《教育研究与实验》1998年第1期）教育叙事作为一种切近于教师日常教育生活的研究方式，让我们与自己所从事的日常教育工作更为亲近，让我们在平凡的、逐步习惯化的日常教育工作中发现细微的教育意义，从而获得我们对自身作为教师生命个体存在的价值与意义的发现与提升，并可能成为我们走出教育生活中的习惯，提高我们对自我教育生活反思、批判的能力，也提升我们的教育生活的创造性品格，从而成为有效地改造、提升我们的教育生活质量的重要途径。

一个人对周遭世界的发现往往同时就是对自我心灵世界的发现。走进教育叙事，让我们与自己经历的活生生的教育生活文本对话，增进我们对教育生活的理解，并使我们对教育生活的理解与认识变得丰富多样，且由于蕴涵着我们作为教师个体的生命痕迹而变得生动、有趣，富于生命的气息。我们在教育叙事中对自我教育生活的发现与认同，同时也是对教师人生的丰富性、价值性的发现与认同，是对我们作为教师存在的个体内在心灵世界的丰富与充实的发现。教育叙事因此而成为我们改变日常教育生活的单调与平庸的重要方式。

教师的劳动，是一项开发人的资源的创造性劳动，离不开教育教学研究；要搞好工作，提升自我，也离不开教育教学研究。

一般教师如何进行研究工作？边教学边研究，多读书，写日记，进而写文章，这是人人可为而又行之有效的经验。

漫谈边教学边研究

魏书生

我经常收到一些青年教师的来信，信中常常提出这样一个问题：你是怎样提高教学效率的？我经常和一些青年教师座谈，大家共同关心的主要问题之一也是：你是怎样提高教学效率的？

仔细想来，我提高教学效率主要靠边教学、边研究，从科研的角度来认识教学。人们从事某项劳动，大致有两种方式，一种是重复式，一种是科研式。比如工人造机器，农民种庄稼，重复式的劳动就是只沿袭前人，沿袭自己的昨天，循规蹈矩，一成不变，日复一日，年复一年。这样做，劳动效率当然只能今天和昨天一样，昨天和去年一样，谈不上提高，劳动者本人心理也会感觉累，感觉枯燥无味，疲乏厌倦。科研式的劳动者呢？他们总是千方百计地从旧中夺出新来，千方百计地想比昨天干得更巧、更好，劳动效率更高。由于立足于千方百计想新办法，他们工作效率当然高，劳动者本人的心理也会感觉轻松快乐，积极充实，进而更加热爱自己的劳动。

重复式的劳动倘施加于演员、摄影这样光彩诱人的职业，也会使人感觉疲倦、困苦、索然无味。反过来倘科研式的劳动施加于焊接、种菜这样平凡普通、看似千篇一律的职业，也会使人感觉常干常新，兴味盎然。

于是我便努力叮嘱自己一定要从科研的角度看自己的教育工作，要力求从旧中看出新来。今天的我应该比昨天的我有新的发现、新的认识、新的提高。我的观念更新了，世界在我的眼里就新了。自己新、他人新、世界新、工作新，人工作起来效率才高。从科研的角度来看，就常觉得：今天讲课要比昨天有新的突破；语言要比昨天更吸引人，更有感染力；表情要比昨天更使人愿意接受；姿态要比昨天更自然；板书要比昨天更富启发性；和学生的感情要比昨天更融洽。做不到多方面比昨天强，就只做一个方面中的某一小点，这样嘱咐自己去上课时，精神上就感觉很愉快，就总觉得有新的值得研究的课题。

边教学、边研究，具体从哪几方面入手呢？就我自己而言。我一直努力做三件事：一、看多家之言；二、坚持写日记；三、坚持写文章。

一、看多家之言

我总觉得，教书的人自己要多看书，要看多家之言，才能融会贯通，才能领会到理论的精神实质。我刚教书的时候，便听说有个叫凯洛夫的苏联人，提倡“三段”、“五环”式的课堂教学结构。有很多老师说，只有符合凯洛夫‘五六环节”要求的课才是好课。后来又看了赞科夫“最近发展区”的理论；看了巴班斯基教学过程最优化的理论；看了苏霍姆林斯基《给教师的 100 条建议》；再看美国教育家杜威“儿童中心”的理论；布鲁纳的课程结构理论；布卢姆的教育目标分类理论；再看捷克、法国、英国、瑞士等国教育家的主张和咱们中国自己的教育家孔子、墨子、孟子、朱熹、梁启超、陶行知、叶圣陶的教育理论，才明白凯洛夫只是诸多国家中的一个国家——苏联诸多教育家中的一位教育理论家。这样想来，就明确了我们根本没有必要使上千万中小学教师都非以凯洛夫的教育理论为指导不可。看得多了，就理解了各家各派的理论都有自己的长处，同时又都有自己的局限性，我们的责任在于结合自己的实际去吸收各家理论的长处，同时又要防止沿着这个长处走得太远，从而越出了真理的范围而导致失误。

学习理论的目的是为了发展自我的长处，一定要注意以我为主，以我的教学风格、教学个性、教学特长为主。用各家各派理论来丰富和发展自己的教学特长，发展自己的教学风格与个性，这样学理论才有用途。如果为了学理论而学理论，忘记了结合自己的实际而学理论，消灭了自己的风格、个性、特长而躺在某一派理论的书本上，这样的学习就成为无用甚至是有害的学习了。

我常想，教师学理论有点像蜜蜂采花粉，叮在一朵花上绝不会酿出蜜来，需要在成千上万朵花上采集花粉，再结合自己的工作实践才能酿出蜜来。教师呢？学了几家几派，甚至几十家几十派理论中合理的部分，来应用于自己的工作实践，应用于发展自己的教学风格、个性与特长，那就一定能提高教学效率，一定能酿出甜甜的教学之蜜。

我还觉得，教书不一定只看与本学科知识有关的书籍，还应该看看其他学科的书籍，可能的话尽量看一点教育以外的书籍。这些年，尽管忙，但我仍努力坚持看《外国教育动态》《国外科技动态》《人民教育》《教育研究》《辽宁教育》《普教研究》等杂志。除了看《教育学》《心理学》《外国教育史》《中国教育思想史》等教育书籍外，也挤时间去看弗洛伊德、荣格、雅科卡、卡耐基、尼克松、戈尔巴乔夫等人的著作，看毛泽东的著作，也看《周易》《论语》《道德经》等。《袖珍西方名著手册》一书我买了一年多点，由于翻来覆去地看，看上去已经是一本很破旧的书了。

看多家之言，要用去一部分时间，形式上看影响工作。实际上，正因为看书，才看清了日常工作中有哪些是无效劳动，从而去掉它；因为看书，才学习了更科学、更有效的教学方法；因为看书，才使教学管理更制度化、系统化、科学化，从而提高了工作效率。

看多家之言，才使自己有可能掌握必要的进行教学研究的理论，才能使教学研究少走弯路。

二、坚持写日记

研究，就需要有素材，需要第一手实践的事实与有关数据。素材、事实、数据都需要积累，而积累比较好的办法之一就是写日记。

这些年来，我一直坚持记两种日记。一种是工作日记，每天做了什么工作，接待了哪些客人，开了什么会，到外地讲了什么课，做了什么事，每天必记。从1978年2月20日到中学教书那天起，一直记到今天晚间，一天也不缺。到今天已经记完了11本约66万字了。另一种日记我从80年代第一天开始写的。记叙、议论、抒情、抄写、说明相结合。写所思所感，写风土人情，写善良的学生，赞喜欢的书籍，颂感人的文章……到昨天晚间，11年多来一天不缺，已经完成110多万字了。

日记能帮我记住自己做过的事，见过的人，用过的物，记住自己的经验和教训。人很奇怪，许多好的、成功的做法，不知不觉会忘了做，甚至记不起曾经做过。写了日记，常翻一翻，能使我们达到昨天曾达到的高度。至于要搞教育科研，写文章，需总结回忆自己过去的有关情况，日记当然是最好的材料库了。

写日记还有利于研究自己、改变自己。很少有人写日记让自己狭隘、自私、消极、懒惰。神经正常的人，一般都在日记中劝自己、鼓励自己，要宽厚、要助人、要积极、要勤奋。这发自内心的劝说和鼓励，同来自外界的劝说鼓励相比，作用更大些。经常这样劝说自己，自己就能更冷静、更清醒、更宽厚助人，积极勤奋，更具科学头脑。

日记文体不限，可叙述、可论述、可描写、可抒情，亦可两者三者兼而有之。随心所欲，信手拈来，以我手写我口、写我心。想到哪写到哪，不用考虑润色词句，怎么高兴、怎么轻松就怎么写。

日记长短不限，有话则长，无话则短。刚开始，写几句话，时间长了，能力强了，便增到三五百字。即使这时，我也不限定自己每天必须写上 500 字不可。仍然是顺其自然，想说的话多，我有时写一两千字，要说的话少，也有时只写三五十字。不过分约束自己，便觉得写日记是乐趣，不是负担。

每天有了什么新思想，怕它稍纵即逝，那就拿出笔来，将它记在左手腕上，晚间一整理就是一篇日记。人很奇怪，在某个特定的时间，脑中常常突发奇想，闪着智慧的光芒，比自己平时想的要高明得多。但倘不及时抓住，这一想法立即逝去，时过境迁之后，再也不会忆起。为了超越自己，为了研究出更高效的教学方法，人必须善于抓住这些灵感。

望着这些年自己写完的 26 本、170 多万字的日记，我觉得它们真像进行教育科学研究的资料库。我可以随心所欲地提取写论文的资料：教学的成功与失败，自己的欢乐与苦恼，学生的思想状况与学习成绩，教学方法适用的群体与个体范围以及多方面的具体数据。

三、坚持写文章

看多家之言，提高了理论水平，写日记积累了素材，这都仅仅是搞科研的准备工作。搞科研，主要的工作形式之一就是写文章。教师这一职业决定了每位教师都具备进行科学研究的机会，但有机会是一回事，有没有科研能力是另一回事。写文章就是抓住机会、利用机会进行科研的有效途径。人一旦从研究的角度来看待他的本职工作，那么无论他的工作多么平凡，都会有无穷无尽的研究价值，同时也就有无穷无尽的乐趣。

大的远的不说，每天的教学活动、课外活动、班级管理尽可以写成文章，写成调查报告、教学杂感、实验报告等等都行，如：《谈今日六节课的节奏》《数学课堂纪实》《语文课堂学生兴趣分类》《45 分钟学生注意力变化》《课堂三分钟学生注意力分类》《不同性格学生自习课表现异同》《五分钟记忆力比赛结果分析》《男女同学自习课自制力比较》《课间操动作到位情况与学生性格的关系》《眼保健操乐曲与学生动作协调状况分析》《长跑过程中学生的耐力比较》《气功入静时间差异调查》……

单是一堂语文课，就可以从多侧面、多角度选材写成文章。如，学生因性别、性格、智力、体力、兴趣、爱好、基础的不同，在课堂上注意力、观察力、记忆力、想象力、理解力均有不同，这就可以分别写出几十篇文章。总之，不是生活中缺少科研内容，常常是我们自己缺少发现科研内容的能力。

常有人以为，写是输出，输出是有资历、有经验、水平高的人做的事。青年人写文章，常被无知的人讥笑为：吃了一把草，便想挤出两杯奶；自身只有一杯水，却想往外倒一桶。我总认为，写作既是输出，也是输入。

因为要写，要发表自己的见解，通常就要先看别人对这个问题是怎么认识的。比如我写《寓德育于语文教学之中》，就要先看教育理论家对这一问题怎么谈的，有几派不同的观点，又要看富有经验的老师和前辈是怎样做的，我和人家有哪些相同，又有哪些不同。显然这样学习理论与经验，比平时随意翻翻，吸收与消化的结果要强得多。

写文章又是输入实践经验的一种方式。人平时工作的计划性、目的性往往不够强。如果写《谈培养学生的效率感》这篇文章，那么这个学期就会制订出一系列提高学习效率、增强学生效率感的计划和措施。这个学期教学的目的性、计划性就明确得多。实践一个学期后，按提纲写文章，总结本学期的得失利弊，边写边明确了下个学期的措施、计划。这样下个学期的实践效果一定会好于本学期。坚持写文章确实有助于输入教学能力，绝不像有人认为的那样，会将原有的教学能力也输出了。

刚开始写，最好选题要小一些，这样便于自己驾驭。刚开始就写大题目，如“当今世界”、“谈我国教育发展战略”等等，往往有害无益。刚开始写，不要想尽善尽美、一鸣惊人，而要有不怕“一鸣烦人”的精神准备。文章写出来了，许多人批评，许多人心烦，甚至骂娘，我们把这些批评意见中合理的成分吸收过来再写，这样水平就逐渐提高了。

刚开始写，不要急于发表，或者说不要能发表就写，不能发表就不写。写的目的，主要是提高自己的科研水平，提高教学效率。就算一辈子写了数百篇都没发表，但自己的科研水平、教学效率提高了，不是最大的收获吗？

以这样的观念指导自己，我每学期都坚持写几篇文章，到现在已经发表了66篇。

有的青年教师问我：“你当书记又兼校长，还当两班班主任，教两班语文，还有23个社会兼职，哪还有时间看书、写文章呢？”说心里话，我看书、写文章不是加重了负担，延长了工作时间，相反的倒为我节省了不少劳动时间，减轻了负担。如果采用重复式的劳动方式，我早就被各种事务性工作压垮了。正因为读书、写日记、写文章，才使我初步进入了科研式劳动的境界，从而提高了教学效率、工作效率。

真诚地希望青年教师都能够边教学边研究，都能够看多家之言，写日记、写文章，采用科研式的劳动方式，提高教学效率，朝着教学的自由王国迈进。

坚持边工作边写作，改变了很多教师的职业生命。是科研、写作，使老师们拥有了更丰富的人生，提高了教育、教学水平。

教得精彩，写得也精彩；写得精彩了，教得更精彩。教与写，成了一个良性循环、互相推进的过程。

这样的教和写，练就了多少优秀教师！

写——改变教师生命的职场

窦桂梅

一、为什么写

我们应当如何寻找课堂坐标去消除日复一日教学劳作所带来的职业倦怠？又应当如何克服一次次试讲带来的审美疲劳，从而让公开课发挥出它应有的指导作用？

以我个人成长的经验，我认为有一个很好的办法——让笔静静记录自己，并在写作过程中不断发现和生成新的“我”。正如苏霍姆林斯基说的：“每一位教师都来写教育日记，写随笔和记录。这些记录是思考及创造的源泉，是无价之宝，是你搞教育科研的丰富材料及实践基础。”借助于写，你的笔就会和你的课堂通过心灵的桥梁发生联系，你会忠于你的课堂，兼纳别人的“声音”。如此，走出井底的你，才不会迷失自己。

二、写些什么

课堂内涵丰富，写作形式当然就会多种多样。既可以用平实的语言白描叙写，又可以用诗意的警句吟咏抒怀，有话则多，无话则少，写中有学，学中有思。写，或深邃或宏大，或微小或辽阔，或忧愁或明快，或抒情或议论，却总是别有一番情怀。

特别是研究课，或者说公开课，那是一本打开的书、一扇开启的门；是多少个日夜殚精竭虑的忘我投入，一次次研究、试讲、修正，最后，让生命的激情在课堂上尽情绽放。每一遭儿研究课的行走，留下的都是笑与泪、悲与欢、迷茫与领悟、蜕变与成长的足迹。于是，或者写些备课的心得，或者描述教后的体会，或者由引起争议的理念引发开去，总之，无论哪个方面的写作，都在创造着一个全新的课堂。

首先，可以写一些“题外话”。比如，我教《珍珠鸟》一课，前后写了好几篇文章。其中一篇，我写了为什么要选这节课研究的原因：电影《金刚》中的大猩猩金刚，比人类强大却深陷人类酿造的悲剧。课文《珍珠鸟》中的珍珠鸟，比人类弱小而成了人的笼中鸟，引发了我“信赖往往创造美好的境界”的思索……这样的“题外话”可能永远不能发表，但写下这些，则使自己对文本的把握有了进一步提升，使讲课更加游刃有余。

当然，更要写“题内话”。在《珍珠鸟》一课的研究过程中，我接下来写了在解读出文本的“信赖”主题后，为什么按这样的思路教学的思考。这些教学写作，可以让动笔前的一些模糊的想法变得清晰，让明确的思路变得深刻，从而获得新知识和新发现。

最后，还可以写些“题后话”。从对自己课堂的评价中整理出有价值的观点，并将其再次置于自己的课堂中进行对照，具体地“革”缺点的“命”。如教完《珍珠鸟》后，我有这样一个记录：人该不该放鸟？鸟会不会飞走？这是我教学后的困惑，也是学生思考的困惑。

记录这些“题后话”，自己就会不断发现问题、解决问题，并进一步由具体问题延伸拓展开去，努力上升到更高的层次和更广的范围，去反思和重建课堂。

对于我们曾用心研究的课，就应该写好“题内话”，如好好记下一节课的实录；写好“题外话”，如写好一节课的教学故事；写好“题后话”，如一篇教后反思。如此，你每天的家常课堂，就会“小心翼翼”地实现教学的自主与自省；如此，你的书写就不再仅仅是“录像记录”，而是从琐碎与无奈中，剥离出具有价值的思想，从而超越了课堂“重复”的枯燥。

三、“写”改变了什么

写，首先丰富了教师的灵魂。因为写，教师从“艰难苦恨繁霜鬓”的叹息中获得凤凰涅槃似的重生，对自我有了一种静静的梳理。让笔静静记下自己，在课堂中找寻“我是谁”。每一次记录，都会挖掘自己的心灵。写出的文字，就成了我们的另一张面孔。而且，我们语文教师又是教儿童写作的，“以写促写”不亦快哉。

我开始写作的时候，文字拙笨，尽管有时“日吐千言”，怎奈笔力不够，常常自觉满纸荒唐。有时心里感受强烈，倾吐出来却显得很“蹩脚”。怎么办？练！

于是，当我把公开课前后的备课以及上课体会记录下来，当做练笔并养成了习惯，写作像吃饭一样每天不可缺少的时候，蓦然间，我发现这几年自己又有了不小的长进。

写，还可以去掉教师身上的匠气，会让忙碌的你与宁静的你进行一番调整，会让感性的你与理性的你对照。写作使我有了底气……就是这不拘一格而又别具一格的书写，令那些“当时只道是寻常”的思想与细节，在头脑中一次次地“昔日重现”；能够让教师保持对自己课堂问题的清醒，自觉地辨别批判的声音，“跳出课堂本身”，以一个旁观者的身份，审慎看待自己的课堂。

延伸思考

感谢书写带来的对课堂、对自我的“漂洗”。我们因此沉淀了面对课堂忧患与艰辛后的澄明；焕发了咀嚼过课堂压力与困厄后的自信；拥有了遭遇课堂失败和痛苦后的踏实。于是，就会像苏霍姆林斯基那样守住心灵，把困惑变成收获，把收获变成反思，在课堂反思中稳步前行。

看来，小小的笔改变不了世界，却能改变我们的课堂。更重要的是：写，让自己活得明白，更让自己活出了精彩。一句话，写，会改变你生命的状态。

教育科研、论文写作应该是一丝不苟、严谨务实的事，来不得一丝半点的弄虚作假。

作假的"研究"以至"剽窃"的论文，除了暴露了图谋私利的卑下灵魂，还有什么意义呢？

教育科研也要打假。搞研究就从"不做假账"开始。

"不做假账"

冯卫东

看到这则消息，我既为弄虚作假的毒气吹遍和渗透于全球学术研究的每一个角落(美国也未能幸免)而感叹，也为美国学界善于透过现象看本质，敢于揭掉假科学和假科学家的画皮，勇于还科学以本真的精神而感动：

> 32岁的科学家舍恩一度在物理学界非常耀眼，在贝尔实验室工作期间，在学术刊物发表近90篇论文，其中绝大部分是第一作者，一些"成果"引起轰动。他本人也一度被公认为诺贝尔奖最佳人选。
>
> 但研究结果遭到一些同行质疑，外部专家为此进行调查。结果表明，舍恩至少在16篇论文中捏造或篡改实验数据。此后，舍恩名下的大批论文可信度大打折扣。他与合作者们撤销了曾在权威学术期刊上发表的部分论文，其中有8篇是在《科学》杂志上。
>
> 贝尔实验室已将舍恩开除，并撤销与其相关的6项专利申请。不少物理学家表示，为了避免自己信誉受损，将不再引用任何署名舍恩的论文。

依我孤陋寡闻，类似情况(结果)在中国学界还未有发现。我们揭的"假"，几乎都是"剽窃"一类比较容易"证伪"的；至于"捏造或篡改实验数据"，也许是人们没有精力调查，也许是潜意识里认为那不是造假，也许……于是科学家和"受众"都泰然处之，于是"制假"和"看假"的闹剧一幕接一幕，甚至愈演愈烈。真可谓"假作真时真亦假"，中国学界的可信度难免要大打折扣。

教育科研也不例外。人们冷不丁就会看到、读到一篇篇抄袭(或"剪刀加糨糊”)的“论文”,心生义愤之情。而对随意拔高、“自说自话”、无中生有等一类文章论著,却缺乏敏感,不是看不透彻,信以为真,就是听之任之,随其大流。厉言揭露、痛下针砭者似乎还没有“出生”。尤其是不少中小学校的科研课题,轰轰烈烈开题,热热闹闹结题,惟独缺失认真实践、反复实验的过程(而这正是科学数据、独到发现和教育真理唯一的“源头活水”),当然更谈不上课题成果的推广(这本来就不是某些学校、“研究者”的目的所在,他们看重的是“课题”的虚名及其“无形资产”)。教育科研纯粹成了某些人“象牙塔”中的想象,成了纸面上的游戏,成了不经一击的“外包装”……如此“研究”还有什么价值和意义可言? 我们用得着以“主流与支流”一类的话语来自我蒙骗、自我安慰吗? 根本不需要! 如果需要的话,言重一点,基础教育科研尤其是课题研究“主流”未必不是“失真”(我不愿武断说其“虚假”)的,而“支流”或许才是脚踏实地、实事求是的。一位市教育局局长猛烈抨击当下一些素质教育活动:“……领导知道是假的,主办者知道是假的,参与者知道是假的,但就没有一个人说这是假的。教育到了‘倾城而出看皇帝新装’的地步,何其悲哀!”(《基础教育再把脉》苏州大学出版社2002年11月版,第130页)这又何尝不是对“科研”现状的“写真”!

凭我臆测,舍恩的研究只是一种“羼水”、“掺假”行为,还不乏真的成分(甚或以真的为主),但他被钉上科学精神的“十字架”,受到无情唾弃和“自弃”(自撤论文);而我们的造假者非但没有遭此劫运,还因此赢得一项项荣誉的光环。是“失真”、作假的教育环境造就了违实悖真的人,而他们又与环境一道,成了气势更盛的“失真”、“悖真”行为的温室,这是值得圈内圈外人士警醒的现实。

无意于实践和实验,却一味“炮制”所谓的“科研成果”,这是教育上的一种泡沫现象,不妨称之为“泡沫科研”。“泡沫科研”还有一种表现,就是当事人通过观察、学习和思考,确实形成了较为先进、前卫和高远的教育理念,甚至比较激进,但或者是迫于升学率和其他社会因素的高压,或者是他压根儿就不愿做一名知行合一的实践家(而宁愿把自己塑造成“空头理论家”),或者是他长于思考、短于践履的个性所限……总之,他在具体教育行为和过程中,表现得消极、滞后乃至“反动”。有的大唱素质教育赞歌,而行的是地地道道的应试教育之实;有的字里行间洋溢着一往情深的师生之爱、民主之情,但心里对莘莘学子抱有严冬般的酷寒、暴君式的专横;有的讲德育、教学艺术头头是道,而在课堂上或班主任生活中捉襟见肘,疲于应付……我就听说过不止一例,特级教师不受学生欢迎，有一个还被学生及家长“轰”下台，原因是他（们）热衷于著书撰文，无意于教书育人。（各地“特评”都极为看重论文论著。朱永新教授认为，这些固然要看，更要考察和评估终端成果，即他所教育和培养出来的学生是不是有特长，整体上是不是出众。）我以为，在这里，主观因素起决定作用，即便教师有个性、能力素质等方面的偏向和不足，通过后天努力，也能得到“完形”和提升。“理论是灰色的，生命之树常青”，教师汩汩不断的生命之源只能是他常教常创、常创常新的教育实践，而只有从焕发生命活力的实践中走出的理论才能“绿树常青水自碧”。

教育科研、论文写作应该是不溢美、不夸饰、一丝不苟、严谨务实的事，失此，就失去了它的一切。由此，我想起朱镕基总理在第16届世界会计师大会（香港）上的讲话，他说，中国近年来建成三所会计专业学院，自己很少题词，这一次却为此题词：“不做假账”。

“不做假账”，难道唯会计师才需记取的吗？

教育科研是教师成长的内涵发展，教育写作是教师成长的形象展示，专业成长是教师一辈子追寻的职业目标。

教师要实现自身的专业成长，就要认认真真搞教育研究，认认真真进行教育写作，少一些功利，多下一些真功夫。

教研、写作与教师的专业成长

丁昌桂

一

教师，是一个有较强专业性的职业，这一点业界已形成共识。尽管与律师、医生、金融分析师等职业相比，教师的门槛没有那么高，门缝开得也比它们大。正因为其专业性，所以需要师范大学的专门训练，而且我国正在尝试与国际接轨，从综合型大学选拔毕业生，对他们进行系统的专业教育培训，获得国家认定的教师资格，也可成为教师这个职业群体中的一员。但是，无论是多高的学历，也不管你来自哪所名牌大学，走上教师的岗位之后，都有一个专业成长的过程，而且这条路还很长。教师的专业成长过程，是一个从教学新手到老手的过程，也是从经师不断向人师的境界攀登的职业发展过程。这种攀登只有起点，没有终点，贯穿职业生涯的全部过程。

从知识结构上来看，教师专业性的特别之处在于，既需要所教学科的知识和技能，又需要教好这门学科的教育教学的知识和技能。比如，你是一个数学教师，不仅需要掌握较为系统广博的数学知识和技能，而且需要掌握系统的教育教学的知识和技能。两者兼备，方能成为一名称职的教师，就是因为缺少了后者，所以陈景润只能成为一名出色的数学家，却不能成为一名合格的中学教师。

二

教师专业成长的路径是多样的：专家引领、同伴互助、自我反思、教育写作……这些又都与教育科研纠结在一起。的确，无数成功实践说明，教育科研是教师专业成长最有效的途径之一，是由教书匠通往研究者甚至是教育家的必由之路。

但是，当前的教育科研却有点走样。虚假繁荣掩盖下的泡沫化、功利化倾向已经为不少人所诟病。有的地方，动辄课题上万个；有的学校，国家级的课题也不在少数。学校评估要课题，现代化验收要课题，职称评定还是要课题。这可忙坏了不少部门，这么多课题要立项；也忙坏了一些专家，开题结题还有中期评估；还忙坏了出版社、期刊社，这么多研究成果要发布……但扪心自问，这么多课题又解决了几个具体问题？为什么从国务院总理到"小巷总理"都对教育不太满意？不知这一说法能否成立，现在的中国是教育课题最多的国家，恐怕也是教育问题不少的国家。如果我们的教育研究老是在概念里兜圈子，在逻辑推演里解决问题，现实中的问题就不会越来越少，只能越来越多。

我们需要教育研究，但需要的是真研究而不是假研究，需要的是草根的研究而不是庙堂的研究，是问题研究而不单是课题的研究，是多数教师能够投身其中的大众研究而不是少数精英的研究！

如果教育的研究从问题出发，从师生的成长和学校的发展出发，无论是否列入课题，或者无论你的课题是什么级别，都是有价值的，都是值得全身心投入的真研究。

三

教师需要写作，但不是泛写作，而是关于教育的写作。对此，人们可能会有不同见解。这不，教师的职称评定需要论文，早已成为过街的老鼠。的确，在这一要求下，已经滋生了许多怪现象：匠手代写、付费发表、假报假刊……但就像不能因噎废食一样，也不能因为有这些怪现象就得出教师不需要写作的结论。

纵观中外，大凡有成就的教师没有不动笔写作的，有的甚至著书立说。苏霍姆林斯基坚持写作教育日志几十年。李镇西说:“教师成长,需要写作。20多年的教育成长经历告诉我,教师的写作,对于教师成长实在是有着十分重要的作用。”“写作不仅是积累经验的一种方式,更是逼迫自己勤于阅读和思考的强劲动力”(窦桂梅语)。西方人也对教育写作提出自己的看法,加拿大学者马克斯·范梅南认为:“写作即研究,是思考和行动的调和。写作把我们与知识分离,又使我们和知识更加紧密地联系在一起。”

所以,我们的问题是今天的教师不是需不需要写作,而是需要什么样的写作!

教师需要的是工作中自省自悟的亲自写作,而不是雇佣匠手的代劳。需要的是促进成长的专业写作,而非评职称时敲门砖式的功利化写作。需要的是来自教育实践和反思的写作,而不是那些没有内容的概念化写作。

教师写作,不要急于求成,可以先写小文章再写大文章,先从教学随笔、教学后记、教学案例写起,再写教育论文直至教育专著。

教师写作,贵在坚持。每天写作一点点,就离成功近一步。

教研、写作、专业成长是密不可分的三个关键词。如果说教育科研是教师成长的软件工程,写作是教师成长的硬件工程,专业成长则是教师成长的系统集成。如果说教育科研是教师成长的内涵发展,教育写作则是教师成长的形象展示,专业成长就是教育工作者一辈子都该追寻的职业目标。

教师搞教育科研，不妨从写教育日记开始。

克服畏难情绪勤于实践与读书，善于思考和动笔，持之以恒，每一个教师都能写好教育日记，都能成为专家型教师。

教育日记伴我成长

马志刚

工作十几年来，我有多篇文章获省市级的奖励或在书籍、报刊中发表。这些文章都是自己多年工作经验的积累，帮了我写作大忙的就是我的教育日记。从参加工作到现在，一天工作回来，无论有多累，我都要记上几笔，十几年下来，有了厚厚的十几本。经常翻阅，是一种享受，更是一种帮助。

一、我是怎样开始写教育日记的

1991年7月，成绩很好的我结束了大学生活，放弃了考研，毅然走进我曾经学习六年的母校的大门，实现夙愿，成为一名中学数学教师。对于从小就"好为人师"的我，当了老师是一件可喜可贺的事情。我怀着极大的热情走进学校的大门，走上工作岗位，在这所重点高中里，教高一两个班的数学课，并做班主任。

但是，两个月后，我就遇到了极大的麻烦。我班的其他科任老师总向我告状，说班级比较乱，尤其是上课时纪律不好，要求我管理好班级上课的纪律。

对我颇有好感的学生小光，在作业中夹了一张纸条，说："老师，你是我从小学到高中的班主任里最好的一个，是我最信任的一个，你是我们学生的自己人。但是，老师，我想调到另外一个班去，因为咱们班的纪律不好。我爸爸已经为我办好了这件事，可是我又真的舍不得离开你，我很苦恼。"

我把这张纸条夹在我当天的日记中。来自科任老师、学生和家长的压力，使我陷入了深深的痛苦之中。我的梦想、我的执著、我对学生的爱，换来的竟是一个"乱"字？我更害怕，如果小光走了，就会有第二个、第三个，而且走掉的肯定都是像小光这样的好学生。小光是我的数学课代表，班级的学习委员，他的中考成绩是全市第五，我怎么舍得他走呢？

"老"教师们传授了诸多治理班级的经验，但我知道，这些都不适合我。因为一个刚刚走出校门的人做老师是不能用威严来镇压的，况且威严何在？

不管怎样，应该先给小光一个答复，我同样写了一张纸条："小光，你说我是你们的自己人，我很开心，我们班级到底出了多大的问题？第二个月的月考我们的成绩居八个班中的第四名，属于中游。我认为还没到不可救药的地步。你先别走，还有两个月的时间，如果这个学期结束时，班级纪律还不好转，你走，我也走。帮帮老师，不用多，你只要管好你前后左右七八位同学就行。"

我又给班级最爱讲废话的杨磊写了一张条子："不为别的，只为了你自认为是朋友的班主任，请你明天上课每节只说五句废话。好不好？"我在纸条的下面画好了一些格子，要求他说一句废话就画一个圈。如此，我对每一个上课爱讲话的人都做了大同小异的安顿。

正如我所期待的，就在第二天情况有了转机。每日苦口婆心的劝说或严厉的批评都不太见效的课堂纪律，忽然就因为这样一张张小纸条，而有了较大的起色。事实上，哪位学生都想好好上课，但是有些自制力差的人处在乱的氛围里，就无法自制。几位爱说话的人同时收到这样的约束指令，大家同时闭嘴，课堂纪律一下子就变得好起来了。

从此以后，我每天都坚持在作业中给不同的学生写不同的纸条，学生也喜欢用一张小纸条给我"回信"。

这张每天摆在某些学生文具盒里的小小纸条就像人们压在自己办公桌下面的座右铭一样，在他们要犯错误或犯了错误的时候，提醒着他们，少犯错误，不犯错误。经过两个多月，课堂纪律彻底好转了，所有的埋怨都消失了。科任老师觉得奇怪，老教师们更不相信我居然能用"文治"，管好了这个班级。

在我参加工作的第一个学期结束时，我终于向学校、向学生和家长交了一份及格的考卷。学校对我的"书信谈话法在德育工作中的作用"很重视，并让我在学校年终工作总结会上介绍了这个经验。后来，在省教育学院组织的德育论文大赛上，我把曾经写下的那些大大小小的纸条和当时的感情、心得、体会等组合成了论文《书信谈话法在班集体德育工作中的作用》，有理有据，文情并茂，获得了一等奖。对我来说这是个双丰收，我用书信交流的方式治理了班级，然后再因治理班级的论文而获了奖，这些无疑都是“动笔”的功劳。

这件事促使我更执著地记日记。我本来是把所有发生的事情都写在生活日记中的，后来我发现这样不方便，因为生活日记具有极大的隐私性，不方便记也不方便用，所以我重新买了一本日记本，专门用来记教育工作中的事情，凡是在学校中发生的事情，或者是我和学生的交往，只要是新的，有所触动的，我都要记下来。这就是我的教育日记的开始，逐渐养成了习惯，无论每天工作多苦多累，我都要记上几笔。

二、教育日记应该记些什么东西

记教育日记有很多的好处。第一，反省教育。21世纪的合格教师的一个重要素质就是能够自我反省。一个人对教育的理解决定了他的教育工作的质量，而一个人对一件事物的理解需要思考，思考可以帮助一个人形成思想。记教育日记，就能给自己一个思考的时间。第二，积累资料。我们每天都要做很多的事情，每一天，都有值得记忆的东西。但是，时间会无情地带走我们的记忆，只有勤于动笔，我们才能战胜遗忘，才能为自己留下更多的有价值的回忆。为什么有的人提笔无话，就是因为平时没有积累。巧妇难为无米之炊！第三，消除压力。就像记普通生活日记一样，有什么苦闷和彷徨不妨在教育日记中倾诉，同样可以得到宣泄和舒解，让我们以更轻松的心态开始新的一天。

教育日记应该记些什么东西呢？

记录一些名言警句　曾经有一个阶段，教育论文似乎就是一句警句（提出论点）加上若干事例（提供论据）。但是，近来有一种感觉，似乎名言警句正慢慢淡出我们阅读的视线，正越来越不受人重视，现在人们写文章喜欢用流行语，说时髦话，这在教育文章中也不少见。其实，真金不怕火炼，我相信名言、警句不会过时。或一段，或几行，或三言五语，不在乎多少，在于这句话的分量，有价值的，就记录下来。要做到这一点，关键是留心，逢得必记。偶尔听到一句很好的话，可先草草地记录在一张纸上，等有时间了，把这些零碎的纸片整理到教育日记上。

教育的内容有时需要通过载体来传送，名言、警句就是一种很好的载体。

记录成功的教育事例　即使是一名默默无闻的教师，在多年的教育工作中，也必然会有许多成功的事例，有许多闪光的东西。记下自己成功的案例，包括教育学生、课堂讲解、个别辅导、爱心家教、假日家访等，这都是自己最宝贵的财富。因为，当我们再次遇到相同的情境时，那些成功的经验就会立刻浮现在眼前，使自己的工作游刃有余。

记下失败的事例　我们讨厌失败，但是失败从来就不会离开每一个人。每天的工作都有收获，也都有过失，或大或小。失败的事情，更应该一记。没有多少人有勇气把自己的失败对别人讲，那么在日记中对自己讲一讲，分析失败的原因，为自己在今后的教育工作打好预防针，是非常有好处的。

记重要的教育理念　教育理念不是一朝一夕就能领悟的，也不是一两次培训就能解决的。比如，叶澜教授的新基础教育理念中的“把课堂还给学生，让课堂充满生命活力；把班级还给学生，让班级充满成长气息；把创造还给教师，让教育充满智慧挑战；把精神生命发展主动权还给学生，让学校充满勃勃生机”这四句话，听起来还是比较好理解的，可是具体落实到每一天的工作中，落实到每一堂课上，那就不容易，我们需要一个事例一个事例地来论证并实践这种优秀的教育理念。

记下和学生的交流　我喜欢写东西，也喜欢用书信的形式和学生交流，《书信谈话法》写的就是这方面的事情。学生和教师的交流，如果以书信的形式则更灵活方便，更有效，学生的话语最能表达出他们的心态。

记录自己的观察和实验　记下对学生的观察，一言一行一举一动，记得多了，每位学生的性格也就了然于心，这样，在和他们交往中也自然就更能有的放矢，对症下药。

三、教育日记的五条原则

教育日记在磕磕绊绊中记下了我工作中的琐事，也记录了我成长的心路历程。一天，杨老师偶然翻看了我的教育日记，点了点头，说要借去一看，这真是求之不得，他是非常有名望的老师，国学功力深厚异常。一周以后，他把日记还给了我，就像当年给我上课一样，对我的“作文”提出了建议。他说：记教育日记，这是一件好事情，只是还需要更有条理。提几个建议：

第一，每一则日记要有一个主题。

有了主题，中心才能突出，所记更有意义，你只有集中精力写一个主题，才会写到深处，而不是蜻蜓点水，泛泛而谈，面面俱到。你记教育日记的首要目的是为了提高自己，而不是自我陶醉，这一点，要铭记在心。

第二，所记日记，要有一个标题。

教育日记要为今后查阅提供方便，所以要提炼出一个标题，而且要醒目一点，这样，你才能在很多本日记中，快速地找到你需要的资料。不然，像现在这样，翻看一次要花很多时间，还不一定能找到自己需要的东西。而且，可以在一本结束后，花点时间，做一个目录，这样更好。

第三，重复的事情不再记。

教育日记是工作日记，不同于私人生活日记，生活日记可以把每天的心情、每天的事情写下来，即使有些是重复的，因为你的主要目的是为了调理自己的心情，抒发自己的情感。但是，教育日记属于工作日记，你的目的更多的是为了提高自己的素质，进而提高工作能力，那么，许多较为类似的事例，就不必再记，因为这样很浪费时间，而且记录下来了，意义也不大。如果对重复事例有了更多的感受，也可以再写，但是要升华，要在从前记录的基础上有提高，否则你对教育的理解、你的教育观念、你的教育水平岂不是在同一程度上原地踏步吗？

第四，一段时间应该有一个记录的中心。

如果你不为自己确定这样一个中心，那么就是没有计划地记，遇到什么写什么，这样不利于自己对教育的研究。比如，现在谈及很多的是成功教育的理念，那么，你就可以围绕这一中心来记自己的教育日记，当你记到一定的时候，一篇文章所需要的资料就齐备了。即使你不想写文章，它对你提高自己教育的综合素质也是很有好处的。

第五，要经常整理自己的教育日记。

记的目的是为了用，那么不整理，就谈不上用，或者说，你根本就没怎么使用自己的教育日记，而你每天去记它，只是你的生活习惯而已，或者仅仅是为了自己的心情而已。所以，我建议你，应该定期整理自己的教育日记，归纳总结自己的得失，这样才能有所提高，也唯有如此，你才会提高……

杨老师的指点成了我以后记教育日记的一个总纲，我会让自己在一个时期的日记内容尽量围绕当时最热点的问题来记，并且经常地整理和提炼自己的思想。这样，经过一段时间，感觉自己提高得很快。在工作中，我能够更快地接受新的教育理念，并把它应用到自己的教育教学实践中去。这些都得益于我“改版”后的教育日记。

教师要学会反思，不断反思。没有反思，就没有进步；没有深刻的反思，就没有明显的进步；没有反思的意识和习惯，就没有持续的进步。反思，是我们在有限的生命中追求专业无限成长和发展的最佳选择。

用一生的时间来反思

林高明

正是鲜灵灵、活泼泼的教育生活及教学事件成就了优秀教师。当课堂生活为教师所悦纳，并能用心去省察、体验、感悟一些自己感动、触动、激动、震动的事件与细节——便足以在年长日久、日积月累中滋养教育的理想与信仰，升华教育的智慧与激情。

因此，教师要成为反思者、研究者。经由反思，教师将个体的教育教学经历化为生命的养料，化为灵魂、血肉、思想、境界，为教育人生提供广阔的背景和深刻的心灵力量。

一、有些教育教学事件与细节经由岁月的酝酿才会有刻骨铭心的顿悟

一般而言，我们现在的教学反思强调即教即思。即时反思能较真切地回想课堂教学的一些真实场景，具有现场感，可以使教师在教育教学过程中随时感悟、随时调整、随时提升。但这样常常是上一课思一课，所得的经验支离破碎，没有后续性与持续性的力量。缺乏全过程、全方位的反省意识，我们就无法真正认识自己的教育教学历程，也无法明了我们的心路历程。尤其重要的是，不少真知灼见不可能在一刹那就可以一眼洞穿，而是需要时间来酝酿、蒸腾、积淀、沉潜，直到某个时候，一个合适的情境、合适的时间、合适的地点，我们的心灵被灵光一闪般地照彻了，这时，我们才悟道般地领悟了许多天或许多年以前的事件潜藏着的意义与价值。

正是基于这样的思考，我们既提倡即时反思，同时也强调延时反思或者是悬搁式的反思。延时反思在最初可能将困惑深埋于潜意识的深处，直到某人、某事、某物、某情、某景的引爆，才使人恍然大悟、茅塞顿开。这种彻悟是一种透明的智慧，甚至是在无意识中绽放的心灵之花。延时性教学反思，更多的是借助于外部媒介与事件对人的内心世界产生触动，如隐藏在内心深处的教育教学的经历，历经时间与情境的锻铸之后，就可能有新的感悟：由读某书而生发感想，由学生的提醒而触发灵机，由人生的体验而启发智慧……

台湾的邬瑞香老师在反思其成长历程中提及这样一个小故事。她以前一直满足于自己的教学方式，因为，学生大都取得骄人的成绩。一直到 1988 年，遇到一位在国中教英文的学生，这位学生当面告诉邬老师："老师，从前学的数学，都听不懂，我们都是背的！"邬老师一听，心里想："我的天啊！这个当年每次数学考试都是一百分的小孩，居然是这么辛苦学的！""那国中呢？""一路背到底啊！""那高中呢？""就很惨啊！背不来！"邬老师在反思中写道："学生的话，好比一记当头棒喝，敲醒梦中人，含着泪水，忏悔去也。当年的名师，也不过是个假象吧！"她的彻底的反思是由许多年后的一个机缘触发而成。如果没有她这种每时每刻一以贯之的教育教学反思精神，她可能对于学生的这番话不以为然，不会引发她"翻天覆地"的心灵的震撼与思想的震荡。正是由这次彻骨的反思让她走上建构主义数学教学的道路，并在教学上取得了一定的成就。

其实，教师的一些个人信念与教育教学的理想总是在一些日常教育教学事件与细节的启蒙下，由朦胧而清晰，由微弱而笃定，从将信将疑走向置信无疑。春节期间，十几年前教过的两位学生兴致勃勃地回忆起他们的小学生活。两人高兴地说，林老师，你对学生的惩罚总是让人捉摸不透。有一次，我们四个男同学因为打球迟到了。于是，大家都站在教室门口七上八下地等着老师惩罚。因为，很多老师都会罚站、罚抄作业、罚扫地，甚至罚打手心啦，所以，大家都揣测，这下肯定挨板子。没想到，老师请我们到操场上再打十个球。真是意想不到啊！此后，他们再也没有因为打球而迟到过，并且，越来越觉得老师与众不同，越来越信服老师，越来越喜欢学习了。其实，在我最初的心中若隐若现有着这种想法：对学生的错误，教师的责任在于提醒，而不是惩罚。教育教学要让学生拥有向上向善的心力，外在的说教与压制常常是无益有害的。学生在"意想不到"之后，深有感触，从而才可能改善自己的行动。直到学生们的一些提醒后，我更加坚信教育的力量在于深刻:教育教学要发人深思,深入人心,才能发出无与伦比的能量、热量与力量。

二、教学反思是真正的教育者一生必修的重要功课

教师的课堂教学修炼需要持之以恒的不断反思。教学反思的目的在于不断地省思自己的教育教学行为,从习以为常的教育教学行为中探察它的沉疴与积弊,促使自己的教育教学行为不断得以改进。教育教学行为方式的转变不可能是一朝一夕就能实现的,而是一个长期的、复杂艰难而又循环往复的过程。今天,小心翼翼对待可能就有所改进;明天,漫不经心则又可能故态复萌;后天,不加省思就会重蹈覆辙……要从深烙于心的旧习中振拔出来,建构新的教育教学行为图式,是一个持之以恒的过程。任何毕其功于一役的想法都是不切实际的。语文特级教师于漪每教完一篇课文后,总会写一写下一次再教这节课时应如何做,正是在这样一点一滴、年长月久的反思中,在对教育教学的回望中,她的课得以炉火纯青、常教常新。失败处和成功点都细加品嚼珍藏在心,便可化为生命中的智慧,并发扬光大。

反思是一种不间断的行动。不积跬步,无以至千里;不积小流,无以成江海。在教育教学上的反思如果是一时兴起偶尔为之,那么,可能成效不大。教师的成长需要在时间长河中由智慧之流永不停歇地润泽,一旦理性之光不再照亮生活的每一足迹,我们就会误入迷途。只有时刻的反思,百思不得其解的问题,才能在渐悟与顿悟中豁然开朗,才能使一切冥思苦想无法理解的问题都迎刃而解。

教育教学艺术及其反思都是一种禅悟的艺术。而且,对于不同的人来说,其思维的主要方式也各不相同,有的人文火慢煎久而久之才有一些渐悟;有的人则是急火猛攻刹那间获得顿悟。就是同一个人对事物的看法也会因时间的流逝而改变,如果点点滴滴在心中慢慢思考,慢慢酝酿,我们就可能会觉得昨是而今非,或昨非而今是。就可能在渐悟中获得另一种顿悟。因此,深刻的反思需要时间来提炼与淘洗,正所谓"千淘万漉虽辛苦,吹尽狂沙始到金"。

曾子曰:吾日三省吾身,为人谋而不忠乎?与朋友交而不信乎?传不习乎?

这里涉及曾子反思的坚持性与方向性，就是每日三省，持之以恒从不间断；其次是反思的目标指向非常明确，不是东鳞西爪，这是因为反思对行动的改善不是一蹴而就的，而是需要不断反复地改正与调整，才能渐渐稳定下来。

反思，是一种来自内心沉淀的力量，历久弥深，经久弥重。在教育教学反思中，我们提倡将即时反思与延时反思结合。将自己的学习经历及教育的经历与当前的课堂教学联系起来，使教学反思更丰富、更有意义。因为，这对自己而言，是改善自己的经验积累；对别人而言，则更具有说服力。教育是一种慢的艺术。教育教学实践是一种蓄势涵养的过程。美好的教育需要多年历史文化的积淀才能孕育而成，优秀的教师需要用整整一生的时间来铸炼、陶冶而成。

青年朋友们，教育的未来天地是属于你们的，教研的累累硕果也是属于你们的。

积累·思考·探究

周学祁

新篁亭亭，雏凤声声；

凝眸幼犊，寄望来人。

作为一名教育战线上的老兵，对于茁壮成长的青年教师队伍怀有谆谆的情谊，寄托深深的祈盼。老骥伏枥，空有驰骋之心；雏鹰展翅，将作万里之翔。现结合个人的教学实践，谈谈治教、治学、研究等方面的问题，和青年朋友们共勉。

一、积累——攀登的阶梯

要治学有成，必须注重积累。华罗庚先生曾说过："天才在于勤奋，聪明在于积累。"不积跬步，无以至千里；不积小流，无以成江河。只有广博猎取，才能提炼菁华；只有厚积薄发，才能产生精品。

1. 积累自我经验。

我年轻时，从写"教学后记"中得益匪浅。教学生百感，甘苦自心知。一节课下来，应当是感想最丰富的时刻：哪些教学设计取得了预想的效果？哪些精彩的片断值得仔细咀嚼？哪些学生的回答记录着智慧的闪光？哪些简捷的解法值得补充吸纳？哪些突发的问题使你措手不及？哪些启发的语句有待重新组织？哪些环节的掌握有待今后改进？……如随时记下这些新鲜的感受，可使之积累为教学生涯的财富。

总之，要珍惜自己的脚印，它是你日后长篇巨著的辞藻、段落与篇章。

2. 记载学生素材。

学生是教师最具体、最活跃的研究对象，也是最坦诚的老师。

学生的想法也许是幼稚的，但幼稚中常常蕴含着认识的规律；学生的想法也许是粗拙的，但这粗拙往往是聪慧的起点；学生的解法可能是奇特的，这奇特中往往显露着智巧的心机；学生的问题也许是节外生枝的，但这节外生枝说不定弥补了教师忽略的某一个侧面……就连学生的解题错误，也有一定的研究价值，因为它往往映照出某种心理现象，是教师难得的素材。

学生是一本活书，读好这本活书，把这本活书的精彩章句随时摘录下来，让它启迪我们思考的灵感，提供我们研究的课题，供给我们论述的佐证，开拓我们探索的领域。

总之，要珍惜学生群体这本活教材，它是值得你毕生开采的金矿！

3. 荟萃数学问题。

问题是数学的心脏。解题能力的高低、编题能力的强弱往往是衡量数学教师水平的重要标志。因此，荟萃与解决数学问题是教师锻炼基本功、积累素材的一项重要内容。一般地说，荟萃的数学问题应具有：

① 新颖性，能不落俗套；

② 启发性，能发人深省；

③ 典型性，有一叶知秋的功能；

④ 可解性，有云开雾消之乐趣。

总之，数学问题是知识的鳞片，只要连缀恰当，它们就会成为闪光的锦绣。

4. 汇摘参考文献。

前人的研究成果，是我们研究的出发点与助跑器。牛顿曾有过一句名言：我是站在巨人的肩膀上攀登的。我们在研究某一个问题之前，应充分了解他人在这个问题上的见解、成果以及所做的工作，收集尽可能多的背景材料，这样才能发前人之未发，成前人之未成。才能见解独创，津津然有新意；例证确切，泱泱然富内涵。

总之，要珍视前人的劳动，它是你前进的阶石。须知，博采百花，方可酿成佳蜜；辛勤耕作，才能结出硕果。

积累，是知识财富的贮存与积蓄。有些同志往往急于求成，稍有一点想法，便想成文；偶得一二例题，便想发表，其结果是欲速而不达。我们要记取一条古训：

绳锯千次，方可木断；

水滴万珠，终能石穿。

二、思考——智慧的泉源

思考，是人类智慧的源流。孟子曾说过："心之官则思，思则得之，不思则不得也。"只有思索，才能透彻明悟；只有思索，才能生疑解疑；只有思索，才能发掘蕴藏；只有思索，才能捭阖开拓。

1. 在学习理论中思索。

一个数学教师，应当学习三个方面的理论：一是有关数学专业方面的理论；二是教育学、心理学方面的理论；三是一些新兴的学科理论，如"三论"、"新三论"、思维科学理论等等。目前，这三方面又出现了一些交叉学科，如教育控制论、数学教育学、数学心理学、数学思维教育学等。

书不可不读，但要站在书上读，而不能埋在书中读，更不能跪在书下读。

2. 在学习他人成果中思索。

目前全国有多种数学杂志、教育杂志与学报，因此每年要发表十分可观的数学教学方面的研究文章。

把这些文章融进自己的思考，揉进实际的材料，往往会有新的发现。在学习他人经验时，既要尊重他人的意见，又切忌盲从别人的意见，更要敢于否定他人的不正确意见。

3. 在教学实践中思索。

数学教师每天都要批阅大量的作业，解答众多的问题，参阅各种资料，教研员还要深入各校听课，这些都是十分珍贵的学习机会，可以捕获大量的第一手资料。对这些资料加以分类梳理、认真思索，就可以产生许多新的认识。实践的机遇对于每个人都是平等的，只有善于思索的人，才能认识机遇，捕获机遇，善用机遇。

4. 在解决问题后思索。

解题活动是数学教师的一项富有创造性的实践活动。解完一道题以后，应当进行适当的"反刍"，思考以下问题：

① 这道题的背景如何？与其他题有何相似之处或某些牵连？

② 这道题内蕴的智力价值、教育价值如何？怎样在教学中充分发掘其价值？

③ 这道题的逆命题成立吗？可以开发成“题组”吗？它有哪些变题？

④ 这道题可以进一步加深或拓展吗？

因此，我们不应当把自己看成是解题的机器，而应当做一名数学王国的历险家。

有些同志刚写文章时，往往因袭较多，而思索较少，因此很难写出有创意的文章来，我们要记住一条古训：

学而不思则罔，

思而不学则殆。

三、探究——前进的征帆

在前进的航道上，探究是奋力摇动的双桨，是鼓满激情的风帆。南宋理学家朱熹说过：“学问须严密理会，铢分毫析。”只有勤于探究，才能永不停步；只有勇于探究，才能发现未知；只有善于探究，才能提出创见。

1. 调查与实验。

目前，国内的数学教学研究，多半是思辨型的。提出一个观点，再罗列几个例子的文章不少(研究解题技巧的文章更比比皆是)，而缺乏针对数学教学现状的，通过调查、实验的，有数据、有分析、有说服力的文章。因此，在我们的研究中，要十分重视教育调查与教育实验。

进行教育调查与实验，要重视从实践中提出课题，周密地设计方案，慎重地确定对象，严谨地组织实施，及时地记载数据，科学地进行分析，运用数理统计的方法，对调查、实验的结果作出客观的评价，找到解决问题的对策，得出相应的结论。

我们要尝得辛苦，耐得寂寞，钟情调查，埋头实验，得出令人信服的成果。

2. 猜想与研究。

猜想是引导数学研究的飞行器，是推动数学向前拓展的发动机。数学教育家波利亚曾说过：“在数学领域中，猜想是合理的，值得尊敬的，是负责的态度，请允许我在此向教授所有班级的数学教师们呼吁：让我们教猜想吧！”要教会学生猜想，教师也必须学会猜想，并通过猜想，推进自己的研究。

青年朋友们，我们有着丰富的教学实践活动，这是产生猜想的源头。让我们大家珍惜这种机会，大胆地探索、研究。诚如《学记》所说：

“学然后知不足，教然后知困。

知不足，然后能自反也；

知困，然后能自强也。”

四、修养——治学的根本

古今中外，凡治学有方的人，无不注重自身的修养。英国的洛克曾说过：“希望做导师的人是一个严谨的人，是一个具有学者性格的人。”只有加强了自身修养，才能用无声的语言教育学生；只有加强了自身的修养，才能为教育事业尽心竭力；只有加强了自身修养，才能勤勉有加，治学有成。这里着重谈四点：

1. 谦逊。

只有虚怀若谷的人，才能像干涸的土壤一样，吸纳绵绵的雨水；只有胸襟广阔的人，才能像大海一样容纳滔滔百川。

虚心好学者，才能取得教师的合格证；好为人师者，终难成为一名好的教师。

2. 严谨。

疏漏常常是治学的大敌；严谨永远是治学的信条。

思维的网眼愈缜密，思维的触角愈敏感，思维的成果便愈经得起推敲与检验。

让我们疏远“疏漏”，青睐“严谨”！

3. 尊友。

学生的成长，离不开教师集体的协作；教师的群像，要靠教师集体来塑造。

“文人相轻”的人，不是真正的“文人”。只有尊重别人的人，别人才会尊重他。

要珍惜、尊重他人的劳动。若是汲取了他人的观点、参考了他人的文章、引用了他人的例子、得到了他人的合作时，都应当在文章中有所反映。

4. 容让。

对学生要容让，要容让学生在学习上的暂时落后，要容让学生在性格上的某些缺陷，要以热情的火焰去点燃学生。

对同年级、同轨教师要容让。不要去争时间、抢“地盘”。要用授课的内在魅力去吸引学生、启迪学生、赢得学生的时间。

对学术上的不同意见要容让。要善于听取意见，不要动辄反驳。要有容人的气度与雅量，努力化异为友，化毁为缘。

在修养问题上，我们要记住德国教育家第斯多惠的一句话：教育者必须“把自我教育作为他终身的任务”。

青年朋友们，数学教育的未来天地，是属于你们的；数学教研的累累硕果，是属于你们的。在你们当中，将出现中国的斯托利亚尔，中国的波利亚！

新篁亭亭添新绿，
雏凤声声贯耳鸣。
你们是中国数学教育的明天！

从身边的问题入手，用随笔、日记、小品的形式下笔，入门既不难，“登堂入室”也为期不远了。

在游泳中学会游泳

朱永新

在中小学教育中如何进行教育科学研究？作为一名普通教师，应如何开展教育科学研究？许多青年朋友有这样的困惑。其实，这最初的研究问题的冲动是一种非常可贵的研究意识。

许多朋友都把教育科学研究视为非常神圣、非常神秘、非常困难的事，认为那是专家、教授们的“行当”，自己只要教好书就行，自觉不自觉地使自己远离了教育科研。也有一些朋友，虽然有研究问题的欲望，但不知从何下手，如何展开。其实，研究并不是学者们的“专利”，最贴近教育实际、最贴近学生生活的，无疑是天天泡在课堂上、天天与孩子打交道的教师，因为丰富的教育生活经历和经验，正是教育科学研究的源头活水。古今中外许多著名的教育家，大多亲自办过学或做过教师，有自己的“教育实验场”。如夸美纽斯长期担任拉丁学校校长，裴斯泰洛齐开办过“孤儿院”和伊蒲东学院，赫尔巴特创办过实验中学，苏霍姆林斯基在帕甫雷什中学教了20多年书，中国古代的孔子也从20岁便开始从事教育活动……有人曾对100多名中外教育家进行调查，发现有过教学经历的占90%以上。所以，广大的第一线教师有着得天独厚的优势条件——扎根于丰富的教育沃土，拥有大量的教育感性经验。

大略地说，教育科学研究可以有四个层次的水平。一是直觉观察的水平，主要通过收集资料，回答“发生了什么”的问题；二是探索原因的水平，主要是通过内在效度的研究，回答“为什么会发生这种现象”的问题；三是迁移推广的水平，主要通过外在效度的研究，回答“在不同环境条件下将发生同样现象吗”的问题；四是理论研究的水平，主要通过理性分析，回答“研究中有哪些潜在的基础理论原则”的问题。从研究的具体方法来说，大致有历史研究、描述研究、相关与比较研究、实验研究与理论研究五种基本类型。历史研究主要是对过去发生事件进行分析与阐释,或对史料进行收集与考证,或对史料进行剖析与评价;描述研究是通过问卷、调查、访谈、观察或测验等手段收集资料来陈述现象或验证假设的研究。上述两种研究属于经验性研究,在中小学教师中有普遍的推广意义。至于相关与比较研究、实验研究和理论研究,则涉及一些比较专门的技术,需要经过专门的学习或训练才能掌握。

我觉得,作为教师的教育科学研究与作为学者的教育科学研究有一个最重要的区别,就是教师的直接参与性和教育目的的功利性——教师的研究往往针对自己在教育实践中遇到的问题。在这个意义上,教师的研究活动又将作为教书匠的教师和作为教育家的教师区别开来。有人曾经说过:同样有 30 年的教龄,对于教育家和那些平庸的教书匠而言,含义是大不相同的。为什么?因为教育家教 30 年同样的课本,他年年在备新课,年年在出新教案,他每天每月每年都在根据学生的新变化,创造性地安排自己的教学活动。他名副其实地"教"了 30 年,创造了 30 年。而教书匠的讲义常常是 30 年一贯制,他年年用老方法,年年讲老内容,每天每月每年都在重复自己。所以,他虽然有 30 年的教龄,但充其量只能说,他"教"了 1 年而重复了 29 年。因此,有意识地进行教育科学研究,对于提高教育活动的创造性具有重要的意义。

在中小学如何进行教育科研?我想不妨从最基本的教育研究训练着手。这就是所谓的"教育反思"。养成对自己的教学与教育活动进行评价与反思的习惯,是教师进行教育科研的基点,通过教学日记和教育笔记,可以较好地记录下"教育反思"的成果。著名教育家苏霍姆林斯基以及历史上的许多教育家,正是通过这样的"教育反思"而步入教育科学研究的康庄大道的。这是形成教育科学研究过程中必需的问题意识、积累教育科学研究经验与素材的最佳途径。"教育反思"的许多成果,本身就可以以笔记、小品、日记、问题探讨的形式正式发表。

在"教育反思"的过程中或基础上,系统阅读教育科学的理论著作,系统学习教育科学的研究方法,就能使自己更上一层楼,用新的视角去审视教育问题,把个别经验上升到一般理论。所以,及时地系统学习尤为必要。也就是说,在教育科学研究的实践中学习研究的方法,"在游泳中学会游泳",是最佳的研究入门途径。我相信,只要能坚持不懈地进行"教育反思",系统深入地学习教育理论与研究方法,你很快就能"登堂入室",成为教育科研的行家里手,你的教育水平也将进入一个新的境界。

七　良师：破译成功的密码

很多老师把当名师作为奋斗目标，这也无可厚非，只要他们师德高尚，或者教育艺术精湛，都是值得信赖和敬重的。那些沽名钓誉的人是成不了真正的名师的，有名的话也是假名师。作为普通教师，他可以不成为名师，但要让自己成为良师。

——杨瑞清

好教师一定是良师，真正的名师也一定是良师。
良师首先是关爱生命的，是关爱每一个生命的。
看淡名利，只要尽心尽力，人人都可为良师。
有多少良师，就有多少好的教育！

好教师不一定是名师，但一定是良师

——专访南京市行知小学校长杨瑞清

孙明霞

孙明霞：杨校长，您好！作为一位知名校长，您通过近30年的努力，把一个落后的乡村小学发展成今天闻名海内外的现代化名校，肯定也培养了一大批好教师。今天想就“好教师”的话题请您谈谈，您心目中的好教师是什么样子的。

杨瑞清：我认为，好教师不一定是名师，但一定是良师。而真正的名师也一定是良师。

孙明霞：您的意思，是不是有些“名师”是徒有虚名的？

杨瑞清：很多老师把当名师作为奋斗目标，这也无可厚非，只要他们师德高尚，或者教育艺术精湛，都是值得信赖和敬重的。那些沽名钓誉的人是成不了真正的名师的，有名的话也是假名师。作为普通教师，他可以不成为名师，但要让自己成为良师。

孙明霞：您怎么想到“良师”，并且那么坚持“好教师一定是良师”的观点？

杨瑞清：两年前我到清华大学参观，看到清华大学举行一年一度的“良师益友”评选活动。他们不评优秀教师，也不评名师，而是发动全校师生评选“良师益友”。我很受启发，一下子就觉得，好教师就应该是良师。我觉得“良师”这个词非常有魅力。我们的一些老师，教学能力可能有限，如果年龄又偏大，那么往往就没有了成长的动力和奋斗目标，觉得自己反正成不了名师嘛！所以当我们提出“良师成长计划”的时候，得到很多教师的呼应。

孙明霞:您一直强调要做良师,那您是怎样定义良师的?

杨瑞清:一般来讲,爱岗敬业、师德高尚、师能突出、教育质量高的人就算是良师了。但我想,除了这些一般性的表述之外,我最想说的,我心目中的良师,首先是关爱生命的,是关爱每一个生命的。假如只关爱一部分生命,他还算不上良师。在良师眼里,生命没有高低贵贱之分,只有盛开的鲜花和可爱的花苞。

孙明霞:这就是您常常说的"花苞心态",很形象很生动的比喻。

杨瑞清:我经常在荷花园里看荷花,喜欢用具体的荷花来说教育问题。比如千瓣莲,它的花开得很迟,但内涵是很丰富的。正是由于它孕育了太多的美丽,有太丰富的内容,所以迟迟不开放,甚至它很多时候就是个花苞,根本就开不了,但也有欣赏价值,也是很精彩的。再看睡莲,它早晨开花了,晚上又成了花苞了,你能说这个花苞不可爱吗?我们的学生,也像这睡莲,有的时候表现得很好,有的时候很调皮,甚至犯错误,我们就要用欢喜的心去面对孩子的各种行为,接受他,尊重他,这样你才能去帮助他,促进他。

孙明霞:花开是美丽的,花苞也同样可爱,哪怕一辈子都不开放。

杨瑞清:是的。教师具有"花苞心态",他就会更用心地去关爱每一个生命个体、每一个学生。这是一个良师必需的教育素养。当然,他还必须是能够坚持终身学习、全方位学习的,特别是能在生活中学习,向实践学习,向儿童学习,是能不断成长的。

孙明霞:行知校园里有一句话,"教师好好学习,学生天天向上",我觉得很有意思。

杨瑞清:我们学校有位刘老师,年龄比我还大两三岁。他以前总觉得自己肯定成不了名师了,工作上缺乏动力,就忙着研究股票,教书没精打采。但慢慢地,他接受了"良师"的观点,认识到自己可以成为一个良师,于是就开始对孩子、对班级、对教学用心了。一旦用心了,他就从中找到了快乐,找到了成就感。后来开始发表文章了,论文还获得南京市一等奖。现在他是我们学校网站的一个版主。你说他将近50岁了,还能跟上年轻人的节奏,我真是很佩服他。

孙明霞:我对这位刘老师有印象,去年我到行知学校的时候,我们交流过。他的积极状态让我惊讶。

杨瑞清:我一直说,只有内心愉悦、富有幸福感的教师,才能在学生的心田播下幸福的种子。所以一个良师,一定是富有童心的,是快乐和富足的。孙老师你也多次说到教师的微小改变可能会影响孩子一生的发展。你知道自己能影响几十个孩子的人生、前途，知道自己做的是一件了不起的大事业，所以会很用心地对待教学，对自己的事业高度负责。这是一个良师的价值观。像薛瑞萍老师说的，“给我一个班就心满意足了”。但现在很多人看不到自己所做事情的价值，只看到有的人挣钱比我多，有的人做官比我大，有的人名气比我响，还有的人书出得比我多、文章写得比我多……他把升官、发财、出名作为自己的价值追求，结果要么很自卑，进而放弃自己；要么学会了投机取巧，追逐名利。

孙明霞：作为一个教师，我深感和孩子们在一起的时光带给我无数的快乐。

杨瑞清：一个良师，他总是善于从身边的一切事情中获取力量。他不但造就自己，还能影响其他教师找到职业幸福的理由，使他们相信自己也可以成为一个良师。

孙明霞：这可以说是一种积极的教师文化了。

杨瑞清：对！当今社会，教育存在很多问题。我们作为一个有良知的公民，都希望能改善这种状况。教师应该有很强的使命感、责任感。在推进素质教育、建设和谐社会的进程中，如果人人都成为良师，都用心做教育，我们的国家就有希望了。但是，我们的教育似乎就靠着几个名师在撑着，靠几个名师来展演、来表现，结果掩盖了很多真实的问题。

孙明霞：教育主要就是依靠千千万万普通的教师来支撑的。

杨瑞清：所以啊，教师的心态、教师的内心状态很重要。在我看来，教师的内心应该是平和的。这也可以看作良师的特质。即使他成为名师，也不是打造出来、包装出来的名师，而是一个自然而然的结果。名师和良师并不矛盾，良师还是有可能成为名师的，但不要把名师作为追求的目标。很多老师想出名，结果修养没提升，连良师都不是。这样的“名”是没有生命的。良师就是要坚守自己平凡的岗位，坚守三尺讲台，一辈子淡泊名利，挚爱自己的事业，不是居高临下把孩子们当作弱者来“呵护”，而是和孩子们平等地交流，尊重孩子，相信孩子。所以，良师和益友总是连在一起的，是良师，就一定是益友。

孙明霞：杨校长您可以说就是一个良师益友的典范。所有和您交往的人都感受到您平和的心态、对人的友善与真诚。您就是一位名副其实的名师。

杨瑞清：你一定要说我是名师的话，那我只接受一分，我还有九十九分的成长空间。千万不要以为杨瑞清一个人的能力有多大。行知小学的发展是靠一个团队的力量，靠很多人的努力的。我可能教书不如李老师，基本功不如张老师，教学艺术不如王老师，可他们没有成名师而我成名师了。可见成为名师要有很多机遇。有时候就是这样，你这个名师的称誉可能包含了很多人的功劳和汗水。作为当事人，要懂得感恩，要感谢那些默默工作的人。如果没有这份良知，而是高高在上、趾高气扬的，这个名师就值得怀疑了。

孙明霞：您之所以得到大家的敬重与爱戴，应该跟您常怀感恩之心直接相关。您有一句话我印象很深：一分自豪，九十九分感激。

杨瑞清：我的所谓成功是因为有我的很多同事默默无闻的奉献。水涨船高，学校发展好了，人们注意到这个学校了，也给了我杨瑞清更多的机会。其实啊，你再出名，再优秀，也是教育战线上的普通一员。我一直在提醒自己：是同事的帮助、支持，学生的成全，才使自己成名的。我们学校的老师真的都非常可爱。他们也有家庭、孩子，要忙家务，要攒钱买房子；他们体贴人、心态平和，从不出语伤人，那么爱学生，不厌其烦，默默无闻。我觉得他们都是崇高的，我唯有感激。

孙明霞：我也认识几位行知小学的老师，他们真的很可爱，从没听到他们发牢骚或者抱怨什么。

杨瑞清：我们学校的青流（陈道龙）老师你一定很熟悉。如果让他去赛课或者参加基本功比赛，他可能难有出头之日，但他总是快乐地做着自己的工作。孩子们都很喜欢他，他也被我们推荐为南京市的优秀班主任。他默默地做着，还到处宣传学校，宣传行知的理念。我想，这样的老师，他会生活得很充实、很快乐。我们学校有一大批这样的老师、良师，这是我真正的自豪所在。

孙明霞：我接触过不少好校长，我发现他们都很喜欢夸自己的老师。杨校长的心中，也藏着很多活生生的老师啊！

杨瑞清：行知小学的今天，就是靠这些好教师铸就起来的。我的有关良师的很多思考和做法，其灵感可以说正来自他们。我想起 2005 年 1 月 10 号，行知小学命名 20 周年的时候，我们没有搞宏大的校庆活动，而是只悄悄地做了两件事情：一是成立教师发展学校，二是开通了“南京行知苑”网站（http://www.njxzy.cn/）。当时我就强烈地意识到，我们的学校不只是几百个孩子的学校，也是几十位教师的学校。几百个孩子可能在这里上五年六年学，而几十位教师可能要在这里生活、工作一辈子，可以说是他们终身的学校。所以我们坚持做一个“良师发展工程”，就是希望每一位教师都成为良师，所有员工也都是良师，包括做卫生的，搞食堂的，开车的，他们也都应该成为孩子的良师益友。

孙明霞：谢谢您让我分享了您的思考，从中我学到了很多。我也希望您的这些想法能有更多的老师知道并给他们启发。也许可以这么说，有多少良师，就有多少好的教育。

杨瑞清：我们一起努力，做良师。

新时代的良师，总是以高尚的品德影响人，以渊博的知识培养人，以科学的方法引导人，以完善的人格唤醒人，以优雅的气质浸染人。而这一切，都源于对教育事业和学生的全身心的热爱，源于自身不断地学习和永不停息的创造。

这是我的一片土地

王栋生

我总觉得，我是个离不开土地的农夫，在春雨中蹲在田头，抓起一把泥土，用力捏住，让它从我的指缝中油油地挤出来；我播撒种子时很虔诚，因为每一粒种子都会成为一个世界；即使在烈日下，即使土地龟裂，我还得把汗水洒在我的土地上，因为我有期待，也因为除此之外，我不知道自己离开这片土地还能做些什么。

对赞扬教师的种种美好的话语，我往往不是很能接受。一个人做他所热爱的事，也就谈不上什么“奉献”；我对自己的选择负责，也时刻享受自己的选择，仅此而已。回顾半生从教经历，我还是那三句话：我是个在教育教学中犯过很多错误的教师，我是个不断在工作中改正错误的教师，所以我是个合格的教师。我常常感到，教师是一种适合我的职业。对这一职业，我有自己的理解。

“热爱”是教师最重要的禀赋

在一个地大物博历史悠久的国度，个人的力量何其之小！虽然人们喜欢说“经历了时代的考验”，其实往往不过是一只随波漂流的软木塞。“文革”十年把我的青春时代打了个对折，这也使此后的我无比珍惜讲台，珍惜每一节课，珍惜自由思想的机会。有过“失去”，才更懂得热爱。

1982 年 1 月我大学毕业，已经 32 岁，除此前在农村插队时当过两年代课教师外，我几乎没有被人称过“青年教师”。我去南京师范大学附属中学报到那天，看到办公楼前的两排水杉，最大的一棵直径有20多公分。现在，这两排水杉高大伟岸，最大的那棵已经得合抱了。这些年里，经历过什么困难，真懒得说。曾有过几次诱惑，能离开“这片土地”做其他工作，但没有形成波澜，更没留下什么遗憾。我没觉得这是“专业思想牢固”或是“忠诚于人民的教育事业”，我只是认为，语文教师是一种适合我的职业。

在以人为工作对象的职业中，教师最需要“热爱”的禀赋。我从没觉得自己是“献身教育事业”，我只不过是在做自己喜欢的事。当年我从师大毕业时，许多政治上表现积极的同学不肯当教师，千方百计地走门路；一旦脱离，额手称庆。起先我大感意外，为这些热心从政的同学感到可惜：毕竟读了师范，为什么不愿当教师呢？那时教育已经开始走上正轨，正需要大批学历合格的教师。后来我理解了，教师待遇差未必是理由，重要的是这个职业不适合他，他也不宜做教师。一个人不爱自己的职业，勉强为之，必定误己害人。

因为对教育的爱，时常会对世风不理解。有一年评特级教师，一些申报者找关系通路子，我为此大惑不解：这是评荣誉称号啊，怎么会有这种事？评委许士熙老师说：“我也曾获得过许多荣誉，现在，我是个退休的老太婆。那些称号对我没有什么意义。我唯一割舍不下的，只有对教育的一个‘情’字……”这话一直留在我心里，让我感动。我由此想到，当教师首先要有正确的荣誉观。

前些时候，找学生谈话，了解近期语文复习情况。我对一位学生说：“一个学期以来，你的语文学习好像没什么起色。”学生回答：“老师，您可能不了解我。上高中以来，我对语文的感觉和以前大不一样了。读了这些书，听了您的课，我看世界的眼光变了：走在街市，我会注意别人了；我开始发现生活的美好了；我觉得心里变得明亮了……”他说话的神情十分认真，让我激动了多日。

我的课代表很爱读诗，他朗诵普希金时总是陶醉其间。有次家长会后，父母找他谈话，说考试成绩没能名列前茅，以后可能考不上某某大学。这位学生流着眼泪对父母说：“这个世界有好多事要我们去做，人生有比分数更值得追求的东西……”在如今这个“只吃馒头不读诗”的应试狂潮中，教师有这样的学生，真的该知足了。教育的快乐哪里来？就在每天接触到的这些细节中来！

1987年秋，我带一个两年制的“南京大学少年预备班”。由于特殊的背景，这个班的管理与课程有独立性，学校并不干涉。这就让我能按照自己的构想实施教育教学。37名学生，来自6个省，大部分来自农村学校，学生体质差、见识少。于是，冬天早上天没亮，我就爬越大门进学校，到宿舍把学生喊起来，跟我一起跑步。第一学期的每个星期天，我都带学生去博物馆、美术馆，到处参观游玩，见世面；有经典影片，一定找来组织他们看。天冷了，看到学生没有棉衣，我替他们每人量好尺寸，到附近的军用被服厂去买。我还记得商店营业员看我一次买19套尺寸不一样的棉衣，奇怪地打听："你买了去做什么？"有意义的是我在那两年的教育教学过程中留下了很多值得研究的个案。在学生二年级时，我出过一道作文题"我们是劳动者的儿女"，在同行看来，可能卑之无甚高论，但我们所缺的恰恰是那种劳动伦理教育。我对来自农村的家长的尊重，让学生有了自信。对这些来自所谓"底层"的学生，我告诉他们什么是真正的知识分子，为什么人的尊严重于一切。20年过去了，按时下的标准，那个班的很多学生是所谓"杰出青年"和"成功人士"。近年，他们在回忆所受的教育时，都认为，高中时代是有生以来最值得记忆的。而我回忆那两年，并不觉得辛苦，就像农夫习惯了在土地上播种耕作一般，因为我爱这片土地。

教师应当是思想者

我考上大学时已经28岁，按现在的年龄算，博士也该毕业了。在大学读书，虽然没有白发老童生的悲苦，但和一帮比自己小10岁的同学在一起，多少有些不习惯。记得那时大家好像只想着"要把被'四人帮'耽误的时间夺回来"，读起书来近于痴狂，而发表意见却很谨慎。

"知识分子"不应当满足于他人告知的知识或思想。特别是教育者，如果自身没有独立思考的意识，他的学生也就如同标准的罐子，只能接受机械地灌输。1978年秋天，我混在高校马列教师和省级机关干部中听胡福明的"内部报告"，胡福明当时是南京大学哲学系讲师，他执笔的《实践是检验真理的唯一标准》引发了全国性的讨论。他在报告中说到政治运动伤害了知识分子，说到"大跃进"是错误，说到应当替彭德怀平反，说到"文革"是灾难，说刘少奇根本不是叛徒、内奸、工贼……坐在我周围的几个高校政工干部在议论，骂他"胡说"，"早晚坐牢、枪毙"。20多年后我见到胡福明，说起当年那场内部报告，我们都为改革开放以来的巨变感慨不已。解放思想，要靠知识分子的自觉；任何行政措施，都不可能让知识分子真正地有自己的思想。当年胡福明独立思考、探寻真理的那种勇气，曾长时间地影响过我。

有时我很不解，一些教师不具备教育者应有的文化和文明素养，但自我感觉却非常好。上个世纪80年代，学校每星期都有固定“政治学习”活动，干部读文件、读报纸，然后大家讨论、表态，说点假话，或者干脆开“哑巴会”。我当时想过，那种20年不变的“学习”模式也是知识分子缺乏独立思考意识的原因之一。进入新世纪，管理方式发生了较大变化，又出现了新倾向。一些学校的讲坛基本由校长包场，成年累月宣讲，不厌其烦；有的学校甚至编印校长语录，到处张贴校长照片；一些教育行政部门的干部和校长，嘴里说一套，行动做一套，教育口号和教育行为严重背离……在这样的氛围下，教师独立思考的品质就显得特别重要了。

上世纪80年代的环境比较宽松，教学任务没有现在这样繁重，可以读一些书。当时学术界开始注意介绍世界先进的教育理念。我读了一些书，人才观逐渐变得明晰了。教师没有正确的人才观，就不可能实施有效的教育教学。多年前，我在一篇文章中写道：学校能培养会种水稻的农民和培养出水稻专家袁隆平一样有意义。有人认为我的话有些“昏”，然而我至今不明白这种观点有什么错。如果让一个不懂种水稻的人来管农民，立刻能看到灾难；同样，如果我们让不懂教育的人来管教育，灾难则出现在明天。

2004年，南京一家报纸以所谓“高考之痛”为话题，引发了一场大范围讨论。我在《南方周末》撰文表明了自己的立场，痛陈应试教育弊端。那段时间我遭受的攻讦颇为猛烈，对方显示出“群众基础”，我则像是单枪匹马。但我坚持认为，课改和素质教育是改造中国教育的唯一道路，教育已经无路可退。几年过去了，究竟当初哪种判断是正确的，早已不言自明。当年的讨论大家好像不愿重提，倒是我时常重温旧事，如果大家都能明智一些，何至于有今天的困境？

作为面对现实的思想者，会是痛苦的，但这总不会辱没“知识分子”这个称号。

教师应当是创造者

有时我会想到，未来的教育史在描述我们今天的工作时，会用什么样的语言来批评，会作出什么样的结论。如果我们这一代教育工作者不愿对民族的未来负责，必将被未来的史学家钉在耻辱柱上。

基础教育阶段的教学，重在传授基本知识、基本方法，培养习惯，的确不需要很高深的理论。语文教学受社会意识形态的影响，教师在教学中的创造和发现是有限的。但这并不意味着中小学教师的工作只能是重复单调的。如果教师没有创造意识，没有创造的激情，学生从我们这里学到的只不过是死的知识，我们的工作将是普通工匠都能完成的无趣的活计。在中学教学，三年一个小循环，周而复始，这种简单的重复会使教学变得枯燥，教师有可能成为生产线上的一台机器。一些教师的"厌教"情绪就是这样产生的。

教师为什么不想做一名创造者？

我每天都幻想能遇上一些有趣的事。在课上，我会这样对学生说："让我们来看看窗外吧，天真蓝，树真绿。"冬天，我会对学生说："让我们来说说春天的事，好么？"每天都得有些期待，每次上课都想到能不能"再朝前跨一步"，期待有新的发现。如果没有创造的意识，教师职业有什么意思呢？我厌恶单调和简单重复，看到有些教师守着一本发黄的已经破烂的教案，我就为他的学生抱屈，活的语文被他糟蹋了，人的大脑也被他炼成石头了。

我似乎是一个不太安分的人。1997 年 1 月，学校高三备课组设计活动性课程。我们决定利用寒假让学生写一篇社科论文。当时的想法是：学生经过高中三年的写作学习，有一定的基础；大部分学生开始关注社会、关注自然、关注自我，他们需要实践的机会；有没有真正意义上的研究成果并不重要，重要的是实践的过程；如果他们连这件事也不会做、不敢做，我们的教学是失败的。这次重要的写作活动我们没向学校汇报，在全社会应试教学氛围下，那样做是要有点勇气的。"高三社会科学论文写作"得到了老师们的支持，家长也很理解。三个月后，全年级学生完成了写作计划。学生从中得到了什么？他们开始能关注一些大问题，他们学会了思考，学到了探究问题的方法，这种兴趣延伸到其他学科的学习中……在这次实践活动结束时，时任校长在大会上诚恳地感谢语文组的创新工作，建议各科教师都向语文组学习。从此，社科论文写作成为南师附中高三的教学内容，延续至今。那以后的两年，省内外几所名校学附中，也搞高三社科论文写作，宣传力度很大。当时有同事说："我们创新，一声不吭；这些学校怎么就不肯谦虚一些？"我说，这些不重要，重要的是我们能不能把一件事做下去。正确的东西能不能坚持，对创新者也是一种考验。11 年过去了，我们每年在做这件事，虽然在应试压力下各项指标有所下降，困难变多了，但我们仍在努力探索。

2001年起，我参加苏教版初中语文教科书的编写工作，在继承与创新方面，主编洪宗礼契合到位，每每有独特之见。洪宗礼当时年已六十多岁，竟然有那样强烈的创新意识，这对我的震动很大。我逐渐认识到，创新是教师的教育使命，也是教师的教育生命。作为老教师，要善于接受新事物，也要善于向所有的人学习。前年，我听一位青年教师上刘亮程的《今生今世的证据》，教学文本共20多个自然段，在指导学生研习时，她带领学生用"点评法"，只上了七段，就结束了。按传统教法，是要把课文讲完的。而她如此设计的依据是：这节课上，学生已初步学会了一种研习文本的方法，没有必要全文讲完；再说，蜻蜓点水般的"从头至尾"，绝对不如有效地教三分之一，让学生"得其法"。这样的课既是继承，也有创新，教师要善于从这样的课中获得启发，拓宽教学思路，走出一条新路来。我在许多地方做教材培训时，不断地鼓励老师们不要跟在名师和教参后面亦步亦趋，要创造性地使用教科书，要建立自己的教学风格，争取教出一个"我"来。

永远做一名学习者

我一直觉得自己读书很少，而且越来越感到自己的孤陋与浅薄。这并非缺乏自信，作为一名教师，我的知识是欠缺的，我的认识常常是有局限的。近年我常感慨：教学多年，刚刚感觉找到一些路数，了解了一些规律，摸索出一些方法，也就是说，好像刚刚知道语文教学是怎么一回事，却快到了退休年龄。教学之路如探桃花源，只不过是个无底洞，诱惑你朝前走。

早些年，江苏省语文教学专业委员会推选我担任学术委员会主任，我不肯、也不敢接受，以我的才识是不适合担任这个职务的。后来大家说，就叫"召集人"吧，我勉强接受了。我当时建议改一个字，把"学术委员会"改名为"学习委员会"，那样我很乐意去做了。可是大家觉得有点标新立异，"学习委员会"，人大、政协才有，我们不能随便叫。这件事我一直感到遗憾。

学者，可不可以理解为"学习者"？未必不可以。作为一个学习者，不能不读书。只有多读书，我们才能始终像一个儿童那样，睁大了眼睛看世界，才能不断有所发现。

我读书一向很杂，并非见异思迁，而是感到语文教学需要有丰富的知识背景，不杂一点不行。大学期间，我读完《资治通鉴》，其中有一部分读了两遍，还读了一百多部外国小说，特别是欧美小说；上世纪 80 年代中期，读苏俄文学，入了迷；现在书多了，读得更杂。我对很多学科的动态都感兴趣，对史学的兴趣更是历久不衰。教师能有一定的学术背景，是学者，那是上上；如力不能逮，做一个有兴趣的学习者，永远不停地学习，不失为中才；再往下便难听，不说了。教师只要肯读书，教学就未必是难事。有些老师总是埋怨工作忙，没有时间读书，对此我有不同看法。对真正想读书的人来说，永远会有时间的。教师能以理智的态度面对各种诱惑，把提高业务修养作为安身立命之本，这是一种态度；如果能热爱教学，乐在其间，那就上升为一种境界了。我周围有几位中青年教师读书很多，很多新书都是他们介绍给我的。他们经常述说阅读体会，我从中获得了许多有益的启示。这也可能是我能在临近退休的年龄还能保持读书兴趣的一个原因。

我最有价值的体会是：我知道自己是谁。我可能比别人更清楚自己能做些什么，不能做些什么。浮躁的气氛笼罩着教育界，一些原本没有能力从事这一工作的人却成了管理干部，而社会上的歪风邪气，也刮进了教育界。这些，也在干扰教师的专业发展。当此之际，相对于教学方法而言，有一个清醒的头脑显得更重要。

教学是一项有意思的工作，在教学生的同时，教师也获得进步。我在教学中学到的东西，大于我的付出；我所获得的远不只是知识，各种思维方法对我的启示，都帮助我在发展。我多次遇上这样的事：一些在我看来比较难的，一直没有勇气去接触的问题，我的学生能用最简练的方法和平易的语言为我讲解。学生有很强的说明能力，这使我对一些不熟悉的学科有了粗浅的了解。这种说明能力，是老师教给学生的，学生学以致用，再用这些方法来教我。

去年秋天，半个月内，先后和张翼健、顾黄初两位前辈谈到教师读书，张翼健说："目前语文教育的主要问题是语文教师自己不读书。"顾黄初说："教师成了叫别人读书的人；他自己却不读书。"我对目前教师的学习状态感到担忧。时下社会的"证治"让不少教师盲目追求高学历，炫耀文凭而不肯老老实实地读书；有些"硕士"、"博士"的文凭甚至是通过钱权交易获得的。这些人非但没有学术追求，甚至不具备教学的基本常识；更糟糕的是他们对学术的公开亵渎，干扰了教师的学习情绪，诱使更多的人去走所谓捷径。浮躁和不学无术的气氛笼罩着学校，贻误下一代。去年在某地调研，有位教研员说："我们不想用新教材。过去我们编教辅资料，找几个老师做做就行了；现在换教材，我们还得把教材看一遍。"我听了很吃惊，作为一个地区的教研员，他竟然连教科书也不愿看一遍，那他平时是怎样"指导教学"的呢？在一次研讨会上，有位特级教师竟然不知道什么是"课程标准"，信口说了一通，闹出大笑话。当然，也有人对我的奇怪感到奇怪，因为很多教师除了高考，其他任何事都不关心，课改要改什么，"课程标准"是什么，他们不感兴趣。

教师多读书，善于独立思考，勤于探索和实践，逐渐有自己的教学风格，这就很好了。但我认为教师还得是个写作者，特别是语文教师，应当把写作作为一种生活方式。我在这方面体会比较深。一个熟悉思考与写作过程、有独特体验的教师，他的写作教学会很有办法。近年我在反思自己的教育教学工作，也由此及彼地联想到中国教育的一系列问题，写了一些文章。这些文章的价值有限，但都来自我的思考，也是我的肺腑之言。在《不跪着教书》《前方是什么》两本书中，我从实践者的角度表达了自己的教育观，也写下了对当今教育的忧思。我的确不想给自己的教育生涯留下太多的遗憾，我很在意教育史家的直笔。每想到这些，我更不愿意隐瞒自己的观点。

人的一生能做成的事太少了，所以我珍惜每一天的工作，珍爱我的这一片土地。

经历了职业——事业——艺术三重境界，才能炼就出一代良师。

教育这个职业丰富了我的生活，升华了我的信念，让我品味到了历炼之美，超越之美，人生之美。

——我的教师观。

经历教师的三重境界

李庚南

我是1957年走上教育工作岗位的。从当教师的第一天起，我站的就是启秀中学的讲台，这一站，就是50年，现在是我站三尺讲台的第51年；走上讲台的时候，我17岁，一开始就做班主任，这一做，也已经做了50年，到第51年的时候，我仍然还在做班主任。有人说我早已功成名就，还一心痴迷地恋着这50年不变的岗位，嫌不嫌枯燥，厌倦不厌倦。我说，功成名就谈不上，但我好像还没当够教师，没当够班主任，我觉得自己还在不断地历练着、成长着。树的年轮再多、年岁再大，总还在生长。人也一样，我就是一个不断成长着的人。

我的成长有一个自我审视、自我更新、自我超越的过程，在50年教育教学的生涯中，我对教育工作，对教师使命的认识经历了三个阶段、三个层次。

职业的本分

刚走上讲台的时候，我认为教师就是一个职业，有一份工资，说得朴素实在些，就是自己端的一个饭碗。这种认识停留在"朴素、认真、勤勉、安分"这样的自我行为定位上。我常想的是，要保住这份职业，要站稳这个讲台，要捧牢这个饭碗，可不就是要老老实实做人，认认真真做事？我的家离学校不远，步行十多分钟就到了，但我为了迅速适应、胜任教学工作，为了常看到身边老教师怎样做，为了常在学生中间，所以我住校，和那些寄宿生一样。我早上和学生一起跑步、做操、打球；晚上走进办公室备课，向一起备课的老教师请教。我真感谢那时的老教师，毫无保留地帮我这个教育新手，有的还把自己的备课笔记给我看。那时我一周排 21 节课。为了提高自己的课堂质量，我常是先听同科老教师的课，再依样画葫芦，自己照着上，对学生的作业批改得也特别认真，还常常面批。那阵儿年纪也轻，浑身有使不完的劲。

我是一个底子很薄的人，高中学历，直接分配到中学当教师，又没有上课的经验，无论是文凭、资历还是年龄，没有一点资本可以自居。因此，我在当初捧教师饭碗的时候，真可以说是丝毫不敢懈怠。现在看来，当时的这种心境就叫做"珍惜"。我铆足了劲儿学习，向书本学，向老教师学，向实践学。因为珍惜，我融在学生中间，和他们打成一片，尽可能去了解他们，理解他们，关心他们，亲近他们，处处站在他们的位置上观察问题，思考问题。正因为和学生朝夕相处，感情也就自然地深厚了。最近，一些往日的学生还打电话来问我："李老师，记得您明年 70 岁，您是'贺九'还是'贺十'(南通风俗，整生日一般贺'九'，就是满'十'的生日前一年庆贺)，到时候别忘了我们。"我说："'贺九'、'贺十'都不重要，我站讲台、做班主任整整 50 年，这对我很重要。"现在回想起来，当初对教师的认识，一开始是饭碗观、职业观，很自然也很真实，人哪能一下子就达到很高的境界呢？而珍惜职业、饭碗，是劳动者最本色的想法，循着这一想法认真努力工作，慢慢地就会逐渐不满足，就会有所突破。而当下，我看到有少数小青年不在乎这个饭碗，这山望着那山高，我真的不能理解：捧一个饭碗容易吗？

事业的使命

从 1978 年党的十一届三中全会以后，我的教育观、教师观有了改变。"文化大革命"中被压抑的热情释放出来，我有了大显身手的兴奋和紧迫感。那时候，各种教育思潮扑面而来，各种教育教学改革也风起云涌。"知识爆炸"、信息时代、科教兴国、终身教育，各种新鲜的东西让人热血沸腾、激情澎湃。在这样的背景下，我审视我的工作，审视我的岗位，觉得教师不再仅仅是一个职业、饭碗，而是一种事业。说它是一种事业，因为它是育人的，是培养社会主义事业的建设者与接班人的，是为了民族振兴的明天。所以今天我站在三尺讲台上，真正应该心怀天下，放眼全球，今天踏踏实实的工作，关系到明天一代人、一个民族走向辉煌。既然看作是一种事业，那就要有所追求、有所建树，要不断地改革、创新、发展、前进。

从1978年开始，我自觉投身于教学改革的研究，至今也有近三十年了。在这三十年中，我首先更新了自己的教学理念。原来我认为学生是靠老师教会的，老师多讲，学生多得；老师少讲，学生少得；老师不讲，学生就可能无所得。因为这一理念的支配，我迷信于讲的功能，在教学过程中着重在讲上花工夫，注意的是自己的教学语言、教学内容，几乎不想学生欢迎不欢迎，愿不愿意听，所讲的能不能引起学生的共鸣，是不是学生需要的，学生是不是在"愤"、"悱"的心理状态下学习。不考虑这些，也不懂得这些。

现在想想，那么多年的教书生涯，自己辛辛苦苦，满以为已经掌握了教学的真谛，其实还只是在教学的门外转悠，离登堂入室还远着、早着呢！不断地实践、反思、再实践、再反思，我试图改变。好在基层的老师全是泡在教学实践中的，有那么多的机会让我去试、去摸索、去闯新路。我逐渐体会到，学生不是老师讲会的，而是在老师的引导、指导、帮助下学会的。因此我就在引导学生学会上下工夫，先是让学生多读多练多做题，结果任务多、负担重，学生身心负荷有限度，效果不会好。我再进一步研究，认识到学生要学会，就要讲究方法，有了正确的学习方法，才能学会。于是我就在数学学习方法指导上下工夫。渐渐地，我的认识又有提升，我觉得学生要真正学会，首先必须会学。学生会学的动能在哪里？在自己身上，在作为学习主人的主体性的确立上。

我曾经看到这样一幅漫画，画的是游泳教练在岸上教游泳，学生把教练拉下水，教练在水里喊救命。这幅画给了我这样的启迪：我们说上多少题目，布置了多少作业，要求学生去完成，就像教练在岸上教游泳，不到水里去，不让学生在水中体验游泳的动作要领，怎么能学会游泳呢？只有会学游泳才能学会游泳。学习一定是学生自己的事。在学会—会学的过程中，学生不仅可以习得学科知识，更能优化学习品质，让学生懂得比较，懂得优选，懂得分析，懂得总结，懂得评价，懂得反思，让他们的学习形成环环相扣的学习链，牵引着学习之车向前行进。

就是在这样的实践—思考—实践中，我创立了"初中数学自学·议论·引导教学法"。这一课题的提出，现在想来，当时的胆儿够大的。前面说了，我的底子薄，又缺乏专业理论的支持，但我既然把教育当作一种事业，为事业可以献身，跌几跤，喝几口水有什么可害怕、犹豫的呢？在一次学术研讨会上，南京一位特级教师提出学生不需要自学，他的论文和我的论文恰巧先后交流，而观点截然不同，在那次会上引起了大家的争鸣，议论纷纷，反响不一。我觉得这很正常，见仁见智是学术交流中正常的情况。但我始终不渝地坚持自己的想法和做法。新课程提倡的主动学习、合作学习、探究学习，时下已为广大教师所认同，并自觉付诸实践，回想我在上世纪70年代末，用了差不多20年的时间实验研究的“自学·议论·引导”，与新课程精神竟是这样的契合。自学，是主动、主体性学习的一种形态；议论，是合作学习在课堂教学中的体现形式；引导，则是教师在学生探究性学习中的价值引领和操作提示。这种不谋而合其实并不奇怪。这是因为我站在学生的立场上关注“学”的行为，而不是一味地站在教师的地位上只关注“教”的行为。这和新课程“以生为本”的理念是一致的。

正因为关注学生的“学”，所以后来我的研究探索就自然而然地发展为“学程导进研究”。在这个阶段的研究上，我已经关注到学生学习中除了认知力因素外，还有学习态度、情绪等因素起作用；学习，不仅仅是把知识如同搬进仓库的货物一样搬进大脑，学习还有对知识的运用，对知识的改造发展，有一个培养和增强创造力的问题。所以在“学程导进研究”中，我注意挖掘和发挥学生的能动性、自主性和创造性。数学课堂中的“引导”，不再仅仅是老师引导学生，也还有学生引导学生，甚至学生引导老师。课堂中的互动，不能理解为仅仅是教师去调动学生，还应该努力做到师生双方生命的有意义跃动，这里没有主仆关系，只有伙伴关系，谁都是主人，学习的主人，知识的主人，教育的主人。在“学程导进研究”中，我十分注重学生学习进程的内在逻辑和科学规律，我让学科知识逐渐在学生大脑中形成一个网络图，让学科能力逐渐在学生头脑中形成一个方法系统。我力图让数学课堂成为智慧的课堂，学生能在这里品尝成功的愉悦，付出努力后的轻松以及思维经过磨砺后的欢畅。

时代跨入21世纪后，我在多年对学生学习研究的基础上，终于把课题定位于学生“学力发展研究”。二十几年来，我孜孜以求探究的是什么？还不就是学生的学习和发展？这其中我以为决定学生学习发展的核心是学力。学力是指在一定的教育情境下，自主建构、发展、超越的知识、技能、情感、态度的总和，是决定学习能否成功的关键。学力发展研究是对“学程导进研究”的又一次发展。这三个阶段的研究——“初中数学自学·议论·引导”、“学程导进研究”、“学力发展研究”是逐层递进的，但三者关注的一个核心是相同的，那就是学生的“学习”。如今，全世界的教育科学、教育理论都聚焦于“学习”。学习是人们在这个知识经济的信息社会里必须具备的根本性的能力，是人们通行世界的“第三本护照”。当年联合国教科文组织一个著名的教育报告曾译为“教育——财富蕴藏其中”，有的人就认为译错了，其实报告的本题是“学习——内在的财富”。未来社会的真正文盲不是不识字的人，而是不会学习的人。今天的社会，竞争那么激烈，我们的孩子将来凭什么立足社会，贡献民族，找到他们的幸福人生？只有靠学习。

我近30年的实践探索和理论追寻，就是紧盯着学生的学习这一核心问题。支撑我近30年不断探索、追寻的根本动力就是我的事业心，我做教育工作，从捧饭碗到事业追求，是一个超越。这一超越不是没有挫折、没有困难甚至痛苦的。我的先天条件、基础性条件很差，又是上有老、下有小，一个普通家庭的主妇，要克服多少困难，舍弃多少属于自己的休闲时间，还要面对多少误解、嘲笑和攻击！有好多回，我甚至有过放弃的一闪念，但是只要一想到我从事的教育这一神圣事业，一接触学生们那求知若渴的期盼眼神，一打开熟悉的课本、簿本、备课笔记本，我的决心和信心就又回到身上，我又浑身是劲地投入到我和孩子们共同的课堂天地，投入到我钟情的教改实验中。事业追求能给人无穷的力量和不尽的智慧。当把教育当作自己毕生为之奋斗的事业时，一股正气就会在胸中升腾，一腔热血就会在全身奔涌。困难是前进路上的荆棘，智慧和力量是破荆棘的利刃，而事业心就是砥砺智慧和力量的磨刀石。

艺术的追求

随着经验的不断积累，随着思想的不断升华，我又觉得教育不仅是一种事业，更是一门艺术。教育艺术和所有的艺术一样，能带给人以美的享受。教师就是一个创造美的人。每当我看到自己执教的数学课那么受学生的欢迎，学生在我的引导下那么精彩地回答问题，那么出色地攻克难题难关，每当我捧着散发着油墨香味的书稿清样，每当我面对台下那么多老师专注的目光，我的心里就涌上一阵阵温暖而甜蜜的感受，我不知道这是不是一种美的境界，但我真正感受到艺术享受般的愉快和幸福。

艺术是需要创造的。我在教改中的每一次前进、每一项突破，既不是一种功利心的驱使，也不是一种停不下来的自然惯性，而是一种创造的欲望之火，点燃着我的热情。我的每一个阶段，每一项成果结题的时候，就是我教改新探索的开始。

记得上个世纪80年代初，教育部的张部长到南通来视察工作，接见了我和李吉林老师。张部长问我们："两位李老师，你们有没有把你们教学的经验和研究成果写成文章发表？"当时我还真没有考虑这事，甚至可以说是没有奢望写论文、出专著。张部长鼓励我们多总结，多写文章。现在，我的教育探索和思考的文字已有几百万字，书已出版多部，应邀为中国教育电视台、中国电视师范学院、江苏教育电视台等拍摄理论讲座、教学录像近二百讲。把教育工作、教师生涯看作是一种创造，那么我们的工作再苦再累，也会时时刻刻感受到甜蜜。苏霍姆林斯基认为，每一个人都渴望自己成为一个探索者、研究者、创造者，教师就更是这样。我写在纸上、留在光盘中的都是我创造的结晶，这些除了带给学生们收益外，还带给我无比的愉悦和欣慰。

在这近30年中，我还带了数不清的徒弟。"李庾南教改实验班"可以说遍布大江南北，城镇乡村。所以从某种意义上说，我又在创造着能够有所创造的教师们。一个普普通通的教师，能够创造学生，创造教师，创造文明成果，那他的人生就是不普通的了，就是有意义同时又有意思的人生，就是艺术人生。

艺术是追求美的，有时甚至追求完美。我的备课笔记，红笔、蓝笔、黑笔写的字、画的图，都力求工整、准确、规则，给人以美感。有人说，备课笔记是自己看的，自己能看懂就行，还要那么规规矩矩、认认真真干什么？我说不，备课笔记正因为是给自己看的，那就要看着舒服，看着满意，看着不由得要求自己绝不能马马虎虎。备课不马马虎虎，上课就更不能马虎。黑板上作图，要用圆规、直尺，备课本上的图也是这样画的。美感能使人振奋，使人心旷神怡，提升你上课时的精神。所以校长总是拿我的备课笔记作范例，教育那些年轻人，这看上去是小事，但其中蕴涵的道理并不小。

教育的艺术之美还表现在你的课堂是美的，你的教学语言是美的，你的教学结构、节奏是美的，你的教学仪表是美的，你的教学态度是美的，你的教学作风是美的，等等。一个好的教师在课堂上要注意自己的一言一行、一举一动，要一直微笑着和学生们讨论、分享；要讲究课堂讲授、讨论、练习的时段分配，疏密结合；要推敲导入的艺术，启发的火候；要让学生在有质量的思维中品到知识，习得美好心情。我们常常会有这样的感受，当经过自己艰苦的努力终于解出一道难题的时候，那种心情是无比快乐的，而且这种快乐会相当持久。我认为这就是一种美的心情。

教师的艺术快感更多的来自所教学生的成就，来自塑造灵魂的成功。我今天最大的享受就是我的无数学生成才了，成家立业了，成为对自己的家庭、对我们的祖国有所贡献的人了。当他们把各自的信息和我分享，当他们每到教师节、中秋节、元旦、春节给我捎来问候，给我寄来贺卡，当传达室收发邮件的工友对我说“李老师，你的贺卡最多”……每当这种时候，我就像农民收获庄稼，工人收获产品，解放军收获捷报一样，内心的喜悦是无法用语言表达的。这种时刻，你会忘记这么多年来自己付出的所有辛劳、烦恼、汗水甚至泪水。我一直认为，我的幸运就是选择了教师这一职业，不当教师，哪里能享受到这种至高无上的幸福？

艺术还是一种人生态度。艺术的态度就不能一味有功利欲望，时时事事想着有利就干，无利就不干，计较利益，计较待遇，盘算得失，盘算盈亏。我认为，当教师，付出是天经地义，教师的付出其实是一种成就，成就学生也成就自己。是的，这么多年，党和人民给了我数不清的荣誉，但我的努力和追求不是冲着荣誉去的，如果只是为了荣誉，我早就可以“船到码头车靠站”了。为了荣誉去不可能有持久的热情和动力。荣誉顶多是一种“附加值”，而教师工作的真正价值在于薪火传递和生命延续。薪火传递，是教师把人类文明的火把交到学生手中，去点亮他们的人生长途；生命延续，是教师的生命在学生身上延续，教师的所有憧憬，所有自己曾经梦想过却无法一一实现的愿望通过学生变成现实。这种价值的实现要靠教师日复一日、年复一年的点点滴滴的教育教学，这种劳动如果没有理想信念去支撑，如果没有创新创造去丰富，肯定会感到身心交瘁，枯燥乏味。而一旦清醒地知道它的价值所在，又用充满创意的工作去改造、去变化，那它就成了一种艺术。艺术的劳动是趣味无穷的，是带给人极高的幸福指数的，是让人怎么干也不嫌厌，越干越感到不满足、不停滞的。

我近 30 年无怨无悔地、执著地从事教育教学改革和科研，做了 50 年教师还没有做够，固然有着事业的责任心和使命感，但把教师工作当作艺术，痴迷于教师的文化创造和文化享受，建造自己的教师精神家园，在我的动力系统中是很重要的因素;我的人生方程式里,应该有两个解,一个解是事业的使命,一个解是艺术的追求。有人曾经说,审美境界是人生的最高境界。我不懂美学,不知此话究竟是不是说出了人生真谛,但我真真切切地在教育教学工作中品味到了美。走进学校,走进课堂,走进学生们中间,我总是有一种莫名的兴奋,甚至是亢奋。我是近七十岁的人了,但我觉得我的精神、我的状态仍然和壮年甚至和青年时没有太大的区别。我不知道这究竟是不是教师的审美观、艺术观在起作用,但我确信,艺术使人年轻。

有人要问,名师是怎样炼成的?我的回答是,名师,或者说一名真正意义上的教师,不可能天生造就,也不可能一蹴而就,必得经历一番磨炼,一步一个脚印地前行,一个层次一个层次地提升,一个境界一个境界地历练。走多少路,看多少书,上多少课,写多少文字,其间真的是"甘苦寸心知"。时下一些人认为名师就是有名的老师,就是有特级教师名号,高级教师职称,种种荣誉头衔,对于这些看法我不敢苟同。名师,应该拥有高尚的师德,精湛的师艺,在教育教学领域建树属于自己的教育学说,向着教育家的目标不懈努力。至于头衔,我还是那句话:那是一种"附加值"。我前面说的三个层次,固然是层层递进、步步升华的,但不等于到了第二、第三境界,那基础的层面就不起作用了,不是这样的。马克思曾经说过,只有到了共产主义社会高级阶段,劳动才不仅仅是谋生的手段,而且本身成了生活的第一需要。你看,即使到了共产主义社会高级阶段,劳动还是要谋生的嘛,只不过"不仅仅"是谋生。所以,把饭碗捧牢的想法,不等于不重要,名师也是要食人间烟火的。但名师的追求,绝不止于饭碗,不单纯为了饭碗,应该有更高的追求,更远大的愿景。

我今生有四个关于教师工作的愿望。一是争取做站在讲台时间最长的普通教师,二是争取做担任班主任时间最长的普通教师,三是争取成为外出讲学在祖国大地留下脚印最多的普通教师,四是争取做出书、出音像资料最多的普通教师。所谓普通教师,不仅指自己不谋、不恋一官半职,还指自己始终把自我定位于普通中学的普通一员。身份可以普通,境界不能低下,一生勤勉奋斗,始终有所追求。这就是我的教师观,我的人生态度。

事业的成功是每个追求者的愿望，但是成功来之不易。它靠的是坚定的信心，勤奋的努力，也要靠正确的方法和对机会的把握，哪一者都不可少。

奔腾的涌浪

李吉林

如果生活像平静的小池，是追求它的安逸还是清澈？如果生活像山涧的溪流，是爱恋它的孤独还是长远？如果生活像大海，是向往它迷人的色彩还是奔腾的涌浪？是的，生活是多角度的。每个人刻意追求的侧面也各不相同。我爱小池，也爱溪流，那是因为我爱它们的“清”和“远”。然而，生活里也少不了涌浪；倘若没有涌浪，便辜负了人生。小学老师的生活有时像小池的明净，有时像溪流的清远，但似乎少了一点跳跃的涌浪。于是，我便很向往大海的奔腾……

1956 年，我以全优的成绩毕业于江苏省南通女子师范学校，分配到女师附小，也就是现在的南通师范二附小工作。当时 18 岁的我，正是青春年少，背带裙、白球鞋，透着一身的朝气和稚气。虽然还没有开学，我仿佛已进入欢腾的校园生活情境中，欣赏着一张张可爱的小脸。为给学生上好第一课，我漫步在校园里把课文一句句默诵在心，连语调、手势、微笑，也尽量构想得美妙、妥帖。我正是带着这样纯真而又甜蜜的情感，走进小学，走进课堂，走到小学生中间。我爱我的事业，我爱我的学生。因为这种爱，我忘了自己是个女教师，竟和班上的男孩子一起奔跑在操场上踢足球，做游戏；因为这种爱，晚上改作文伏在桌上睡着了，一觉惊醒揉揉眼睛再改下去；因为这种爱，班上一个男孩子因为没能和大伙儿一起戴上红领巾，他哭了，我也哭了……现在我虽然已是 50 多岁的人了，但我总觉得，胸膛里还是那颗赤子之心，对学生、对教学依然是那样赤诚，那样执着。我把青春献给了孩子，献给了学校，我觉得值得。有人认为，享受丰厚的物质生活是人世间最大的幸福，而我并不羡慕。我对大海涌浪的追逐，使我享受到人的精神上的最大幸福。30 多年来，我没有左顾右盼，我坚信我的选择。

我用智慧和辛劳，为千百个孩子的健康成长，做了应做的工作，这本身便是一首诗。这是我的骄傲。我相信千百万忠诚于人民教育事业的小学老师都有这种感受。

在附小工作的最初的日子里，我因为缺乏经验，班级管理得糟透了。老校长缪镜心先生看我师范毕业成绩好，让我教六年级，我比学生只大五六岁，在学生的眼里，我是他们的姐姐。这一群淘气的小弟小妹，常常逗我，甚至“捉弄”我。有时，课几乎上不下去，我哭了不止一回。老校长听了我的课，对同事们说：“这个小鬼课上得不错，是棵好苗子，应该好好培养。”于是，副校长、教导主任、数学任课教师都到班上来了，他（她）们手把手帮助我搞好班集体工作，那种无私的真诚和友谊我永远不会忘记。不久，我就向师范生开课了。我搏击在生活的第一个涌浪里，长了不少见识。

1958年秋，我被市教育局派到省教育厅教材编写室编写教学参考书，真可谓黄毛丫头不知天高地厚，现在回想起来，还不免惶恐。我在教材编写室工作了两个学期。在此期间，省教育厅长、教育家吴天石先生，见我这么年轻，非常关心，路上遇见我也要停下来问长问短。1962年江苏省召开语文教学座谈会，我再一次见到天石先生，还被指名参加了他亲自主持的一个小型座谈会。我坐在一旁不敢吭声，在天石先生的启发鼓励下，我发了言。会后他说我谈得很好，并要《江苏教育》的编辑让我把说的写成文章发表出来。我大为震动——仿佛在我眼前展示了一个广阔的天地，仿佛来到大海之滨，波涛的喧腾是那样诱人，终身从事小学语文教学工作的志向就这么树立和巩固下来了。是的，此后，我兴致勃勃地研究小学语文教学，上了大量的研究课。每备一课，我总是一遍又一遍地写教案，改教案。夜深人静，万籁俱寂，只有心头的涛声激励着我，使我不敢偷闲。十年浩劫，生活翻卷的不再是那跳腾的欢乐的浪花，而是惊涛，是骇浪。那时我还不到30岁，但也像许多无辜的人一样，挨整受压。我苦恼，我困惑，但是我仍然那样深情地眷恋着我的校园，钟爱我的学生和那熟悉的三尺讲台。我照样自己编写补充教材，照样教学生写作文，照样在灯下苦读……

1978年10月，我被评为江苏省第一批特级教师。在18位特级教师中我算是最年轻的了。亲人们说：“40岁当特级教师，后半辈子就别想清闲。”我想，我到这个世界上来，绝不是为了享清闲。为了这太阳底下最灿烂的事业吃苦受累，我心甘情愿。一个月后，我携带第一篇论文《小学低年级语文教学中的智力发展》到南京参加江苏省教育学会成立大会，并在会上宣读了论文。后来有人告诉我，是南京师范学院院长张焕庭教授看到这篇文章后推荐的。当时我宣读论文很紧张，也很兴奋，不免有些拘谨，然而文章的新意却引起了参加会议的领导、专家的浓厚兴趣。会议未散，南京市文教卫领导同志即邀请我给南京的老师做报告。消息不胫而走，我路过上海，上海虹口区红专学院的领导闻风而来，请我给虹口区的老师开讲座。我绝没想到一篇论文会引起这么大的反响；我更没意识到这是促我走向新航程的涌浪。大海的涌浪总是不停地向前追赶。我告诫自己：心要热，头脑要冷。我思考着：下一步怎么办？我想在训练语言中发展儿童的智力，为小学低年级语文教学打开一个新局面。但是训练语言和发展智力二者结合的途径是什么？我在反复思索后提出“提早起步，提高起点”的观点。然而又怎么变成现实呢？于是，从教学现实的需要，我开始了情境教学的探索。我从外语教学中运用情景训练语言得到启示，我又从中国古代文论“境界说”中吸取了更多的营养，努力寻求具有中国特色的情景交融的教学模式。

1980 年春天，校园里百花竞放，燕子也披着南国的春光飞来了。上海市著名特级教师袁瑢、倪谷音，华东师大、上海师大、上海教育出版社的专家、教授一行 20 余人光临我们这所小学，这真是送教上门啊！我非常珍惜这难得的学习机会，诚恳地向上海的老师、专家请教。我一下子开了五节课，三节课运用情境教学《小白花》，一节口头作文课《一瓶墨汁》，一节作文评讲课《精彩的马戏》。我坦诚地向上海老师们介绍，我们没有专家组，也没有很规范的课题研究计划，一切都在探索中。我虚心倾听上海专家们的意见，从他们的评课中我得到了很大的启示，也得到了莫大的鼓舞，促使我树立了把实验坚持下去的信心。我意识到运用情境教学可有效地发展儿童智力，要把语言训练与智力发展更加紧密地结合，而情境教学则是实行这种结合的有效手段。这次活动的更大收获，则是使我结识了上海师大的“三女将”——恽昭世、谢淑贞、柴崇英老师，以及卢寄萍、吴玉好、吴立岗等老师，他们这些理论工作者，对我这个实际工作者十分偏爱，从此，我与他们建立了联系，他们引我逐步进入学术界。第二年 5 月，谢淑贞老师推荐我参加全国教育工作实验小组在上海举行的学术活动，并安排我给上海教育界做关于“运用情境教学，进行审美教育”的讲座。在会上我非常幸运地认识了杜殿坤、胡克英老师。杜老师作为比较教育的专家，他的指点、帮助，是从更为广阔的理论背景下，针对中国小学语文教学的现实进行的，因而进一步打开了我的思路，使我在情境教学实验的过程中少走了弯路，较快地进入学科研究的前沿，实验很自然地推向新的阶段。此时此刻我仿佛听到了涌浪的澎湃之声，又仿佛看到了田野长势正旺的麦苗拔了节，我迫不及待地学习理论，寻找理论。现在回想起来，这些热心的专家教授真是我终身难以忘怀的恩师。

我常常想，倘若是孤零零的一个我，就如同茫茫大海中的一叶小舟，只能在风浪里颠簸、挣扎，难以前进。然而现实中，我总觉得在我的前面是光亮的，在我的周围有许多友爱的臂膀伸向我，我是那样具体地、深切地感受到生活在社会主义祖国怀抱里的温暖、幸福。是党组织和老师们真诚的友爱，无私的帮助，才使我得以成功。

当然，话得说回来，由于习惯势力的禁锢，对实验工作，也总有人不理解、怀疑，甚至妒忌、刁难，种种压力也够你承受。但是，在二附小党支部里，我感受到了党的温暖和同志们的亲密无间。实验工作中遇到的困难、苦恼，都可以在支部内倾吐，从而得到理解，得到宽慰，得到力量，加上省、市领导尤其是教育局领导的具体关心、支持，我才没有被压垮，也没有被难倒。我终于把实验坚持下来了。5年实验，没有一分钱的课题费，补充教材是我自己刻蜡纸自己印；需用教具，自己找材料动手做；需要演示实物的，或借或自己掏钱买。所有这些，并没有任何人勉强我，催促我，都是我心甘情愿、高高兴兴去做的。正因为付出了劳动，倾注了情感，所以每一次成功后，我也就获得了更多的快乐。但是，我始终没有轻松过。

经过5年的奋斗，我实验班的学生毕业了，然而，他们并没有能按照局领导的意图，免试直接升入高一级学校，以便跟踪。已经是5月了，最后的意见定了：参加全市统考。有人说：这是对李吉林的严峻考验。朋友们同情我，亲人们担心我，家长们主动宽慰我："李老师，孩子教得这么好，我们很满意，即使考不上重点中学，我们绝不怨你。"有个孩子的爸爸说着说着，竟然落泪了！在这剑拔弩张的氛围里，我坚持不增加学生负担，按时放学。在任何情况下，教师必须对学生负责。我照样把自己的复习内容、作文题目毫无保留地告诉同级的老师，因为这也是对一个教师的心灵、人品的检验。我还是充满信心的，我坚信自己不会在奔腾的涌浪中沉没。

无可避免的统考终于过去了，全班学生的成绩，使许多人心上的石头落地了。我班93.5%作文成绩达到良好，其中55.8%达到优秀，优秀人数占全班学生人数的比例高出城区小学平均比例的 12 倍之多(城区优等生比例为 4.58%)。升学考试后,在市教育局组织的 10 项语文测验中,学生所作的应用文、观察情境作文、看图作文、记叙文、命题作文、编写童话等系列考试中,全班 83.6%的同学良好,其中 51.1%同学获优秀。优异的毕业考试成绩从一个侧面证实了实验的成功,情境教学的有效。这并不是我追求的目标,但不管怎么说,这场考试让我过了"关"。因为传统观念的影响,考试成绩往往比任何一堂课,任何一个学术报告,任何一篇论文、一本专著,包括学生的实际能力,都更容易使人信服。此时的我似乎体验到"弄潮儿"的舒心快慰……

教改实验一方面切中传统弊端,另一方面又会受到传统观念的束缚,因而步履维艰是很自然的事。这就需要执着,需要坚持。小池的宁静,溪流的清远,虽然十分诱人,然而奔腾的涌浪更能磨炼人的意志,检验人的情感的忠贞,也更能感受到人的力量,生活的真正的意义和欢乐。既是涌浪,就绝不是空前绝后的一次起伏,而是连动的,众多的。也正因为如此,奔腾的涌浪,才充满力度,充满诱惑。我和大伙儿在涌浪中搏击,必将随着奔腾的连续不断的涌浪,不可遏制地昂然向前……

好教师应当有成就动机。正确的成就动机，不是源于金钱和荣誉，而在于对教育教学价值的追求和自我挑战的巨大吸引力。

反对作秀的公开课，反对以公开课作秀。中看更中用的公开课，是研究教学、锻炼能力的大舞台。打开教室大门，一起解剖、研究，在这个舞台上共享心得，共同提高吧！

绽放，在公开课的舞台上

窦桂梅

师范毕业之后，打杂5年才正式站上语文讲台。起步较晚却生性好强的我，格外留神那些优秀的同事迅速成长的原因。细细一琢磨——原来多是上公开课使然。

想想也是，有专家高手的悉心传授，虽属“二手感悟”，但只要自己肯用心钻研，随着时间的推移，这些教师也就逐渐从“偶像派演员”变成了“实力派演员”——毫无疑问，其进步速度，比起自己一个人单打独斗、点滴积累肯定要快得多。

于是，我主动申请、强烈要求上公开课。

可是成长是要付出“代价”的。由于年轻好胜，有人听课的时候，我就特别希望得到表扬；但如果领导的评论击中了要害，或者感觉到有听课老师在“指指戳戳”，我就会好几天深陷于不快，像得了一场病。

1996年，校领导特地从省城请来专家对我的教学进行“诊断”。《飞机遇险》3课时，一上午连着上，然后再说课，下午由专家点评。这次我是独立备课，由于自身水平有限，必然缺陷多多，而专家此行的任务，就是给我“对症下药”——首先要做的，就是找出“病”来。

整整一个下午，我被痛苦地“折磨”着。本子上记得满满的——天啊，原来我是这么差劲！

当时的感觉，就像是自己已经病入膏肓、无可救药。晚上，拖着疲惫的脚步回家，双腿像灌了铅一样。挪到家门口，我终于走不动了，就坐在自家楼下的台阶上仰望满天星斗，静静的发呆。

8年前参加全国教学比赛，那赛前“练课”的情景，至今我还记忆犹新：长春解放大路小学的礼堂里，我试讲二年级的《初冬》。课后，11位专家把我这只麻雀解剖得体无完肤：无论是教态、声调、组织教学的能力，还是对教材的挖掘等等，都存在着严重缺陷。

又是整整一个下午，在学校的那间小会议室中，我蜷缩在沙发的一角，接受“批评”。坐在回家的公共汽车上，眼望着窗外闪过的一排排杨树，好像它们因我的不可爱都要离我而去；望着落日的余晖，好像落日也不愿意看我一眼就急急地睡去。不争气的泪水，直在眼眶中打转，我多么痛恨自己的没出息啊。

回到家里，一头扑倒在床上，直到半夜才沉沉入睡。

后来，我终于成功了。

手捧金灿灿的奖杯，浮上心头的却是那一次次被挑剔、被指摘的画面——这是多么让我刻骨铭心但又值得珍藏的经历啊！

十几年过去了。现在，我越来越深刻地认识到：上公开课，就像家中来客必定要洒扫庭院、准备盛宴一样，其中有准备的紧张，更有展示的兴奋。这就像过日子，如果没有客人，可能会终年粗茶淡饭、散淡随意，正是那经常光顾的客人，使得我的“家政技艺”一日千里。

就是在一次次的紧张和兴奋中，我逐渐克服了曾经的率性而为，开始精密计算40分钟的使用效率。“整顿衣裳起敛容”，这确实很辛苦，但我的课堂，却在不断的“整顿”和“敛容”中变得干净漂亮。若教学在充分准备、巧妙设计的流程中行走，不待人夸，你自会感到成功的愉悦。

公开课，不仅使我变得坚强、成熟、视野开阔，也丰富和美化了我的精神世界。比如上《月光曲》这一课，你当然可以不听音乐而直接讲授课文。但是，在你静心倾听贝多芬的时候，它带给你的岂止是教学的感悟！

比如教《蒲公英的种子》，讲到“纷纷”时，在黑板上画一颗蒲公英的种子，问：“是‘纷纷’吗？”接着画两颗，孩子说不是“纷纷”，接着再画三颗、四颗……就在粉笔在黑板上不停舞动的一刹那，孩子惊呼：“蒲公英的种子‘纷纷’出发啦！”——这一刻，学生获得的不仅是对词义的理解，更有课件所无法替代的简笔画的动态之美。教《小蝌蚪找妈妈》，当学生质疑“过了几天小蝌蚪长出两条后腿，又过了几天长出两条前腿……”到底是几天的时候，你高兴地告诉他们——每次变化大约七八天的时间；最后变成青蛙，大约需要 20 天的时间，而且青蛙妈妈一次生 100 多个小蝌蚪，一天能吃 80 多只害虫。回味一下同学们敬佩的眼神——微笑就在心头荡漾开来。

前几天教《圆明园的毁灭》。课前我阅读了大量相关文章，如吕厚龙的《告别圆明园》、樊美平的《透过圆明园的硝烟》、李钟琴的《由庚子国难看“愤青”的虚火》、袁伟时的《现代化与中国的历史教科书问题》以及李大钊等人写的一些现代诗歌等。阅读中的震撼使我更坚定了原先的打算：对这篇课文的解读，绝不能仅仅止步于“痛恨”。

于是，我先引导学生带着困惑走进课堂，又带着思考走出课堂。有教师说我视野开阔、高屋建瓴，给他们的思想以真正的冲击。我深知，这是广泛阅读的结果。试想，如果没有那次公开课，我也许就会在琐碎繁杂的事务性工作中错过了“走进”圆明园的机会。

有痛更有累——并且快乐着。

就是这种快乐，让我这个中师生，通过广泛阅读，积淀了一定的文学底蕴，也琢磨出了很多体现教学机智的“招法儿”。在年轻教师面前，作为学校领导的我，不是坐而论道、指手画脚，而是亲自示范，并且广泛听取大家的意见。在我们学校，公开课真正起到了引领、研讨的作用。而我呢，也在实践中琢磨教学、体会教学、享受教学——让步入中年的生命依然焕发亮丽的色彩。

可以说，正是这样的历练或“打击”，使我学会了把批判和奋斗视为生活中的平常事，变得拿得起也放得下，变得可以承受命运的“十字架”。不怨天，不尤人，一心向前，是非功过任由他人评说。

我曾被称为“全天候”教师。毫不夸张地说，在教学时，我的确是把每堂课都当作公开课来研究的——因为我尝到了上公开课的甜头。现在，高、中、低年级的课我都能上，而且学生年龄不同，我所表现出的“姿态”也不一样。

“为什么你不到 30 岁就被评为‘特级教师’呢？”

我想，答案也许就在这里。

“一定要争取多上公开课！”我想对青年教师说，“这是你最好的‘炼炉’。”——你会在广泛的阅读中丰富自己；你会在许多“师傅”的搀扶中学着站立；你会在精心的“设计”中避开许多弯路。久而久之，当你蓦然回首，就会发现在公开课的舞台上，你所成就的，不仅仅是几节“代表作”，而是脚踏实地走出的精彩的人生。公开课上的精心设计是必须的，就如人生，没有精心策划，是不可能达到完美的。

时下，不少人反感公开课。有人甚至说，公开课是不该准备的，平时什么样，公开课就什么样。其实，这种“无招胜有招”，必定是潜心“修炼”后才能达到的境界。“招儿”已经暗含其中，只是没有痕迹罢了——这种境界，就是堂堂都是公开课！

然而要达到这种境界，又何其艰难！我想说的是，对于大多数青年教师而言，如果没有公开课的平台，就会失去和大家一起解剖、研究的机会，失去共享心得、共同提高的机会。

作秀、煽情、缺乏家常课的朴素真实，这样的公开课的确中看不中用。我想，使公开课陷入如此窘境的，是出了差错的评判标准，而不是公开课本身。消除弊端的惟一途径就是——对公开课的种种痼疾深恶痛绝的教师们，积极地参与到公开课中去——用行动而不是用指责，使公开课成为家常课。

万分同意这样的见解——

关起教室门来上课的教师不能称之为公共教育的老师。因为他们只是把教室、学生当作私有财产，把教师这种职业私有化而已。将学校固定于现有状态并使之窒息的，与其说是文部省和教育委员会的官僚体制，倒不如说是学校内部同事间的权力关系。教室的墙壁、学科的隔阂，是在校园内部运作最强有力的权力。如果不是所有的教师都打开教室的大门，并且从内部彻底粉碎这种权力关系，那么，学校的改革是不可能实现的。（摘自佐藤学《静悄悄的革命》）

热爱——世界上所有的伟大都凝结在这两个字里，人生中的万千情愫都归结在这两个字里。只有极为热爱教育事业，全身心地投入教书育人的工作，才能把自己在教育教学方面的才华和能力不断地开发出来。

教学有情有趣，人生也就有情有趣，教育路上才能留下一处处特别的景致。

一路走来

杨 屹

有位教育家说，童年是一段旅程而不是赛跑。仔细想想，人生又何尝不是如此呢？每个人的生命都是一段旅程，我们手里握着自己选择的单程票，寻找一条属于自己的路。对我而言，教育之路既是最好的，也是最合适的。

——题记

那天，有朋友打电话约我，理由是：你要过生日了。放下电话，突然有些感慨：一年又过去了。算算看，在教育这条路上，我已经走过了19年。看看自己走过的道路，点数每一处记忆中的风景，虽然没有苏东坡"也无风雨也无晴"的超然，可也常会感到生活、教育对我有份偏爱。于是，即便手边杂事繁多，也可以很开心地去做，做好之后，还会有种不加掩饰的小得意。

在路上之一：有爱，所以有责任

经常有人问我，当年为什么会选择教师这个职业。答案很简单：喜欢。或许是母亲干了一辈子幼儿园教师的缘故吧，我从小便对教师有种特殊的好感。可真正引我走上教育之路的，却是母亲单位那个我已记不得名字、看人时总眯着眼睛的老师。那时，老师眯着的眼睛对我而言极具魅力。我喜欢她眯着眼看我，那眼神十分亲切、温和，以致于有段时间我一直在偷偷地模仿她。童年的崇拜会有一种说不清道不明的巨大引力，让你毫无防备地爱上某件事情。前些天看《窗边的小豆豆》，看到小豆豆因为售票员手里握着花花绿绿的车票，便打定主意长大要当售票员时，我心里一动：孩子的心思，好像啊。

我就这样喜欢上了教育。虽然长大后我才知道，当时的老师之所以眯着眼，是因为眼睛近视，看不清东西。可我也由此知道，在孩子眼里，那眯着的眼睛，亲切、温和的眼神，就是爱。

我固执地认为，人一定要学会读懂爱、感受爱、经营爱。因为爱意味着责任，意味着心甘情愿饰演好生活中的每一个角色：妻子、母亲、女儿、教师，或是其他。

和许多为了教育放弃自己温馨的家庭生活的人不同，我一直是个很恋家的人。对我而言，我首先是一个女人，然后才是一名教师。事实上，一个充盈着爱的家庭不但不会影响事业的发展，反而会成为宝贵的力量源泉。当爱人在我的一夜陪伴下顺利完成课题的准备工作时，当儿子因为我的呵护和疼爱而对我说"妈妈，我在你心目中第一重要，我真幸福"时，我觉得自己是最幸福的人。而这巨大的幸福感，恰恰是推动我自己事业发展的最大动力。

结婚12年，儿子也11岁了。回首和他们相伴走过的路，我有种难以言表的欣慰与满足。爱人做完了博士后，成为中国科学院海洋研究所研究员、博士生导师、研究室主任，担任了中科院"知识创新工程"重大项目的首席科学家，先后5次主持过国家和中科院重大项目的多学科综合性海洋调查。而我，也成为青岛市的十大杰出青年、师德标兵、学科带头人、山东省优秀教师、特级教师和全国模范教师。

角色不同，承担的责任各不同。可所有的责任都因爱的存在而有着惊人的相似。对深爱的父母，做一个能为他们分忧、令他们自豪的女儿是我的责任；对深爱的学生们，做一个能给他们足够的关爱，让他们因自己在我心中重要而感到幸福的老师是我的责任；对深爱的学校、老师们，做一个令他们信任，使他们得以开心工作、生活的校长是我的责任；对深爱的朋友们，做一个可以给他们信任和支撑的人是我的责任。责任本身是沉甸甸的，可"爱"把它变成了一种甜蜜的负担。

不知大家是否读过《小王子》，这是一本很可爱的书。我喜欢它，因为它是一本关于爱与责任的寓言。我们每个人的路，不都是用爱与责任铺就的吗？

在路上之二：欣赏，所以美好

这个世界不会为任何人改变，可以改变的是我们看它时的角度、方式。用欣赏的眼光看世界，世界的每一个局部都变得耐人寻味。用欣赏的眼光看教育，教育的每一个细节都显得弥足珍贵。正像人们说的那样，教学是一门艺术。学会欣赏教育的人，才能真正地解读教育。

我很幸运，从工作的第一天就身处江苏路小学这样一所有着百年底蕴的学校。百年名校的一草一木滋养了我欣赏教学的心态。经验丰富的老教师举手投足间的优雅，单纯可爱的孩子一颦一笑中的灵动深深地吸引并感动着我。可我知道，欣赏需要能力，需要水平。在教育的世界里站得越高，眼前能够欣赏、品味的东西也就越多。做一个能够欣赏教学的人，扎实的教学功底，广博的学识基础，敏锐的感受力，深刻的理解力缺一不可。而这一切，对一个中师毕业的人来说，是一堂必须补齐的课。为此，《教育学》《心理学》和各种流派的"教学论"成了我的案头宝贝。华东师范大学、北京师范大学都留下了我进修的足迹，对教材的研读、思考成为我探寻快乐的一种方式。直到有一天，当我能够在最高水平的教育会议上与专家们平等对话，能够系统、清晰地梳理自己的教学理念、思想，能够为每堂课中不易察觉的精彩之处发出会心的微笑的时候，我终于知道，属于教育的世界，真的很精彩。

欣赏真是一件很奇妙的事情。起初，是被欣赏的对象打动你；渐渐地，你就不再满足于单纯的欣赏，而期待着在更开阔的世界里有所创造。当自己还是一个老师时，这种创造的热情流溢在每一堂课上，把教材和自己变成学生欣赏的对象，课堂就变成了一首流动的诗；而当肩头的责任更重时，让每个身处其中的人欣赏并深爱这所学校，则成了我此刻思考最多的事情。

很多时候我在想，怎样的一种态度才算是"欣赏"——宠辱不惊，物我两忘，有那么点意思吧。像聆听音乐一样聆听一堂课，像欣赏一幅画一样欣赏孩子的每个表情、每个眼神，像品读一首诗一样品读一所学校的文化。教育，该是一种多么美好的享受。

在路上之三：有情有趣，才是人生

人们都说，情趣教学属于杨屹，而我要说：没有情趣教学，就没有今天的杨屹。无法形容情趣教学对我的一生而言有多么重要。从教 19 年，伴随着情趣教学的发展、完善，我的教育之路越走越宽。

即便如此，我仍然不能故作高深莫测地说，情趣教学的“诞生”源于多么深刻的思考。那的确是“歪打正着”。在很长一段时间里我都很难想象，当初因忘记带教学挂图而不得不在黑板上画下的寥寥数笔，竟然埋下了一颗那么有生命力的种子。我把这归结成我和情趣教学的“缘分”。

直到情趣教学理论逐渐完善，我得以从一个更高的层面完整地透视它、思考它的时候，才豁然开朗：是生命本身对情趣的渴求，赋予了情趣教学巨大的生命力。从受教育者的角度而言，能感知情、体味趣，才会收获生命的多姿多彩；而从我的角度来说，对情趣的追求一直是我生活的主线，在这条轨迹延伸下的教学，必然会深深地打上情趣的烙印。

从表面上看，情趣教学只是“以情激趣，以趣诱知，知情合一”的教学思想，是一种能够让课堂焕发生机的教学方法。而我希望情趣教学更重视对知识中情感与精神价值的体认和领会。在情趣教学中，把文本还原到作者心灵世界的深处，引导学生感受人性的温度和人格的高度，触摸精神的硬度和情感的细腻，聆听历史的脚步声和心灵的呼唤，才是情趣教学的本质追求。情趣教学，并不是把情趣的标签生硬地贴在教学上，而是从知识的内部呼唤出真实存在的丰富多彩的生命情趣，把它们融入到教学生命活动的过程中去，为教学情趣的激发和飞扬涂上一层深深的底色。在情趣教学的课堂上，一个个拼音字母，一段段文字，甚至一个个标点符号，都是鲜活而神采飞扬的。它将学生引入语文学习的艺术殿堂。这里面倾注着我的真情，播洒着我的“润物细无声”的人文关怀。而充满激情地读，思维敏捷地说，形象生动地画，动之以情地演，则让学生迈入真情充盈的“大语文”平台，自由自在地发展着……

情趣相伴，孩子们开心，我也很幸福。所以我说：有情有趣，才是人生。

感谢教育。它既接纳了我的“无心插柳”，也包容了我的“歪打正着”。

19 年前那个忘记带挂图就走上讲台的小姑娘，是无论如何也无法设想自己会一步步走到今天的。我常说，我的发展已经超过了自己的预期。这绝不是谦虚，而是内心对自己的一种善意的提醒：生活给了我超乎自己想象的幸福，理应懂得珍惜，懂得感恩。

其实，成就也好、光环也罢，都是别人眼中的；我只安心地走好自己的路，做好自己的事，承担起自己该承担的责任。母亲从小教育我：人过留名，雁过留声。在这一点上，我很听话。路一步一步地走，日子一天一天地过，心情一点一点地累积。

喜欢听好朋友亲切地叫一声“杨杨”；喜欢挽着老公的胳膊逛街、喝咖啡；会为儿子的一点点“小成绩”得意；会为老师们工作中的一个个亮点在同行面前口若悬河；容易被感动……这才是我，一个真实的杨屹，三十多年一步步走来，回头看看，晴天多于雨季，微笑多于泪水。所以幸福，所以知足。

在教育的路上我不孤独，有深爱着的亲人、朋友给我支撑，我和他们牵手看一路风景。走过了，看过了，想过了，我们的微笑和沉思，也都点缀成教育路上一处处特别的景致。

一路走来，不时地提醒自己：慢慢走，欣赏呵。

我们所要创造的是真善美的活人。教师的成功，是创造出值得自己崇拜的人。

教师的劳动，是创造性的劳动；良师的人生，是创造的人生。

创造宣言

陶行知

创造主未完成之工作，让我们接过来，继续创造。

宗教家创造出神来供自己崇拜。最高的造出上帝，其次造出英雄之神，再其次造出财神、土地公、土地婆来供自己崇拜。省事者把别人创造的现成之神来崇拜。

恋爱无上主义者造出爱人来崇拜。……

美术家如罗丹，是一面造石像，一面崇拜自己的创造。

教育者不是造神，不是造石像，不是造爱人。他们所要创造的是真善美的活人；真善美的活人，是我们的神，是我们的石像，是我们的爱人。教师的成功，是创造出值得自己崇拜的人。先生之最大的快乐，是创造出值得自己崇拜的学生。说得正确些，先生创造学生，学生也创造先生，学生先生合作而创造出值得彼此崇拜之活人。倘若创造出丑恶的活人，不但是所塑之像失败，亦是合作塑像者之失败。倘若活人之塑像是由于集体的创造，而不是个人的创造，那么这成功失败也是属于集体，而不是仅仅属于个人。在一个集体当中，每一个活人之塑像，是这个人来一刀，那个人来一刀，有时是万刀齐发。倘使刀法不合乎交响曲之节奏，那便处处是伤痕，而难以成为真善美之活塑像。在刀法之交响中，投入一丝一毫的杂声，都是中伤整个的和谐。

教育者也要创造值得自己崇拜之创造理论和创造技术。活人的塑像和大理石的塑像有一点不同，刀法如果用得不对，可以万像同毁，刀法如果用得对，则一笔下去，万龙点睛。

有人说：环境太平凡了，不能创造。平凡也无过于一张白纸，八大山人挥毫画他几笔，便成为一幅名贵杰作。平凡也无过于一块石头，到了菲狄亚斯、米开朗基罗的手上，可以成为不朽的塑像。

有人说：生活太单调了，不能创造。单调无过于坐监牢，但是就在监牢中产生了《易经》之卦辞，产生了《正气歌》，产生了苏联的国歌，产生了《尼赫鲁自传》。单调又无过于沙漠了，而雷赛布（Lesseps）竟能在沙漠中造出苏伊士运河，把地中海和红海贯通起来。单调又无过于开肉包铺子，而竟在这里面，产生了平凡而伟大的平老静。

可见平凡单调，只是懒惰者之遁辞，既已不平凡不单调了，又何须乎创造。我们是要在平凡中造出不平凡，在单调上造出不单调。

有人说：年纪太小，不能创造，见着幼年研究生之名而哈哈大笑。但是当你把莫扎特、爱迪生及冲破父亲数学层层封锁之帕斯卡尔（Pascal）的幼年研究生活翻给他看，他又只好哑口无言了。

有人说：我是太无能了，不能创造。可是鲁钝的曾参，传了孔子的道经；不识字的惠能，传了黄梅的教义。惠能说："下下人有上上智。"我们岂可以自暴自弃呢！可见，无能也是借口。蚕吃桑叶，尚能吐丝，难道我们天天吃白米饭，除了造粪之外，便一无贡献吗？

有人说：山穷水尽，走投无路，陷之绝境，等死而已，不能创造。但是遭遇八十一难之玄奘，毕竟取得佛经；粮水断绝，众叛亲离之哥伦布，毕竟发现了美洲大陆；冻饿病三重压迫下之莫扎特，毕竟写下了《安魂曲》。绝望是懦夫的幻想。歌德说：没有勇气，一切都完。是的，生路是要勇气探出来，走出来，造出来的。这只是一半真理，当英雄无用武之地，他除了大无畏之斧，还得有智慧之剑、金刚之信念与意志，才能开出一条生路。古语说：穷则变，变则通。要有智慧才知道怎样变得通，要有大无畏之精神及金刚之信念与意志，才变得过来。

所以处处是创造之地，天天是创造之时，人人是创造之人，让我们至少走两步退一步，向着创造之路迈进吧！

像屋檐水一样，一点一滴，滴穿阶沿石。点滴的创造固不如整体的创造，但不要轻视点滴的创造而不为，呆望着大创造从天而降。

……

创造之神，你回来呀！……只要你肯回来，我们愿意把一切——我们的汗，我们的血，我们的心，我们的生命——都献给你；当你看见满山的幼苗在你的监护之下，得到我们的汗、血、心、生命的灌溉，一根一根的都长成参天的大树，你不高兴吗？创造之神，你回来呀！只有你回来，才能保证参天大树之长成。

罗丹说："恶是枯干。"汗干了，血干了，热情干了，僵了，死了，死人才无意于创造。只要有一滴汗，一滴血，一滴热情，便是创造之神所爱住的行宫，就能开创造之花，结创造之果，繁殖创造之森林。

立志于教育研究和实践的良师，要敢于成功成“家”。

是的，教育家并不神秘，而且教育家也有多个层次的。我们不妨从成功的教育家那里吸取经验和力量，在工作实践中不断丰富和提高自己，向“教育家”的远大目标扎实地走向前去。

什么样的人才称得上是教育家

袁振国

什么样的人才称得上是教育家？教育家并不神秘，他们也是平凡的教育工作者中的一员；他们也会有一些缺点和不足，甚至可能因为大力推进改革创新，某些缺点和不足更容易表现出来。但是，作为广大教育工作者的杰出代表，教育家又是不平凡的，他们为教育改革创新作出了突出的贡献。

首先，教育家要有自己的教育思想，有对教育的独立见解，有对教育理想的不懈追求。思想是否平庸应当就是教书匠和教育家的根本区别。自古以来，每个人对教育的期望、对教育的理解都会有所侧重、有所不同，然而教育家的教育思想应当更深刻、更系统、更自觉、更富有创见，并且更能坚持和实践自己的教育信念。

其次，教育家不仅有深刻的思想更需要有丰富的教育实践，可以说教育家就是有思想的实践家。能否把抽象的理论、先进的理念融会到每一个具体的教育细节之中，这是教育思想家和教育家的明显区别。教育家应当善于在实践中不断深化教育思想，不断丰富教育智慧，不断提高教育艺术；应当善于把知识的传授与人的发展结合起来，将优化学生健康成长环境视为自己的行为准则；应当善于把学生的发展与教师的发展结合起来，能够在教师集体团队中发挥引领作用。

再次，教育家是改革的实践家、创新的实践家，他们能够与时俱进，使自己的教育思想在改革实践中不断创新。善于发现新情况、新问题、新趋势，善于捕捉新机遇，采取新措施，建立新机制，这是当代教育家的明显特征。面对日新月异的社会形势，面对富有时代特点和新鲜体验的生龙活虎的学生们，他们应当能够把握时代脉搏，顺应时代潮流，并且敢于领时代之先，在教育过程中体现和代表先进文化发展的方向；他们应当敢于超越自己，不断更新思想观念，不断确立个人和学校发展的新目标。

第四，教育家是一个先行者、示范者、发动者，是能够提出学校发展愿景目标的总设计师，是能够打造精英教师团队的精神领袖，是一个追求卓越办学成就的领跑人。教育家不是孤军奋战，教育家也是在方方面面的支持下成长起来的。教育家的成就与一个学科、一个学校、一个地区教育的发展实践是紧密联系在一起的。

第五，教育家必须是人性丰富、人格完善、人品高尚的人。真正的教育家，留给人们的是思想，更是人格。教育是挚爱，这种爱，越是无私，越是深厚；教育是思想，这种思想越是现实，越有智慧；教育是信仰，这种信仰越是坚定，越有力量；教育是追求，这种追求越执著，越有成果。在追求理想教育的道路上，必然会有思想观念的冲突，会有人际关系的矛盾，会有行动后果的风险……

没有“捧着一颗心来，不带半根草去”的大爱，没有“我不入地狱，谁入地狱”的大义，没有“敢为人先，争创一流”的大志，岂有大教育家？孔夫子“颠沛流离，累累若丧家之犬”而不改其志；陶行知“脱下长衫”穿上草鞋，“与牛大哥做朋友”，皆几十年如一日，始成教育家。苏格拉底、裴斯泰洛齐、苏霍姆林斯基、马卡连柯、蔡元培、黄炎培、晏阳初……当我们提到这些名字的时候，联想到的往往是他们视学生如己出，视学校如家庭，视教育如生命的不朽形象。在我国当代教育的进程中，斯霞、霍懋征、于漪、孙维刚……都是我们熟悉的名字，他们有些已经离我们而去，有些还在关心着教育工作，他们是优秀教师的代表，他们都是当之无愧的教育家。

人生有所追求，生命才能充实；人生有了奋斗目标，生活才会高尚；人生有了坐标，方好为人做事。

一个人有了成就感，再弱小的生命也有价值，再琐小的梦想也会尊贵，再平凡的人生也会美妙。

优秀，是每一个有志当良师的老师永无止境的追求。

自为自悟　自新自善

——我们怎样才能成为优秀教师

郭志明

优秀教师是怎样诞生的？需要培养，需要提供平台，但根本的是要凭着对教育的热情，孜孜不倦地钻研，勤勤恳恳地实践，善于借鉴，不断总结，不断感悟，有所创新，然后先在某一个方面有突出成绩，再向其他领域拓展，从而感觉越来越好，办法越来越多，成果越来越丰富，影响也越来越大，达到自我完善的境界。

一、心无旁骛志自远，不待扬鞭自奋蹄：优秀教师需要内驱

君子有“三不朽”之功业：“太上立德，其次立功，其次立言。”我们从事教育工作，应该有理想，有追求，要努力在本行业有所作为。这种有为，源自内心的欲望和冲动，有了她，就会激发做好工作的热情，产生出色工作的强大力量。

1. 内驱产生动力。教育工作非常辛苦，需要我们不断地付出。而要成为优秀教师，这种付出自然更大，也更艰巨。动力从哪里来？来自对教育事业的深刻认识和倾心热爱，来自强烈的做优秀教师的欲望。这种热爱和欲望会让我们不吝啬自己，顽强地拼搏，并且坚持不懈。魏书生非常热爱教师工作，后来招工、提干、回城，他一次次拒绝，上百次打报告要求留下来做教师，并且越做越有劲，越做越有成就，以至做校长、做局长仍舍不得离开课堂。何以如此？因为他

有“教书育人”的强烈愿望，从与孩子的交往中产生了强烈的情感，所以执著坚韧，无怨无悔。

2. 内驱凝聚精力。教师不是生活在真空，他总会碰到这样那样的问题，他也不可能躲过人世间的种种诱惑，而有了内驱，他才能义无反顾，集中精力，不管风吹浪打，不管灯红酒绿，不管事务缠杂，不管路途曲折。有位特级教师介绍自己的成长经历，谈到自己曾面对过的改行、经商、做家教的诱惑，深有体会地说：不是对教育情有独钟，我很可能心思浮动。我不后悔，几十年的“万念俱灭存一念”，我尝够了教育的甜蜜。

3. 内驱激发创力。有了强烈的内驱，你就会不断进步，不断攀登，不断优化教学，不断思考工作的新举措。有责任心和进取心的教师总是追求课上得好，追求学生成绩好，进而努力去提高教科研水平，结合教学写出高质量的论文，强烈的内驱促使不断的创造，终于成为“教学教研，相得益彰”的优秀教师。

二、操千曲而后晓声，观千剑而后识器：优秀教师需要积淀

优秀教师不可能与生俱来，更多的是靠后天的积蓄。在具备了一定的天赋和素养之后，能否成为优秀教师，就看你后天的积淀了。这种积淀要立足“三个阵地”：

1. 要立足文本这个阵地。读书应该成为我们的生活方式，读书为我们胜任工作奠定坚实基础，我们要好读书，读好书。我们读书的领域要泛一点，既要读专业书，也要跨学科、跨领域阅读，甚至读一些闲书，以避免“书到用时方恨少”的窘迫。我们崇尚经典，经典是永恒的星辰，经典使人厚重。陈金明教授主张语文教师背200篇散文，300首诗词，有了这样的积累，课堂成为一池活水，知识成为涌动的河流，从事教育就能高屋建瓴、纵横捭阖了。

2. 要立足课堂这个阵地。优秀教师是从课堂里走出来的，而且边上课边研究，课让你充实，课让你感悟，课让你反思；课让你情感丰富、思想敏锐、创力无限。优秀教师需要“磨课”，课堂教学“没有最好，只有更好”。海门东洲中学俞玉萍老师教《心田上的百合花》，每上一次，都注意不同的角度，都追求不同的境界。

3. 要立足生活这个阵地。优秀教师必须好游。泰州名师陈国祥为了教好《泰山极顶》，亲自去泰山，在山顶上找到一个最好的位置，守了一夜，正因此，教学中他才能与学生一起激情洋溢；优秀教师要投入生活，不做生活的旁观者，而做生活的积极主人，接近孩子的喜欢，与孩子们找到共同语言。如东实验中学李凤老师带孩子们春天游桃园、秋天到狼山登高赛诗，到陕西支教带回石榴就在班上开"石榴晨会"，让学生一边品尝石榴，一边学习石榴的有关知识。

三、遍览金针辟蹊径，取他山石自成体：优秀教师需要博采

优秀教师的成长不是孤立的，他有自己的独立个性，又要"杂取种种人成为这一个"，更需要有一个促使他成长、帮助他进步的团队。这里要做到"三个有意"：

1. 有意涉及各种流派。优秀教师不能闭关自守，也不应固步自封，而要廓开胸襟，打开视野，广泛涉猎，好好学习和汲取其他老师的教学风格，以垫高自己的脚跟。窦桂梅的主题教学、魏书生的民主教育、孙双金的情智教育、高万祥的人文教育、钱梦龙的导读艺术、赵谦翔的绿色语文、丁有宽的读写导练、李吉林的情境教育、程红兵的语文人格教育、于漪的探求语文教学综合效应等，这些都个性鲜明，建树颇丰，我们要注意汲取，博采众长，并结合自己的实际，努力形成自身的特色。

2. 有意经营业务团队。一方面我们要把自己置身于团队，有任务，逼自己努力；有比较，促大家不懈。在团队中学习，在团队中进步，在团队中发展。另一方面，自己要组建团队，有那么一群志同道合的人，培养共同的兴趣，交流感兴趣的话题，研究相关的课题，在切磋中寻找差距，在合作中不断提高。

3. 有意保持独特个性。有个性的教学是富有魅力的教学，有个性的教学是充满创意的教学，有个性的教学是让人永远记住的教学，有个性的教学也是最有效果的教学。要做一个优秀教师，必须努力保持和发展自己鲜明的个性。这种保持和发展必须一切从效果出发，必须讲究个性的科学和完善，必须注意不断丰富和充实。

四、峰回路转渐佳境，水到渠成开镜天：优秀教师需要“蜕变”

优秀教师成长不可能一蹴而就，也不会一帆风顺，他需要一直保持清醒的头脑，一直记着自己的追求，一直不忘自己的身份，一直不弃自己的专长，走好业务成长的每一步。这里要做到“三个好”：

1. 要定好自己的专业发展方向。要成为优秀教师，必须有明确的专业发展方向，不懈追求。有位老师致力于“简约语文”研究，长期以来，不仅集中精力进行课堂教学的改革试验，而且孜孜不倦地钻研，为自己的实验寻求理论的支撑，形成了自己独特的教学路径和风格，而且基本完成了理论的建构，取得了很好的效果并产生了较大的影响。

2. 要做好自己的研究课题。围绕专业发展方向，要确定自己的研究课题，认真立项，深入研究。李吉林老师有了教学的积累和感悟，也基本形成了自己的风格后，从古诗的“情”和“境”的关系中受到启发，根据自己的教学积累，归纳出“情境教学”的研究课题，并一直研究下去，先后确立了情境教学、情境教育、情境课程的规划课题，按照周期认真研究，把教学不断推向高新境界，终成当代教育家。

3. 要描好自己的探索轨迹。有位优秀教师这样描绘他的成长印迹：第一阶段：抢人眼球，讲课注意辞藻的华丽和知识的丰富，让学生佩服；第二阶段：略显匠心，由教师主宰变成开始关注学生，课堂教学以连环式提问推进，最后形成图表式板书，让学生获得清晰的印象；第三阶段：自成一体，提出“一主四步”课堂结构：以训练为主线，课堂教学分预习检测、整体感知、重点解剖、知能迁移四步，使学习具有整体性和科学性；第四阶段：形成风格，在过去探索的基础上，总结出“三自一导”语文课堂教学法：学生自主制订学习目标、自主投入学习活动、自主进行能力迁移。这样走稳每一步，不断追求新的高度，终于形成了教学风格上的一个“跨越”，完成了作为一个优秀教师的成长周期。

五、春有繁华秋见木，一枝一叶总关情：优秀教师需要“有心”

一位名人说，这个世界不是有钱人的世界，也不是有权人的世界，而是有心人的世界。是的，优秀教师都应该是有心人，因为有心，他才有灵感，才会充满创造的激情。这里，要坚持“三个为”：

1. 优秀教师以关注为习惯。有心，视一切为教育资源，“我搞教育，所遇无非教育”，这样才能扩开胸襟，拓宽视野。优秀的老师一定要关注教育发展动态，关注教学模式和教学方法的改革，站在教育前沿，占领学科的制高点，从容而游刃有余。有研究成果表明，《唐雎不辱使命》是虚构的：唐雎已经134岁，已没力气，带武器见秦王，不太可能，秦王也不是坐以待毙的。如果我们对这些新成果不知道，还在那里照本宣科，那肯定是缺乏关注品质，是难以胜任教学工作的。

2. 优秀教师以思考为常规。优秀教师必须具有思考的禀赋，要常常思考教育现象、教学行为，并从思考中获得启发，通过思考有所改变和提高。比如学生的阅读问题，我们必须要有自己的独特见解，不仅是要学生去读，更要培养“阅读”的方法，激发学生去“悦读”，并形成“跃读”的独特路径。有了这样一些思考，我们对学生阅读能力的培养就会更有立体性，效果自然也更佳。

3. 优秀教师以研究为乐趣。研究需要积累，积累到一定地步，只要脑筋开动一下，就会去联系，去联想，去触类旁通。研究到一定程度就要及时去表达，与人口头交流，既可以把自己的成果作进一步梳理，又可充分吸取别人的意见，使自己的成果更全面、更科学；比较成熟的可形成文章，相对成熟就可投稿，暂时难以成篇的就作为素材积累起来，待时机成熟再充实完成。我们说，研究了自然成果丰硕。

六、千江有水千江月，万里无云万里天：优秀教师追求“至善”

不懈追求，臻于“至善”。我们要有博大的胸襟、热爱的情怀，要有仰望天空的气质、执著不懈的精神，同时还要有乐在其中的状态。

1. 为人，大智若愚。要成为优秀教师，就要远离功利，肯吃苦，多做事，不计较，少言利，要记住：你最需要的是一个有利于你发展的宽松的环境；要注意营造良好的人际关系环境，善于与各种类型的人相处，对领导尊重，对同事看重，对社会自重，又不能自视清高，委屈要受得，吃点亏也无所谓；我们要学会自己找乐，自得其乐。教学是乐，交往是乐，做其他工作也是乐，要乐得有点痴，痴得让人羡慕。

2. 为教，享受教育。优秀教师要以教育为乐。孟子曰，君子有三乐，其中之一为"得天下英才而教育之"。杜威活到九十几岁时感慨了一句，说我还是要承认教育是一门神秘的艺术。今天我们从事着教育，那是一件多么快乐的事情！我们要以教育为趣。陈蕴珍问金岳霖先生为什么喜欢枯燥无味的逻辑学时，金先生说是"好玩"，好玩的游戏精神使创作和研究充满乐趣；我们要以教学为尚。同样的内容，怎样教，效果迥异。而随着时代的发展和研究的深入，教学上的新思维、新手段、新方法会层出不穷，我们以"品味时尚"之心去领略和实践教学上的时尚，自然会不断有新意，不断有建树。

3. 为生命，品味人生。优秀教师的人生应成为信仰的演绎。要努力将教育作为我们的信仰，相信教育的力量，坚信教育的魅力，全心全意地投入，孜孜不倦地探索，实现教育的梦想，创造教育的奇迹。要追求每一次经历都要成为愉快的记忆：一堂课的成功会让你有些许的欣慰，改变一个孩子的不良习惯会激发兴奋。优秀教师要努力实现素质的全面发展，使优秀成为一种习惯，衣着打扮、言谈举止，都要显得有素质、有修养；还要多才多艺，才赋横溢。只有这样，你才能摆脱平庸，使自己和学生一起快乐地成长。

心中有信念，脑中有智慧，眼中有目标，脚下有力量。

目标太多，会让你手足无措；目标太高，会让你失去信心。只有目标专一，靠船下篙，才能尽快地到达彼岸。

成功的道路是目标铺出来的

蒋光宇

心理学家曾经做过这样的一个实验：

组织三组人，让他们分别向着10公里以外的三个村子进发。

第一组的人既不知道村庄的名字，又不知道路程有多远，只告诉他们跟着向导走就行了。刚走出两三公里，就开始有人叫苦；走到一半的时候，有人几乎愤怒了，他们抱怨为什么要走这么远，何时才能走到头，有人甚至坐在路边不愿走了；越往后走，他们的情绪也就越低落。

第二组的人知道村庄的名字和路程有多远，但路边没有里程碑，只能凭经验来估计行程的时间和距离。走到一半的时候，大多数人想知道已经走了多远，比较有经验的人说："大概走了一半的路程。"于是，大家又簇拥着继续向前走。当走到全程的四分之三的时候，大家情绪开始低落，觉得疲惫不堪，而路程似乎还有很长。当有人说："快到了！""快到了！"大家又振作起来，加快了行进的步伐。

第三组的人不仅知道村子的名字、路程，而且公路旁每一公里就有一块里程碑。人们边走边看里程碑，每缩短一公里大家便有一小阵的快乐。行进中他们用歌声和笑声来消除疲劳，情绪一直很高涨，所以很快就到达了目的地。

心理学家得出了这样的结论：当人们的行动有了明确目标的时候，并能把自己的行动与目标不断地加以对照，进而清楚地知道自己的行进速度和与目标之间的距离，人们行动的动机就会得到维持和加强，就会自觉地克服一切困难，努力达到目标。

这使人联想到罗斯福总统夫人与萨尔洛夫将军的一次对话。

罗斯福总统的夫人在本宁顿学院念书的时候，打算在电讯业找一份工作，以补助生活。她的父亲为她引见了自己的一个好朋友——当时担任美国无线电公司董事长的萨尔洛夫将军。

将军热情地接待了她，并认真地问："想做哪一份工作？"

她回答说："随便吧。"

将军神情严肃地对他说："没有任何一类工作叫'随便'。"

片刻之后，将军目光逼人，以长辈的口吻提醒她说："成功的道路是目标铺出来的。"

如果人生没有目标，就好比在黑暗中远征。人生要有目标，一辈子的目标，一个时期的目标，一个阶段的目标，一个年度的目标，一个月份的目标，一个星期的目标，一天的目标……一个人追求的目标越崇高越直接，他进步得就越快，对社会也就越有益。有了崇高的目标，只要矢志不渝地努力，就会成为壮举。

如果将心理学家的结论用哲人的语言来表达，那就是伟大的目标构成伟大的心灵，伟大的目标产生伟大的动力，伟大的目标形成伟大的人物。

八 教书：享受瑰丽的人生

传道授业是一门神圣的事业，它的终极目的令人激动不已，它的过程也令人激动无比。将自己学到的知识、做人的准则传授给别人，应该说胜过世界上的一切馈赠，这对给予者和接受者而言都是幸福的。

改变心态，就能改变心情，与欢乐相伴，便有幸福相随。

——温新阶

教育是塑造人的事业。以学生为本，塑造他们美好的人生，是教师不懈的追求。用美好去塑造美好，用幸福去塑造幸福，自己也便成了实现教育理想的幸福天使。

林崇德教授的职业幸福感（节选）

朱　哲

2008年8月，一个闷热的早上，67岁的林崇德教授一如往日地来到学校。一进会议室，他便和教师们探讨起北师大心理学科建设的问题。

被众多弟子围绕的林教授，洋溢着一脸的幸福。作为教师，他的幸福源自于他钟爱的事业，并几十年如一日地恒久保持着这种幸福感。

教师节前夕，记者带着对他的敬佩之情，走访了这位德高望重的教授。对教师职业幸福感，林教授有着自己朴实而独特的看法。

幸福感与金钱无关

上世纪80年代，《宁波日报》报道了“三不教授”林崇德。报道中说，担任宁波市教委课题学术顾问的林崇德教授有“三不”：不要酬金，不住宾馆，不去旅游。林教授出生于浙江省宁波市象山县，对家乡怀有深厚的感情，多次义务回家乡指导、讲课。为表达对林教授的感谢，宁波市教委特意向他赠送一个镀金的孔雀开屏雕塑，上书：1997年宁波讲学，未收银酬，宁波市教委赠送留念。

“我反对动辄以金钱去衡量自己劳动的价值。”除去北师大的教学工作外，林教授还在26所高校担任客座教授或兼职教授，但全都是义务的，他默默地为这些学校的学科建设做着奉献。

仅在2007年，就有3所高校以当地政府专用款46万邀请他做特聘教授。对此，林教授说：“我感激这些学校的盛情和真情，但我不能做有偿高价兼职教授，我有义务帮助这些学校进行学科建设。但是一个人的精力毕竟有限，何况我已是67岁的人了，我应该把自己的主要精力投入北师大心理学科的建设上去。这应当看作是党对我这个党员教授反腐倡廉师德的一个要求。”

作为研究生的导师，他从不接受在读研究生的任何礼品，甚至是一张卡片；作为国务院学位委员会学科评议组的成员，他曾谢拒多位兄弟院校领导与同行相见的要求，也不收取他们获准硕、博士点后的谢礼；作为高级知识分子，他从1995年起就主动坚持上缴个人所得税；作为发展与教育心理研究所前任所长，在任期间他绝不参加所里的任何经济活动……

“由于心理学上的适应性定律起作用，金钱和物质上带来的幸福感往往不会持久，要增加这种幸福感，必须有超越金钱的远大目标。”而这个目标因人而异，对于林教授而言，教书育人，就是他终身为之奋斗的目标。

报考大学的23个志愿全部填写为“师范”

1960年5月，高考志愿填报期间，就读于上海市上海中学的林崇德，把报考大学的23个志愿全部填写为“师范”。从那时起，他决意做一名光荣的人民教师。不久，心遂所愿的林崇德，正式成为了北师大教育系心理学专业的首届学生。

从高中毕业起，48年的青春与梦想，林教授实践了自己的宣言：培养超越自己、值得自己崇拜的学生。

大学毕业后，林崇德到北京的中小学任教，一干就是13年。1978年后，他调回母校北京师范大学担任心理学教师，主要任务是培养本科生、硕士生和博士生。1984年，他成为新中国培养的第一位教育学博士，以后一直在北师大任教。无论是作为中小学教师，还是大学教授，无论是面对中小学生，还是硕士生、博士生，林崇德内心都“感到非常幸福，选择教师这个职业，终生无悔”。

“教师是特殊的职业，是一种专业化的职业，它不仅关乎教师自身的未来发展，更对学生的未来具有长远而不可逆的影响。所以，需要建构坚实的职业认同。我认为，教师需要具有四种意识：1. 敬业意识，把教好书、育好人当成人生头等大事；2. 乐业意识，要从内心真正爱学生，见到学生就觉得乐，觉得喜欢；3. 职业规范意识，教师的言行要符合职业规范；4. 勤业意识，要勤奋努力地做好教书育人的本职工作。”

“‘得天下英才而育之’乃人生一乐，孟子的话就是我心境的真实写照。”对教师职业和教育事业的高度认同，让林教授从自己的教书经历中，收获了很多幸福的体验。

学生的幸福就是教师的幸福

2004年，林教授的一名博士生回家结婚，但为了学业，新婚不到一周就赶回北京。原以为会得到林老师的表扬，哪知却得到严厉的批评："你作为一个新婚的丈夫，实在不应该新婚不到一周就把妻子一个人留在家里。"学生的妻子知道后非常感动，说林老师这么教育她丈夫，相信他俩今后一定会幸福美满。

林教授积极提倡开展心理健康教育，将学生的健康和幸福成长作为教育的首要任务。林教授常常对学生说的一句话是："论年龄，我是你们的父辈，我在内心也把你们当成我的孩子，有什么困难一定要告诉我。"教授面对的学生是硕士、博士，按理说都是成年人了，导师应该会轻松一些。然而，对于这些"大孩子"，林教授所投入的时间和精力，绝不亚于中小学教师对待未成年的孩子们。

林教授关心学生的"帽子"，为他们获得学位、晋升职称而努力创造条件；关心学生的"房子"，为解决留校学生的住房问题而四处奔波；关心学生的"票子"，重视他们的经济情况和发展趋势；关心他们的"位子"，为学生职务升迁介绍情况，积极推荐；关心学生的"台子"，即学科发展的平台，为各地学生所在单位的学科建设，特别是学术队伍建设出谋划策；关心学生的妻子(丈夫)，为他们的配偶调动多方奔走，为有些学生的恋爱婚姻劳心费神；关心学生的孩子，为解决学生子女的午餐问题去求助小学校长。

林教授对学生的"感情投资"牵扯了他的大部分精力，以至于林教授的夫人笑言："你应该把家搬到单位去，为你的学生做牛做马。"

培养出值得自己崇拜的学生

山本·登志哉是林教授的日本弟子，2007年，山本在36名竞争对手中脱颖而出，成为日本名校早稻田大学的教授。受聘后山本给林教授写的信中提到："如果您没有给我北京师范大学的博士学位，对我的研究没有给予各种各样的指导和帮助的话，我个人绝对不能得到目前的地位。"对此，林教授说："年龄大了一般不爱激动，但读到山本的信，联想到学生们的成就与成才，心潮澎湃，我深深体会到我是世界上最幸福的人。”

对于林教授来说，他的幸福在于“培养出超越自己，值得自己崇拜的学生”，他认为学生是世界上最伟大的财富。“直到今年暑假，我已培养了 68 位博士，他们有 42 位成为教授，32 位成为博士生导师。”说起自己的学生，林教授如数家珍，喜悦之情溢于言表。

林教授自谦地说：“我培养的学生远远超过我，结论是秀才培养出状元郎。秀才当不了状元，但是状元是秀才培养出来的。能够培养出状元的秀才是最幸福的秀才，能够培养出国家所需要的人才，是衡量师德高低的最重要的标准，也是我最大的幸福。”虽然自称“秀才”，但是客观地说，在中国心理学界，林教授的威望和学术成绩，至今尚无人企及。

增强个人教育功效感

教师职业幸福感，一直是林教授关注的课题之一。围绕这个问题，林教授曾在北京“两会”上作过专题发言，“我一直呼吁心理学工作者加强开展教师职业幸福研究、职业倦怠的干预和缓解措施方面的研究，帮助广大教师化解危机，为提高教师的职业幸福感、构建和谐心理作出应有的贡献。”

“心理学研究发现，教师的自我功效感影响教师对工作投入的主动性、积极性以及幸福感。”教师自我功效感，是指教师相信自己有能力对学生的学习产生积极影响的一种信念，可分为一般教育功效感和个人教育功效感。一般教育功效感表现为“我相信我的学生们都能成才”；个人教育功效感表现为“我相信通过我的努力能使学生们成才”。林教授说：“研究结果发现，随着教师教龄的增长，其一般教育功效感会越来越低，这是教师职业发展的普遍趋势；而个人教育功效感则会随着教师教龄的增长而逐渐上升，这是教育的事业性所致。”

“一般功效感之所以会随着教龄增长而降低，是因为教育是复杂的，不只是教师这一个因素所决定。”林教授解释说，“环境、学生的个人因素、家庭经济条件等都会影响教育的质量和水平，因而，随着从教时间的增长，教师可能会产生职业倦怠感，这就是一般功效感下降的结果。”

“保持职业幸福感，增强个人教育功效感，要把教育教学当成事业来做，敬业爱岗，从内心认同教师职业。”林教授说，“不论是中小学教师还是大学教师，都不应该仅仅把教师的工作理解为养家糊口的谋生手段，而是更应该自觉地把它看成是教书育人的终生奋斗目标。”

被尊称为中国心理学界泰斗的林教授，和他的弟子们一起撑起了中国心理学领域的半壁江山。如今，林教授继续着他的幸福征程，也继续享受着他作为一名教授的普通而又幸福的生活。

教师的工作是有生命的，是年轻的。你在这个位置上，就应该热爱这个位置。献身事业，获取成功！

我愿意是急流

——我为什么喜欢教书

高万祥

我喜欢教书，因为我要实现我的人生追求

我喜欢教书，是因为在很长一段时间里，我没有做一个教师的资格，是因为我要实现我的人生追求。

饿着肚子读完小学，在贫下中农讲师团加《工农业基础知识》为教科书的初中里毕业；又在“文化大革命就是好”的叫喊声中结束高中生活。时间是公元1973年1月。

因为父母是农民，更因为有所谓“复杂的社会关系”，我被打入了同龄人的另册。然而，在苦难的日子和艰苦的生活中，我朦胧而坚定地感到：社会不能没有知识分子！社会终究需要知识！于是，遥远的当一个作家的美梦促使我在高中毕业后又自学苦读了6年。

在一个偶然的机会里，我开始了做代课教师的“流浪”生活——3年间，我辗转于本乡（当时尚称“公社”）的十多所中小学校。从幼儿园到高中的讲台都站过。我无意下水，却学会了游泳，心本无期，却爱上了教书这一职业，爱上了许许多多和我一样渴求知识的孩童。我和他们在一起，觉得自己也和他们一样年轻。尽管许多学校都要把我长期留下，而我却始终不能取得当一个民办教师的资格，不能固定在一校，我只能一个一个学校的“打游击”。心也茫茫，意也茫茫，我自觉一无所有，唯一有的只有我的坚持精神。

终于，盼来了历史性的转折。1978年我以全公社最高分的成绩跨进了江苏师

院中文系的课堂，跨进了我心目中辉煌的殿堂。此前，我的高考志愿栏里清一色全是填的师院中文系。我太爱我的文学了，我太想有一个正式的教书职业了！

犹如饥饿者扑在面包上，我全身心地扑在书籍上。不敢说是最优秀的学生，但也许可以说我是一个最勤奋的学生，因为我渴望教书，渴望当一名作家。4年，不敢稍有懈怠的4年，在宿舍——饭厅——教室（图书馆）的三点一线上转瞬即逝。眼看，作家当不成了——当一名教师也心满意足！因为这也是我曾经苦苦追求而不能得到的情有所钟的职业。大概因为我一向专业思想顽固，在全校的毕业典礼上，学校让我上台发言：服从国家分配，到祖国最需要的地方去！到最艰苦的地方去！一辈子忠诚党的教育事业——尽管当时我还不是共产党员。

分配决定了。在离开大学的那一阵子，我满脑子只有一句话——

梦里走了许多路，醒来还是在床上。

我喜欢教书，因为它是一项不断变化、富于创造性的职业

我喜欢教书，热爱语文教学，因为我觉得它是建立在不断变化基础上的富于创造性的职业。即使教材不变，我也在变，而更重要的是我的学生在不断变化。在我的眼里，学生不是一种盛装知识的容器，而是一个个具有个人特点的，具有自己志向、自己智慧的人。不仅仅教语文，更重要的我是教人。在他们面前，我口出“狂言”：不仅要把你们送进大学，我还要帮助你们为终身的事业奠定良好的基础。因此，教学中我追求变化，探索改革，努力创造。

我感到，传统的封闭式语文教学，缺乏具体的目的性和针对性，学用脱节，造成了教学上的高消耗、低效益。实践中，我努力变这种面面俱到的“程式化”教学为重点突出、目的性明确、学以致用的工具性教学。面对一篇课文、一个单元，我全不受参考书之类的局限，而是从学生实际需要出发，以可接受性和可操作性原则来确定教学目的和教学要求，突出一两方面作为重点，有时甚至“抓住一点，不及其余”。

我高度重视学生说话和写作能力的培养提高，尤其是把写放在突出位置，努力尝试形成以写作为线索和中心的教学模式。我一次次修改高中作文，特别

研究“议论文教学”的系列教案，终于使它成为《议论文写作技巧》一书正式出版（和人合作）。我注意激发学生兴趣，培养优秀同学，学生作文屡屡发表获奖，我也走上了江苏省第二届高中生作文大赛“园丁奖”的领奖台。

我喜欢教书，因为我时时有自己将被掏空了的感觉

我喜欢教书，它不仅是一个最能够实现自己创造性愿望的职业，它还是一个最能够不断充实自己、提高自己的职业。29岁大学毕业，走上工作岗位，弹指一挥间，10年过去了，我即将步入不惑之年。人生，最美好、最旺盛、最有个性的也许正是三十几岁。回顾10年工作，惟一可以欣慰的是自己没有停止学习。不管世人如何看待我们，我却时时提醒自己：“人生的最高境界是有所作为！”要不断充实自己、丰富自己、提高自己！教然后知困，只有不断吸收、不断创造，才是人生和职业的成功与欢乐；反之，沦入“教书匠”之流，才真正是人生和职业的平庸与悲哀。

面对学生，面对伟大的变革时代，面对知识信息的爆炸和社会价值观念的急剧变化，我时时有自己将要被掏空的感觉，因此我努力充实自己——

我倾己所有，拼命买书。凡是和教育教学、和语文有关的书籍，我都买来读。世人追求成为“万元户”，我则追求早日成为“万卷户”。家中藏书不断增多，生活空间缩小，我身处其中却其乐无穷。

我坚持十几年如一日，不断读书，不断积累资料。如今，剪报十几本，卡片三抽屉，成了我课堂教学的源头活水，成了我坚持语文教改的信息库和动力源。

为了充实自己，使自己永远不被掏空，我对自己约法三章：节假日不休息，天天坚持夜办公不落空，社交应酬控制时间不浪费。继1990年我被评为张家港市级先进以后，1991年又被评为苏州市优秀教育工作者。

我曾改写过裴多菲的诗献给我的学生，谨录于此，来结束我的文章——

我愿意是急流
只要我的学生
是一条条小鱼
在我的浪花中

快乐地游来游去
我愿意是废墟
只要我的学生
是青青的常春藤
沿着我荒凉的额
亲密地攀援上升
……

人做事情，只有愈喜欢才能愈投入，只有愈投入才能愈深入，也只有愈深入才能愈有发现，愈有快乐。

做自己喜欢的工作，就没有工作的劳苦。

喜欢教书

——一位大学教授的自白

[美国]P. G. 贝德勒

你为什么要教书？有个朋友听到我说不愿接受一份学校行政工作时，问我这个问题。他感到大惑不解！我何以不想要一个显然可以“步步高升”的职位，从而可以达到许多人从小就期盼的目标：有钱有势。

当然，我教书并非因为觉得它很轻松。我为了谋生，曾经做过不少工作：推土机维修技工、木匠、大学行政人员、作家，而其中最难的就是教书。对我来说，教书是一份令人双眼发红、掌心出汗和情绪低落的职业。双眼发红是因为不论头一天晚上我备课备到多么晚还不睡，上课时总感到准备不够。掌心出汗是因为我总是还没有走进教室就神经紧张，老觉得学生们一定会发现我是个蠢才。情绪低落是因为我上了一个钟头的课后走出教室时，便深信自己比平日更加令人厌烦。

我教书也不是因为我认为自己知道许多答案，或是知道许多非与别人分享不可的知识。有时见到学生们居然在听我讲课时做笔记，我也觉得惊奇！

那么，我到底为什么要教书呢？

我教书是因为喜欢大学学年的时间安排。6～8月使我有机会把思考、研究和写作混合进行，而这三样东西都是我教学秘诀中所不可缺少的。

我教书是因为它是一种建立在变化上的职业。即使教材不变时，我也在变，而更重要的是我的学生也在变。

我教书是因为我喜欢那种自由——可以出错，可以学到教训，可以鼓励自己和鼓励学生。作为老师如果我要他们进行创作，有谁可以说不行？这样的课程可能完全失败，但我们大家都可以从失败中学到东西。

我教书是因为我喜欢向学生问一些必须动脑筋才能回答的问题。不好的问题也有很多正确的答案。在教书的时候,我有时会碰到一些很好的问题。

我教书是因为我喜欢学习。事实上,我只有不断学习才能继续当老师。我从事这个职业以来的一个重大发现,就是我教得最好的并非我所熟知的东西,而是我想要学习的东西。

我教书是因为它使我能尝到许多"琼浆玉液",能走进许多"森林"之中又再出来,能读到许多好书,以及发现许多"象牙塔"和现实世界中的经验。教书使我有步骤、有变化、有挑战以及有不断学习的机会。

可是,我还没有提到我要教书的最重要理由。

理由之一是维姬。维姬是第一个在我指导下攻读博士学位的学生。她是个精力充沛的年轻女子,虽然爱好文学,但看不到做学术研究的严格和艰苦。可是,她在撰写她那篇关于一位不大出名的14世纪诗人的论文时,却埋头苦干,不断研究。她还写了不少文章寄给许多学术刊物,而且这全是她自己一个人进行的,我只是偶然略加督促而已。不过,我亲眼看见她写成那篇论文,亲耳听到她那些文章获得嘉许,而且看到她获得了一份工作和哈佛大学给予的著作撰写奖学金,而她那部著作的中心思想,是她在做我的学生时开始形成的。

另一个理由是乔治,他是我教过的学生中最聪明的一个。起初他是学工程的,但后来认为自己对人比对物更有兴趣,所以转学英文。他一直跟我修完硕士学位课程,目前在初级中学担任英文教师。

还有琴妮,她中途离开大学,但是有几个同班同学把她带回学校。她回来时我在场。后来她告诉我说,她对城市的贫民问题已产生兴趣,以后再继续求学,要成为一个维护民权的律师。

还有贾琪,她是个清洁女工,但她靠直觉知道的事情比我们许多人靠分析才知道的事情要多得多。贾琪已决心完成中学教育,然后再进大学。

这些都是我要教书的真正理由。我曾亲眼看见这些人的成长和变化,而身为老师,就像创世之际亲眼看到泥土露出生机一样。生机初露之际能够身临其境,没有比它更令人兴奋的事了。

从教书的职位升任行政工作,也许会使我有钱。可是我有的是钱,因为我已获得薪酬去做自己最喜欢的事情:读书,与人谈话,发现新事物,以及提出诸如"财富有什么用"之类的问题。

我也“有权有势”。我有权督促别人，有权“煽动”智慧火花，有权问一些令人头痛的问题，有权赞扬别人对我的回答，有权指责别人不说真话，有权建议要看哪些书并为其指出一条正确的道路。还有什么别的权力比这些更重要？

而且，教书除了可获得“金钱”和“权势”，还可提供一样东西，那就是爱。不单是对学习、对书本以及对各种思想的爱，还有对学生的爱——例如老师遇到一名资质非凡开始成才的学生时，对那个学生所感到的爱。也许，“爱”不是个确切的字眼，“魔力”更为确切。

我教书是因为在处身于一群正在开始变化成长的青年之间时，有时发觉自己也和他们一起变化成长。

做一名教师是幸福的。教育不是牺牲，而是享受；不是重复，而是创造；不仅是谋生的手段，而更是丰富的生活。

教师的一生真如百合，展开是一朵花，凝聚成一枚果。好教师的人生，真是幸福的人生。

教师幸福的"加减乘除"

杨　哲

幸福，无疑是一种体验。教师的幸福是什么呢？是能够感受到教育的幸福。孟子曰："君子有三乐，而王天下不与存焉。父母俱存，兄弟无故，一乐也；仰不愧于天，俯不怍于人，二乐也；得天下英才而教育之，三乐也。"然而，在现实的教育生活中，有些教师体会不到教书育人的快乐，不懂得什么该拥有，什么该舍弃；不知道哪些该享受，哪些该创造；分不清什么该加，什么该减，哪些要乘，哪些要除。错误地把行走当做目的，当做谋生的手段，而忽略了观赏沿途的风景和生活的本身，造成人生的错乱。只有那些善于运用人生"加减乘除"法则的教师，才能牢牢地抓住教育的幸福。

加法：在每一次忧患中都看到一个机会

有一次与学校的一位老师交谈。他 30 多岁，已有 10 多年教龄了。他感慨地说，像他这种年龄的老师没戏唱了，35 岁即在眼前，该评的职称都评上了，该获得的教育教学奖励也有了，当领导也没什么希望了，教育人生将从此平淡而过。虽然现在实施新课程改革，教师要学习信息技术，要搞科研，但那是年轻老师的事情，我们没什么作为了。

积极的教师在每一次忧患中都看到一个机会，而消极的教师则在每个机会前都看到某种忧患。"35 岁教师不作为"现象其实是教师专业发展中的瓶颈之惑。在忧患当中，部分教师会丧失奋斗的志向和勇气，自甘平庸地"混"日子，这样是无法体会到教师的幸福的。人生在世,要不懈地追求一些有意义有价值的东西。30 多岁是人生的黄金时段,应该学会做加法,把每一次忧患都看成一个机会:学生的错误,可能就是一次宝贵的生成性教育资源;新的课程改革,也许就是促使你深钻教材、潜心育人,逐步走向名师的动力。寻找教育幸福的路上没有颓废,加法人生才是一种积极的人生。

减法:一叶落,荒芜不了整个春天

有位教师在日记中写道:有人说当老师的"起得比鸡早,睡得比狗晚,干得比牛累,拿得比民工还少",我深有体会。当教师真的不容易,从早晨 6 点工作到晚上 9 点,一整天呆在学校不是签到、备课、上课、改作业,就是坐班、开会,连个星期六、星期天都过不好,时间太紧,真累死了。说要涨工资,却是一年年的不见影儿,物价倒是涨了不少,生活上的各种开支和上交的费用也涨了。一个月下来千把块钱的工资收入,除了生活开支和各种费用以外,有点剩余就不错了。

教育是唤醒灵魂、塑造人格的事业,如果教育工作者本身就是"抱怨者",哪能培养出身心健康的学生?就教师个体的生命而言,教育教学活动占据了核心部分,如果在此中还寻找不到人生的幸福,那么他整个人生的幸福又在何处?做个幸福的教师,幸福地做教师,必须学会给自己减压,学会舍弃,"一叶落,荒芜不了整个春天"。为人师者,要学会人生的减法,减去疲惫,减轻烦恼,减去沉重,因为只有学会放弃,才能拥有一种阳光的心态。假如我们始终置身于生活的繁杂与喧闹,始终忙碌于生活的蝇头小利,那就只能为生活的劳作而疲于奔命,离教育的幸福也就越来越远。

乘法:人生在勤,不索何获

李镇西在教育界应该算是大腕级的人物,可不管给谁做讲座或做报告都是站着讲,那成了一种习惯,一种教师职业的良好习惯。同样,李镇西工作和读书也都很勤奋,走到哪里都要带上两本书认真地看,哪怕是在火车、飞机上。他 40 多岁在苏州大学读博士,每天都拿着词典,勾勾画画地记外语单词。他不仅勤于读书，还喜欢思考，喜欢写作。他每天都把和学生在一起生活的点滴故事记录下来，并上升为教育经验和理论。近几年，他陆续出版了12本教育专著，其勤奋的精神和丰硕的成果令人敬仰。

不读书的老师是不称职的老师。教师要勤奋地读书，但勤奋地读书不是教师勤奋的全部，真正勤奋的老师会把教育当做事业来追求，当做他个人生命的一部分。传统意义上的教师勤奋表现为吃苦耐劳，起早睡晚，任劳任怨；但现代教师更应把力气用在上课之前，钻研教材，吃透学生，寻找规律，预见学生课堂上的学习状况，用自己的勤奋为学生的学习铺设道路，让学生学得轻松；同时课后要善于总结，勤于写作，在文章中体现自己的教育思考和教育智慧，做科研型、专家型教师，这也是时代的需要。“人生在勤，不索何获？”从这一意义上讲，教师要学会做人生的乘法，把努力和勤奋乘以若干倍，并贯穿于整个教育生活的始终。

除法：把每一小步都看成目标

刚参加工作时，经常有领导和教师听我的课，优质课、公开课、汇报课都听。不过一般听课之前，领导都会提前通知，而我精心准备的一节课往往也不会出什么纰漏。但学校有个老教师却偏偏喜欢推门听课，有时候弄得人胆战心惊的。虽然心里忐忑不安，但他说的一句话却让我记忆犹新：如果把公开课、优质课比作“大餐”的话，那么平时的课就是“一日三餐”。决定身体健康与否的还是一日三餐，上好平常的每一节课应该是教师每天的目标。

“上好平常的每一节课应该是教师每天的目标”，这让我想起海尔集团董事长的一句名言：“把简单的事做好了就是不简单，把平凡的事做好了就是不平凡。”教育教学工作无小事，学生无小事，如果把教师一生幸福的总目标看作被除数，而把每一个小目标、细节看作是除数的话，总目标的绩效越大，小步骤就会被分解得越小。幸福的教师应该把每一次备课、上课、布置和批改作业、与学生家长沟通等都看成一个个目标。如果我们能够用心去做，不好高骛远、眼高手低，而是去感悟教育生活中每一件琐碎、细小的事，并把这些事做成了、做好了，那就能将我们的教育做到极致，享受到教育的幸福。

其实，教师幸福的秘诀一点也不神秘。

如若一个教师能一辈子保持对教育事业、对学生的激情，他就能在事业中获得一个个成功，他就能找到教育生活中幸福所在的位置。

教师幸福的秘诀

张琴 洪峻

秘诀一：干一行爱一行。

对于教师来说，要调整好自己的心理状态，首先一定要接受"自己"永远是教师的事实，也就是心理学常说的进入角色，并且能够在教学、辅导中去获得乐趣，真诚地爱这一行。试想，一个心里厌烦教育工作的人，在天天面对教学时，又如何会有一种好的心理状态呢？

秘诀二：学会与学生沟通。

"现在的学生比过去难教"，这是许多老师的切身体会。学生的顽皮和捣蛋，有时候确实让人哭笑不得。生气有什么用呢？如果你非要想方设法把学生收拾得服服帖帖方肯罢休，那么，不仅对自己的身心健康不利，而且也无助于问题的解决。

秘诀三：看轻荣誉与得失。

教师这项职业原本很平凡，但面对的是下一代，我们必须做到无愧于学生。因此，不要被荣誉所累，能来的让其自然来，能丢的全都丢开，不要总想着自己比别人干得多干得好。人无奢望心自静，平常心是身体健康的良药。要能欣赏他人的优点，不要感觉谁也不如我，自信过了头的人容易痛苦。

秘诀四：学会没事偷着乐。

幸福的人并不比其他人拥有更多的幸福，而是因为他们对待生活和困难的态度不同。和其他人相比，我们不是最好的，但也不是最差的，有一份稳定的工作(尽管在乡下)，有自己的住所(尽管简陋)，我应该感到满足。只盯着工资比我高、房子比我大、荣誉比我多的那些人，会使人沮丧。为什么不允许别人比我强呢？竞争让人“惶惶不可终日”，以致自寻烦恼。你就没事偷着乐吧。

秘诀五：经常与朋友聚会。

多一个朋友，就多一份快乐。不打麻将，不玩牌，周末的大部分时间，我们可以和三五好友聚会、聊天，甚至在一块儿发发牢骚。有时搭便车出游或购物，唱歌、跳舞、爬山、喝茶，这不是浪费时间，它能使我们从紧张的工作氛围中得到一段时间的解脱，使身心得到休息，我们为什么要放弃这种机会呢？快乐就在聚会中。

秘诀六：家庭才是第一。

“事业为主，家庭其次”，这话只对了一半。工作再出色，但家里却冲突不断，这种状况的生活又有什么意义呢？其实，家庭问题常常是引起教师心理压力的一大根源。上班时带着家庭里的烦恼，肯定无法全身心地投入工作，结果只能是一个恶性循环。舒心温暖的家庭是每个人解除疲劳、休憩身心的最佳处所。中小学教师劳动强度大，收入不丰厚，社会地位不高，我们就必须用心、用爱来“经营”我们自己的家庭，这样工作起来才无后顾之忧。

当然，要使教师真正幸福起来，还离不开学校和教育行政部门乃至全社会的理解与配合。和谐的教育应该是快乐的教育。因此，我们期待每个教师的工作都能“勤奋并快乐着”。

感恩和创造，是幸福人生最动人、最壮丽的两个主题。

真诚地感恩，加倍地创造，教育生命就会开出灿烂的花，结出真善美的果。

我们活着做什么

李汉荣

看见雪，我就情不自禁地感到自己的不洁和浑浊；把自己的全部情感和意识集中起来，能提炼出一朵雪的纯洁和美丽吗？不忍心踩那雪地，怕脚上的尘埃沾污了它，记忆里就少了一个干净的去处。

从一棵树下走过，总是感叹和敬畏。它从古代就站在这里，它在等待什么呢？它这样苍老，深深的皱纹，让人看见岁月无情的刀刃。它依然开花、结果，依然撑开巨大的浓荫。不管有没有道路通向它，它都站在这里，平静而慈祥，像一个古老的、圣者的微笑。

是一棵树就撑起一片绿荫，它所在的地方就变成风景，风有了琴弦，鸟有了家园，空旷的原野有了一个可靠的标志。我生天地间，真比一棵树更有价值吗？我能为这个世界撑起一片绿荫，增添一处风景，能成为旷野上的一个可靠的标志吗？

一棵小草，也以它卑微的绿色，丰富着季节的内涵；一只飞鸟，也以它柔弱的翅膀，提升着大地的视线；一块岩石，也以它孤独的肩膀，不顾风化的危险，支撑着倾斜的山体；一条鱼、一粒萤火、一颗流星，都在尽它们的天命，使无穷的大自然充满了神秘和悲壮……

人是什么？人活着的价值究竟是什么？我们天天吃饭(包括吃山珍海味)，除了少量被身体吸收，大部分都变成肮脏的排泄物；我们天天说话，口中的气流仅能引起嘴边空气的短暂颤动，很少能感动别人也感动自己，话，基本上是百分之百白说了；我们天天走路，走到天边甚至走到天外的月球，我们还得返回来，回到自己小小的家里；我们夜夜做梦，梦里走遍了千山万水，醒来才发现自己仍然躺在床上……那么，人活着的价值究竟是什么？

我活着，全靠自然、众生的护持和养育，我这一百多斤的躯体，从头到脚，从里到外，浓缩了大自然太多的牺牲，浓缩了人类文明的太多恩泽。这皮鞋皮带，令我想起那辛苦的耕牛；这毛衣毛裤，让我遥感到另一个生命的体温；这手表，小小的指针有序地移动着，其微妙的动力当追溯到数百亿年前大宇宙的神秘运作，以及当代的某几双全神贯注的可敬的手；这钢笔，这墨水，这纸，这书籍，这音乐，这萝卜，这青菜，这白米细面，这煤气灶，这锅碗，这灯光，这茶杯，这酒……我发现，这一切的一切，竟没有一件是我自己创造的！全部是大自然的恩赐和同胞们的劳动。我占有的消耗的已经太多太多了。为了我文明地活着，历史支付了百万年刀耕火种、吞血饮雨的昂贵代价；为了我快乐地思想，太阳、地球、动物、植物、矿物以及整个宇宙都在没有节假日地忙碌着、运作着；为了我舒畅地呼吸，大气层、河流、海洋、季风、森林、三叶草以及环保站的工人，都在紧张地酿造着守护着须臾不能离开的空气……

天大的恩泽。地大的恩情。我享用着这一切，我竟不知道努力回报，却常常加害于我的恩人们：我投浊水于河流，我放黑烟于天空，我曾捕杀那纯真的鸟儿，我曾摧折那忠厚的树木，我曾欺侮赐我以大米蔬菜的农民大伯，我曾鄙视赐我以清洁清新的环卫工人……

我一伸手，一张口，就享用着大自然，就占有着无数人的劳动成果。即使我躺在床上，不吃不喝，我也在享用着。我至少在享用这木头制成的床以及这棉被毛毯(而这都不是我创造的)，我同时也在享用这和平宁静的环境(而此刻守边的军人正穿越一片丛林蹚过一条冰河)……

享用着。几乎是时时刻刻日日夜夜地享用着。享用？难道人活着仅仅是享用？不是享用？那么人活着的意义究竟是什么？

以真诚的感恩去回报大自然的恩泽。

以加倍的创造去回报同胞们的创造。

于是，感恩和创造，就成为人生最动人、最壮丽的两个主题。

于是，我听见万物都在默默地启示我——

蚕说，用一生的情丝，结一枚浑圆的茧吧；

树说，为荒凉的岁月撑起一片绿荫吧；

煤说，在变成灰烬之前尽量燃烧自己；

野花说，让你的生命开一朵美丽的花……

世上没有相同的人生。

不管你觉得自己多么不幸，世界上永远还有人比你更加不幸；不管你觉得自己多么了不起，世界上永远还有人比你强大。

对别人要厚道，对自己要人道。抬头看天，向前走自己的路！

不比较的生活是什么样子

杨　杰

“不和任何人比较”——这是两年前我写在日记里的一句话。

当时，我发现周围人有一种倾向——喜欢谈论别人的成就、收入、房子、车子、衣服、化妆品……这些作为茶余饭后的谈资，未尝不可。如果仅仅是说说而已，说什么不是说呢？

值得注意的是，谈论这些话题的语气和隐约表露出的复杂心情——自豪、艳羡和失落，不相干的情绪交织在一起，仿佛一杯美酒，加了点醋，又放了点糖，味道怪怪的。

我自诩是个超脱的人，常常置身事外，沉默不语。然而，很长一段时间过去之后，忽然发现，这种情绪竟然也熏染了我，渐渐觉得自己样样不如人。与那些既让人羡慕又令人嫉妒的人比，一点所谓的美梦成真，算得了什么呢？于是，有了“革命尚未成功”的慨叹，敦促自己不断努力。可是，闲谈中总有更优秀的角色出现，难道我注定是失败者？

更可怕的是，看别人的角度也跟着变了，见到一个陌生的人，会立刻拿出早已准备好的框框：工作怎样，收入多少，单位如何，家境是否殷实，衣服是什么品牌，包包值多少钱，鞋子哪里买的……一个丰富多彩的人，就这样变成了填空题。再拿这些与自己综合比较，得出一个结论——比我好或比我差，然后挑一种或优越或嫉妒的眼神看他。

意识到这一层，实在吃惊不小，对闲谈的旁听，竟然产生如此的力量！

深究下去，还发现一个特别有趣的地方，攀比要相当专业才行，例如要了解各个地段的房价、各种车的价位，某个级别和不同行业的收入水平，要认识每个品牌的标志并能报出价格……总之攀比也需要系统知识。于是，对议论者刮目相看。原来，他们平时的关注点像雷达扫描一样，对上述内容随时保持敏感状态，一旦搜索到，马上保存并备份，决不会丢失。

显然，攀比并不是比比了事，这种比较的习惯和逻辑会贯穿到生活的每个细节。一个人，光注意物质的东西，会忽略了别人更丰富的内在，同时，也很难心平气和地对待他人，这不是人为地制造失意和不友好吗？

和别人比较，比赢了固然有优越感，比输了也难免失落。从经验来看，失落会更长久地留存心中。既然如此，我们为什么去比呢？

也许，我们大多数人都不曾想过，不比较的生活是什么样子。

我也是从那时候开始考虑并尝试：不去比较，沉浸在自己的生活里。

每当比较的念头冒出来时，并不急于纠正，而是停下来，和自己聊聊。

比如，当羡慕别人的收入和风光时，我会问自己：如果可能，我愿意全部扮演对方的角色吗？承担他的一切，风光和失意，顺境和逆境，洒脱和焦虑，通宵达旦地加班，彻夜不眠地思考，马不停蹄地奔波……面对其中的辛苦和焦灼，所有的羡慕都变成了理解和怜惜。

接着问自己：我该怎么对待自己，又该怎么看待别人呢？想了很久，告诉自己：对别人要厚道，对自己要人道。

对于别人的成就和美满，发自内心地接受并祝福，这世界上，多一分美好总是好的，无论属于自己还是别人；对待自己呢，顺其自然，不苛求，不勉强，凡事尽力，乐观接纳后果，不去为能力以外的事情责备自己。

没有相同的人生，因此，不和任何人比较！

忽然发现，心境敞亮了不少，原来，许多烦恼都来自闲谈和比较。如今，对生活感到满意，珍视努力之后带来的细碎成就，心态趋于平和。别人的好，不羡慕；自己的好，也不炫耀。

向往的东西，就自己去争取。

更愿意埋头耕种，而不仅仅是抬头看天。

勘破纷扰表象,转向自省自在,世事洞明,人心善美。

人心是一个富矿。教师要开采自己的心灵财富。在浮躁的现实中寻求一份属于自己的宁静心境,朝着理想的目标默默地努力,静静地成长。

当教师,搞教育,很辛苦,也很忙。但心里明白:忙是生活的意义,忙是生命的动力,忙就有成就,忙的人生是骄傲的人生!让我们心甘情愿地忙,气定神闲地忙,开开心心地忙吧!

忙是人生的滋养剂

星云大师

一个人如果怕做事,偷懒,如何会有成就?人之会起烦恼心、不安,都是因为不懂得用功、时间太多所致,所以忙是人生的滋养剂。

忙,是多数人的生活形态,只是每个人所忙的事情不一样。有的人为国家忙,有的人为社会忙,有的为家庭忙,有的人为自己忙。

忙,是整个人类所不能少的生活。人要不忙,除非他让金钱去替自己忙;再要不忙,两手一摊,双脚一伸,跟死神打交道,就不会忙了。

"忙",也有不同的层次:

1. 气定神闲的忙。同样是忙,有的人忙得一团纷乱,忙得很辛苦;有智慧的人,按部就班,忙得气定神闲。所谓"人忙心不忙",有的人懂得交办,有的人懂得授权,有的人懂得分工,有的人懂得指挥。很多复杂的事物,经过能干的人化繁就简、提纲挈领,虽然事情多,但一点也不觉得忙。因此,懂得忙中偷闲的人,就是再忙也有安闲的时刻,不至于忙得讨厌生活、讨厌忙,他反而喜爱忙,从忙的当中只觉得人生很充实。这样的忙,人生会活得很有意义。

2. 心浮气躁的忙。有的人不会忙,做事没有条理,不分轻重,不分先后,乱忙一气,忙得自己心浮气躁。我们看苍蝇、蚊子投窗想要寻找出路,它猛撞玻璃,不知道旁边有空隙可以钻出。我们再看成群的蚂蚁忙着奔来跑去,但它们有分工、有讯号、有指挥,忙得有条理。有的人跟瞎撞的蚊蝇一样,口口声声说忙,只是乱忙。人要懂得分轻重缓急去做事，举重若轻，才不至于忙得心浮气躁。

3. 开开心心的忙。忙是生活的意义，忙是生命的动力，忙的人生是骄傲的人生。你看，工商大亨哪个不忙？官员领导们有谁说他不忙？忙带来生活的充实，带来生命的意义，带来事业的成就，带来财富的增加。人要忙，而且要忙得欢喜，忙得快乐。假如一个人不肯忙，表示他的生命已经没有光彩了。忙是有用，不忙就没有用；没有用的人生，谁会在乎他的存在呢？所以，人要开开心心地忙，为充实生活而忙。

4. 不甘不愿的忙。有的人忙得心不甘情不愿，那是最苦的人生。忙得不甘愿的人，必然是他没有从忙中得到快乐，没有体会到身心寄托的地方就是忙——不忙做什么呢？当然，有人会说："为谁作嫁为谁忙？"因为他不懂人生为什么要忙，当然不甘愿帮人家的忙。其实世间没有白吃的午餐，也没有白干的活，你帮人家的忙就是帮自己的忙。不愿意忙的人应转化观念：一切为人忙的事，对自己都有益，例如可以升官，可以升级，可以得奖，甚至可以放慰劳假。假如你能想到一切的忙与自己的未来都有关系有帮助，懂得忙就是营养、忙就是力量、忙就是成就，你可能反而会问："人生为什么不要忙呢？"

有一种态度叫享受，
有一种感觉叫幸福；
学会面带微笑才能享受生活，
懂得播种快乐才能收获幸福。

寻找生命中的幸福符号

杨晴晴

有一个曾做过教师的人说：教师这工作是少有的净土，如果能在光荣感之余再多点幸福感，是值得一直干下去的。

说起来，教师这职业到底给了我们许多，比如一份可以矜持一些的心态，一种相对安定的生活，一个三餐准时的习惯……所以，那些多年不见的朋友听说我做了老师，往往都会问：你的薪水高吗？你的待遇不错吧？

可是，即使是再关心我的好友，也无人问及，你幸福吗？

我幸福吗？我又为什么感到幸福？你们呢？又有没有一个可以不假思索就说出来的答案呢？

幸福是什么？也许我们记住了许多快乐的场面，可幸福却是一种自己灵魂的问答。于是，我问我自己：你因为爱人而幸福过吗？

当然，你完全可以选择爱妻子儿女，爱男朋友女朋友。但当你身为一名教师，就有了一份以爱为主题的职业，那就去爱你身边的孩子吧，像宽容你爱人的小脾气，和原谅你小孩的恶作剧一样，去接纳他们的优点和缺点。这些天，和学生们探讨一篇课文：《假如给我三天光明》。作者海伦·凯勒身受盲聋哑三重残障，7岁以前一直生活在无声无息、没有光明的混沌里，直至遇到了生命中的天使——她的老师萨利文。萨利文老师用了毕生陪伴这可怜的孩子，将她由一个无知、粗鲁、暴躁的“动物”，变成了一个勇敢博爱的伟大的作家。如果不是爱，如何有这么巨大的奇迹？如果不是有爱，怎能在黑暗的心中灌注光明，在残缺的躯体上播种健康的灵魂？

爱别人，是一种发自灵魂的芬芳，一种深入骨髓的甜蜜，日子久了，它就会萦绕成一团幸福，紧紧裹住你的心灵。

你因为被爱而幸福过吗？

工作累了，父母来电话，朋友来短信，如果不是做老师，这也许就是全部。可教师这份职业，让我获得了额外的关爱。可以做一个简单的计算：工作一年来我教过5个班，约等于220人。假定其中有一半是爱我的，那么在亲人朋友之外，我的人生额外地收获了110份关爱。当然，在这里我可能引用了一个相当自负的计算公式，但在座的各位老师，你们送出去了一届又一届的学生，他们将要回报给你们的爱是无法估量的。收获别人的关爱，这是一笔旷世的财富啊！

你因为工作着而幸福过吗？你因为改变着世界而幸福过吗？

有一句话非常中听：工作着的女人是美丽的。工作着的人缘何而美丽？那是因为他专注，因为他目的明确，因为他浑身散发出价值的光芒。有一年，巴尔的摩贫民区的200名少年接受了一位社会学教授的调查，25年后这位教授在后续调查中惊奇地发现，除20人不知去向或死亡外，剩下的180人中有178人已成为各行各业的佼佼者。于是他拜访了其中的许多人，问他们：你成功的关键是什么？

答案惊人的一致，他们说：因为我遇到了一个好老师。

多少次，当你辛勤的工作日见成效，当你发现孩子们一个小小的进步时，无不欢欣雀跃，这样巨大的幸福感难道还不够吗？

你因为付出而幸福过吗？你因为失去而幸福过吗？

我身边的年轻朋友，崇尚前卫的生活，酒吧迪斯科是他们热衷的场所。其实，我也向往过这样的浮华，可作为一个老师，每天下班后，想想第二天课堂上几十双眼睛，想想堆积如山的作业，我无法忘情于享受；但这样的经历也使我懂得，一样流逝的青春，可以用来虚掷，也可以用来奉献。我们那么多带着病坚持着工作的老师，谁曾因为他疲惫的病容就觉得他缺少魅力呢？不，他身上浓浓的书卷味和强大的人格力量，只会让人想要亲近他，想要信赖他。一样翻转的年轮，可以碌碌无为，也可以永远被铭记。这样的付出，这样的失去，我愿意。

在座的前辈们，每天早上看见你们自信的笑容，从容的脚步，我想，你们一定已找到幸福的所在；而我，仍像一只小鸟，有时低落有时高翔，那是我还在寻找;年轻的同事,请不要被一时的挫折蒙蔽了视线,为自己的选择找一个理直气壮的理由吧!

——找寻那隐藏已久的幸福的种子,它就会成为你源源不断的能量。于是,那花白的头发,佝偻的背影,将不再是老师唯一的形象;那一盏清灯,伏案深夜,将不再是老师单调的写照。我们应该长久地拥有年轻的光芒,青春的朝气,蓬勃的活力;我们应当骄傲地招展博大的关爱,美丽的心灵,磊落的胸怀。前人已为我们刻下了一个个崇高的标尺:有教无类,诲人不倦,春风化雨,蜡炬成灰。而今天,我们当以全新的教师形象汇聚成一幕崭新的特写:

一名忠诚的教师,就是一个幸福的符号。

人的一生会遇到多少苦恼？人的一生会遇到多少喜怒哀乐？

这就需要每个人用理智驾驭情感，管理好自己的情绪。情绪的失控，心态的变坏，往往使人失去理智的思考，远离真理，贻误事业，搞乱生活。

心态决定状态，不一样的心态造就不一样的人生。

热爱生活，打开心灵的窗户，让温暖、和谐的阳光洒满我们的心田，阳光灿烂每一天！

阳光心态自语

王剑制

人生最好的境界是安静。安静，是因为摆脱了外界虚名浮利的诱惑。

善取善舍，活得睿智；与时俱进，步履从容。

将“知本”装进脑袋的人，他的钱包不会被人偷走。

学习永远比经验重要，不断学习是人生成长的原动力。

太阳之光普照大地，心灵之光普照人心。

用心观察，用心思考，用心讲话，用心写文章。

自信是胸襟的母亲，有大胸襟者得大自在。

先富者点燃公益的灯，也照亮自己发展的路。

热爱能创造奇迹，执著能获得成功。

一个好学上进的人，如蜜蜂般在书海间吸吮知识的甜浆，让那丰富的营养、沁人心脾的芬芳充实头脑、浸润身体，让灵魂浸透优雅和智慧。

行所当行，思所当思，乐所当乐。

雨雾把阳光折射成彩虹，挫折使人生坚强而美丽。

生活的美好在于友谊常青。

天下最让人感动铭记的，是“关爱到极致”的细节，这细节中所包含的是人间真情。

人活着有“四度”：长度、厚度、宽度和深度。长度是寿命，厚度是人品，宽度是胸怀，深度是思想。

控制金钱，可以得到财富；控制餐饮，可以得到健康；控制情绪，可以得到快乐；控制欲念，可以得到幸福。

寒冬里，最深的井最有温度。

太阳每天都是新的。每一个自由呼吸的日子，都是生活的馈赠。我们快乐每一天。

普通人生靠自己走出不普通的足迹。

有规律的生活，是身心健康的基础；有控制欲望的能力，是避免祸端的保证；有平和自足的心态，是快乐幸福的源泉。

爱心无痕，它温暖人心，唤醒友谊，促进交往，奏响和谐的乐章。

甘天下之淡味，安天下之卑位。不戚戚于贫贱，不汲汲于富贵。

奉送快乐，快乐会越赠越多；奉送知识，知识会越积越厚。

生活中有不停地吞吐信息的"呼吸"，智慧的源泉就能流淌出充满灵性的生命意绪。

真正幸福的人，不是因为做了大官，发了大财，有了大学问，而是因为拥有一颗健康快乐的心。

人生是一门投入的学问，也是一门超脱的艺术。超脱能使工作和生活不会成为负担，让你收获更多的快乐和幸福。

好心态成就幸福职业人生

于金水

一个父亲有两个儿子，一个生性过于乐观，另一个生性过于悲观。父亲想调和一下两个儿子的性格，就把乐观的儿子放到一个满是马粪的房间里，而把悲观的儿子放在满是新玩具的房间里。过了一段时间再去看，发现乐观的儿子玩得兴高采烈，见了父亲他高兴地说："这里有这么多马粪，附近一定有小马驹，我要清理出一块干净的地方给它！"而悲观的儿子一动不动地坐在那里，见了父亲就哭起来："我怕把这些新玩具都弄坏了。"

同样的问题，不同的心态就会有不同的结果。而好的心态带来好的结果，即使在恶劣的环境中，好的心态依然能让人获得愉快。

以怎样的心态面对繁忙的工作？现在很多人觉得教师这个职业很辛苦，忙忙碌碌地没个休息的时候，甚至连假期也要充电、研修学习。这么辛苦为的是什么？我们往长远想，过上十几年、二十几年，我们都退休了，那时候，我们最关心的社会话题将会是什么？还是我们的学校，我们为之服务了一辈子的学校。那曾经是我们安身立命的根本。所以从这个角度来说，我们没理由去抱怨工作的繁忙。相反，要考虑我们能否让学校发展得更好。学校的发展有我们的一份，所以我们应该记住这样的话："学校好，因为你好！"

以怎样的心态面对学校分工？在现实中经常看到有的老师无故地耽误学校的工作，无论分配什么工作，总是有抵触情绪，对工作安排中和规章制度中的漏洞指手划脚，却又拿不出可行的办法，只会阴阳怪气地说牢骚话。这样的心态非常不好。大家想一想，安排每一项工作肯定会出现这样那样考虑不周的地方，制订的规章制度也会有这样那样的漏洞和不足。我们既然教育学生要团结、顾大局，那么自己也应该以身作则。一事当前，首先应该积极地配合学校的工作，发现问题和漏洞，应该积极主动地和别人沟通交流，努力把问题解决掉。互相拆台的结果是谁也上不了台。

以怎样的心态面对自身的成长？每个教师都不希望自己的教学水平年复一年停留在某一档次上，都希望新的一年能有新的长进。本来教学相长，应该有很多老师从实践工作中得到越来越丰富的经验。但实际上对于某些教师来说，确实就停留在一个水平上没有任何进步，甚至退步。安于现状，今天和昨天没有什么不同，明天也不会有什么新的打算。这种心态让一些教师做什么事情都提不起劲来。如果改变心态，就要先从职业规划入手，每个教师应该有一个为之奋斗的目标，对自己的职业生涯有一个规划。能不能长进，怎样能长进，需要每一个教师认真思考。

以怎样的心态面对学生？我很想问问老师们，你是否能记住你教的全体学生的名字？能否保证学生无论有什么样的困惑都愿意来找你？有多少学生对你的课兴趣非常高？有的老师不是关心学生的学习兴趣，而是用“强按牛头喝水”的方式对待学生。这种教师不关心学生能否接受自己讲的课，不关心学生的成长，只关心学生的分数。关注学生，关注学生学习兴趣、学习习惯的培养，是一个教师最正常的心态，所有的教育手段、所有的教育方法、教育措施，都是围绕这个目的展开的。

我想，只要老师们有个好心态，无论面对什么困难都不会一味地抱怨，而是会积极地想办法去解决，并在实际工作中积累与反思，用智慧来弥补各种缺憾，我们就完全能在工作中得到丰厚的回报。到那时候，教师这个职业生涯就充满了幸福与快乐。

如若一个教师能舍己育人、能一辈子保持对教育事业的激情，他一定能在教育工作中获得较大的成功，而且找到自己幸福所在的位置。

我骄傲，我以教师的名义庄严宣誓

陈　韬

我是一名教师，我们以不同的方式走在路上。

曾经小时候梦想缤纷多彩，“长大后我就成了你”，阴差阳错地走上了讲台。

曾经志存高远，瞩目环球，留洋渡海周游列国；后来独处小城，栖身执鞭三尺讲台，挥笔疾书七方黑板。

曾经努力追求有光鲜的衣着，有丰厚的收入，有优雅的生活；后来生活窘迫，吃得清淡，穿得素淡，出去办事遭人冷淡，就像蜡烛，一生半明半暗。

我们的梦想像一只酒坛，被现实的重锤击得粉碎。我们闻到的只是打翻后的阵阵余香。

于是，在这列单程的充满无限风光的青春快车里，有人开始喧哗与骚动。

面对着窗外流光溢彩的现代风景，经商、炒股，日益膨胀的高消费，渐趋白热化的金钱潮……就像一只只诱惑的手，无形中拉扯着人们的心。

有人开始以各种各样的理由放弃自己的专业，跳槽下海；有人开始借市场经济之名与学生拉起利益的网，行中饱私囊之实；有人开始身在课堂心在游荡，敷衍教学——金钱薄幸了他们，他们因此薄幸了学生，薄幸了事业。

校园不再平静，讲台不再圣洁。

但无论是过去，还是现在，抑或是将来；无论是物质贫乏的年代，还是物欲横流的岁月，仍然有数不尽的教师无怨无悔。

我们有一千个理由埋怨职业的清贫、职业的平淡，但我们更有一千零一个理由坚持职业的操守和职业的精神。

无数教师用自己的青春和生命来捍卫这个职业的圣洁。也正是他们，用自己的行动、自己生命的痕迹激励着我们这些后来人，让我们由不情愿到情愿，到全身心地热爱这项工作。因为，生命的意义远不止于功利。微小中藏有博大，短暂中孕育永恒，廉洁从教、无私奉献是教师的天职。

昔有“捧着一颗心来，不带半根草去”的陶行知，他曾出访海外 26 国，却满怀一腔热血布衣草鞋地走向晓庄，让中国的教育在贫困中放出曙光。

今天依然有充满暖色调的故事或迎风而立或不期而遇，更突出了他的铿锵底蕴。中国教师们用行动谱就了园丁们绵延闪烁的荣耀，或许他们从来没想到过要人赞赏，却在不经意间标榜了新一代教师舍己育人的崇高风范。

面对殷雪梅的选择，我们没有了讪笑的情绪，只有感动在胸中暗涌。面对刘念友的道义，我们明白有一种人性大爱的皓皓之光，散发着永不消逝的情怀温暖。

他们有的名垂青史，但更多的却像大地上的小草，随风逝去了无痕。可正是他们树起了万世师表，擎起了中国教育行业的灯塔。

我们注定平凡，我们不甘平凡，我们乐于平凡。

孔子说过：“其身正，不令而行。其身不正，虽令不从。”我们愿意用诗意的文字谱写人生的乐章；我们愿意用无悔的师爱温暖学生的心房；我们愿意用勤奋去感恩命运的眷顾，从容地行走在课改路上。

我骄傲，我以教师的名义庄严宣誓。

我骄傲，我是一名光荣的人民教师。

在节日的盛典，在一个属于我们的日子，让我们高举右手，自信而豪迈地喊出我们的声音：我骄傲，我以教师的名义庄严宣誓！

一个人的心情是一个人真正的主人。

淡定的心态，知福惜福，活在当下，幸福就会在你的身边。

为造就一个个幸福公民的老师们，我们一起来将幸福进行到底。

将幸福进行到底

远　征

在我们身边，不乏富有自信的人们。

克里姆林宫有一位老清洁工曾说："我的工作同叶利钦差不多，叶利钦是在收拾俄罗斯，我是在收拾克里姆林宫，每个人都在做好自己每天该做的事情。"

从表面看，这位清洁工有些狂妄，但仔细想想，我们不得不佩服他。因为在他的话里蕴含着深刻的哲理：总统的工作固然重要，但清洁工的工作也不是可有可无；搞好克里姆林宫的清洁卫生，就是同总统一样为国家做着贡献。当你不再小视自己时，你顿时就会变得伟大起来！

在我们身边，不乏善于比较的人们。

有人问一位盲人："你什么都看不到，这么活着痛苦吗？"盲人回答："我痛苦什么？和聋子相比，我能听见声音；和下肢截瘫者相比，我能行走；和哑巴相比，我能说话。"

如果拿自己的地位与总统相比，拿自己的金钱与比尔·盖茨相比，拿自己的容貌与西施相比，这世界上99.9%的人都会痛不欲生，当你学会了"放大"自身的美好，你就会生活在幸福和快乐之中！

在我们的身边，不乏将事理看淡的人们。

弘一大师一日早上在老友处用饭，只要了一碟腌萝卜，一杯白开水，一碗大米饭。老友于心不忍，想给其添菜，便笑着问："你不嫌腌萝卜咸，白开水淡？"弘一大师笑着说："这咸有咸滋味，淡有淡味道。"

真是"人生本如此，咸淡两由之。"

在我们身边，不乏坚韧执著的人们。

有一个人在社会中总是落魄，便有人向他推荐智者。他找到智者，智者沉思了良久，默然舀起一瓢水，问："这水是什么形状？"这人摇摇头："水哪有什么形状？"智者不答，只是把水倒入杯内，这人恍然："我知道了，水的形状像杯子。"智者不语，又把杯子中的水倒入旁边的花瓶，这人恍然："我知道了，水的形状像花瓶。"智者摇头，提起花瓶，把水倒入盛满沙土的盆，清清的水便一下子融入了沙土，不见了。这人哑然。随后，智者将手指向青石板下的石质台阶的凹处。这人明白了：人有时可能被装入规则的容器，但有时又像小小的雨滴，改变着坚硬的青石板……

在我们的身边，不乏知乐惜福的人们。

有一个国王，他拥有至高无上的权力、挥霍不尽的金钱、宝马香车、红粉佳人，可是却觉得自己不幸福。后来他听说世上有一种幸福的外套，无论谁穿上都会感到幸福无比。国王下决心要找到它，这天国王来到一个村庄，看到一位笑容满面的农民，就向前问道："你这么快乐，一定是一个拥有幸福外套的人。"农民嘲弄着说："就算给了你你也穿不上。""为什么？""因为你是一个贪婪的人，披的是欲望的衬衫，它一个劲地向外膨胀，你又怎能穿得上别的外衣呢？"原来，只有扔掉欲望的外衣，才能得到幸福的外衣！

在我们的身边，不乏懂得活在当下的人们。

有一个弟子对师傅说："师傅，我很着急，因为我总是想用很短的时间做很多的事情，每次做着这件事，心里就会想着下面一件事。"师傅说："你做着这个，又想着下边那个，当然急了，因为你的心思根本没有放在当下正做的事情上，这样就可能连手边的事情都做不好。"弟子觉得有道理，过了一段时间，他说："师傅，原来真的可以做而不急。自从不急以后，不但享受到做事的乐趣，而且做事情的速度也快了许多。"

当你有了淡定的心态，当你有了知福惜福的体验，当你有了快活当下的执著，当你有了将幸福进行到底的决心，幸福就会在你的身边！快乐就会在你的手掌中！

代后记

教师的"三度"

——读《教师修养文萃》有感

王仁兴

流火七月，漫漫假期，难得的清闲，我有时轻摇蒲扇，有时扭开台灯，习习凉风之中，柔柔灯光之下，一卷《教师修养文萃》在手，徜徉其中，与国家机关的高官对话，与当代社会名流探讨，与教育界的专家学者交流，有时甚至与国外的教育家争执，东西文化的碰撞，各执一词里闪耀着智慧的光芒。小院漫步时反刍品味，夜深人静时掩卷沉思，涌上心头的是醍醐灌顶的舒坦，酣畅淋漓的通达，神清气爽的感慨，荡气回肠的启迪：教师的价值体现在教师本人所具备的"三度"。如果教师的价值用"质"与"量"来标测，那么，我旗帜鲜明地主张：教师的价值决不在物质的"量"占有多少，恰恰是精神的"质"所拥有的厚度、深度与宽度。

教师的生命是有限的，自然的法则，国家的法规，规定了每一位作为自然人的教书生涯，长则40余年，短则不过20余年，而在从教生涯中，在职在位时是钻研还是钻营，文化底蕴是深厚还是浅薄，知识功底是扎实还是肤浅，教学技艺是精湛还是勉强，教书育人是执著还是随意，这是区别教师价值的分水岭和试金石。

为人处世的厚道，教师使命的厚重，文化底蕴的厚实，怎一个"厚"字了得？厚度，是教师的基础。教师首先要做一个厚道之人。在职期间，教师有钻研与钻营之分。钻研的是教材、教法与学生，钻营的是人事、名利与官位。尽管钻研者没有钻营者风光，但钻营者肯定不具备钻研者的风华。当然钻研者不艳羡钻营者的风流，却保持了饱读诗书者的风采。教师的生命与使命同行，教书与育人同在，修身与养性同道，不辱使命的准则，使教师的生命具有丰腴健朗的厚重感。风起云涌的历史画卷，风云变幻的现代时政，风俗习惯的人事典故，甚至风花雪月的帝王将相，才子佳人……厚实的文化底蕴，构建了教师"厚积薄发"的基础。

博大方可精深。“业精于勤荒于嬉，行成于思毁于随”，作为一名教师，应不懈地努力，执著地追求，殚精竭虑地思索，融会贯通所教的学科。专家学者型的教师，才是好教师。教师掌握本专业的深度，直接影响着所教学生的质量，以其昏昏，使人昭昭的教书匠是要误人子弟的。用深邃的目光，深切关注本学科前沿的动态，用独到的见解引领学生剖析耳熟能详的基本原理，用深藏若虚的谦逊姿态，方可有举重若轻、深入浅出的教学睿智。

世界上最广阔的是海洋，比海洋宽广的是天空，而能容得下海阔天空的是人的心胸。教师的宽度取决于“宠辱不惊，望天上云舒云卷；去留无意，看庭前花开花落”。在教育这块神圣的园地里，充盈的并非全是鲜花与兰草，小人的投机钻营，官员的贪污腐败，权势的尔虞我诈，名利的诱惑，得失的碰撞，迷茫与困惑，痛苦与悲哀，时时缠绕每一位教师。真正的教师能看穿、看清甚至看透，用“躲进小楼成一统，管它冬夏与春秋”的心态，做自己的学问，教自己的学生，用自己的学养，滋润学生的心田。修炼到如此地步，难是难了一点，可到达了此种境界，才是教德高尚、心胸宽广且生命有朗朗质感的好教师。

“学高为师，身正为范”，先圣陶行知为我们定的标尺，是我辈奋斗的目标。一名在职在位的教师，在“学高”“身正”旗帜下，不断拓展自己的宽度，加深自己的厚度，掘进自己的深度，是每一位想当无愧于良知、无愧于校园和社会的好教师必须面对的。

编者附记

《教师修养文萃》曾经一版再版，得到了老师们的喜爱，不少老师读后还写了心得发表于报刊和网络，畅谈自己“享受着修养的幸福”（苏州陈丽菊老师语），抒写自己阅读本书的感受，这是对我们极大的鼓舞和鞭策。

在教育改革深入发展的形势下，经修订、更新的第三版和大家见面了，我们依然充满着期待。本该有许多话想说，但选文的作者和有关点悟已经表达了我们的愿望和想法，又似乎无须多说了。

这里就以王仁兴老师在阅读此前出版的《教师修养文萃》引发的思考作为“代后记”、作为共勉，让我们一起拓展宽度，加大厚度，掘出深度，共铸人性的辉煌、教育的辉煌。

诚挚地谢谢各位作者的支持和广大读者的厚爱！

主编简介

郭志明　中学语文高级教师，南通市名师培养导师团成员，江苏省有突出贡献中青年专家，江苏省333学术技术带头人培养工程第三层次培养对象，江苏省中学语文特级教师，全国优秀教师。专著有《语文课堂教学优化艺术》《课改教育新视角》《教育凝眸》《有效教学操作论》《古诗欣赏与技巧借鉴》等，主编过《现代诗文诵读》等，在《人民教育》《中国教育报》《语文教学通讯》《语文教学与研究》《语文建设》等国家级和省级以上报刊发表文章150多篇，论著和多篇论文获全国和省级奖。先后在江苏、安徽、陕西、甘肃等省讲学。《江苏教育》《语文教学通讯》等多本刊物将其作为封面人物或作专题介绍。现为江苏省南通市通州区教育局副局长、江苏电大通州学院党总支书记。

沈志冲　江苏省通州高级中学退休教师。通师毕业后，教过小学、初中、高中，搞过师资培训，编过国家级和地方教育刊物；当选过南通市人大代表、通州市政协常委。近年主编、出版了畅销师生读物14本，其中《青少年美德书》等3本被中央多个部委联合评审列为向全国推荐的优秀图书。

书　　名　教师修养文萃(第三版)
主　　编　郭志明　沈志冲
责任编辑　叶　枫
装帧设计　尹　航
出版发行　凤凰出版传媒股份有限公司
　　　　　江苏教育出版社(南京市湖南路1号A楼　邮编210009)
苏教网址　http://www.1088.com.cn
照　　排　江苏凤凰制版有限公司
印　　刷　南通韬奋印刷有限公司(电话0513-85675269)
厂　　址　南通市南大街97号(邮编226001)
开　　本　1 436毫米×1 000毫米　1/32
印　　张　11.5
字　　数　376 000
版　　次　2010年4月第3版　2015年4月第3次印刷
书　　号　ISBN 978-7-5343-3919-6
定　　价　20.00元
网店地址　http://jsfhjycbs.tmall.com
新浪微博　http://e.weibo.com/jsfhjy
盗版举报　025-83658579